ITALIAN BILINGUAL DICTIONARY

A BEGINNER'S GUIDE IN WORDS AND PICTURES

by

Gladys C. Lipton

Program Coordinator, Foreign Languages and ESL
Anne Arundel County Public Schools, Maryland

and

John Colaneri

Professor of Italian
Iona College, New York

Pesce

Fish

Barron's Educational Series, Inc./Woodbury, New York

Dedicated to Ann and John Colaneri
and
Jeremy Ackerman and Seth Carlson

© Copyright 1980 by Barron's Educational Series, Inc.

All inquiries should be addressed to:
Barron's Educational Series, Inc.
113 Crossways Park Drive
Woodbury, New York 11797

Library of Congress Catalog Card No. 79-10831

International Standard Book No. 0-8120-0885-5

Library of Congress Cataloging in Publication Data

Lipton, Gladys C
  Italian bilingual dictionary.

  SUMMARY: A bilingual dictionary featuring a pronunciation key, illustrations, definitions, and sentences in
Italian and English.
    1. Italian language—Dictionaries, Juvenile—English.
2. English language—Dictionaries, Juvenile—Italian.
[1. Italian language—Dictionaries. 2. English language
—Dictionaries] I. Colaneri, John, 1930-   joint
author.   II. Title.
PC1640.L47   453'.21   79-10831
ISBN 0-8120-0885-5

TABLE OF CONTENTS
Indice

INTRODUCTION

Learning Italian can be fun for everyone! The *Italian Bilingual Dictionary* is a book that will provide both pleasure and functional help. It will bring many hours of "thumbing-through" enjoyment to all those people (children and adults) who like to look at pictures, who delight in trying to pronounce new sounds, and who are enthralled with the discovery of reading words and sentences in English and Italian.

This dictionary will help in understanding written Italian and English and will also help to enlarge your vocabulary. It will help in word games, in crossword puzzles, in writing letters in Italian, and in reading signs and instructions. As a travel dictionary, it will be invaluable in helping travelers obtain information, understand menus, and read magazines and newspapers in an Italian-speaking community.

The pictures in this dictionary will help to clarify meaning and also help in associating a picture with the meaning of the word or phrase. The sentences will not only illustrate the use of the specific words and expressions, but will also serve as useful conversational expressions when communicating in an Italian-speaking community.

BASIS OF WORD SELECTION

The selection of words in the Italian and English sections is based on a survey of basic words and idiomatic expressions used in beginning language programs and in simple reading materials.

SPECIAL FEATURES

The dictionary has a number of unique features.

1. The controlled vocabulary and idiomatic listings make it highly usable for beginners because they are not overwhelmed by too many words, explanations, and definitions. Other dictionaries of this type have tended to discourage beginners from consulting them because the definitions have all been in Italian or English.
2. The pronunciation key,* pictures, definitions, and sentences in Italian and English will aid the student in using this dictionary independently. The use of both languages will facilitate understanding and will promote activities of exploration and self-instruction.

---

*The *phonemic* alphabet is based on a comparative analysis of English and Italian sounds; it uses only Roman letters, with minimal modifications. In contrast, the International Phonetic Alphabet is based on a comparison of several languages and uses some arbitrary symbols. It has been the experience of the authors that a *phonemic* alphabet is most helpful to beginners, who need assurance in the pronunciation of a new language. The goal is to provide the beginning language student with an immediate tool for communication. As he or she continues to study and to use the language, greater refinements in vocabulary, structure, and pronunciation will be developed.

3. The selection of words and idiomatic expressions has been based on frequency lists, content of courses, and reading materials at the beginning language student's level and on the natural interests of young people. It should be noted that current words have been included to appeal to expanding interests and experiences.
4. Several special sections have been included to extend the interests of students of Italian and English. Among these are:
   a. personal names in Italian and English
   b. parts of speech in Italian and English
   c. numbers 1-100 in Italian and English
   d. days of the week, months of the year in Italian and English
   e. Italian verb supplement

This dictionary should have appeal both to children and adults. It will be useful as a supplementary book to be distributed to beginners studying Italian or English. Placed in the language section of the school library and in the public library, it will engage the attention of many people looking for intellectual stimulation. The language teacher will no doubt wish to have a desk copy for the preparation of class and homework activities, while other classroom teachers who may not have a knowledge of Italian will enjoy having a desk copy in order to keep abreast of Italian vocabulary and expressions. For use and pleasure, the dictionary will be suitable as part of a student's personal book collection at home.

It is hoped that this beginner's dictionary will lead the student to higher levels of Italian-English or English-Italian study by providing a solid yet ever-broadening base for language activities.

HOW TO USE THIS DICTIONARY

The dictionary contains approximately 1300 entries in the Italian-English vocabulary listing and an equal number of English words and expressions in the English-Italian vocabulary listing. Each Italian entry consists of the following:

1. Italian word
2. phonemic transcription
3. part of speech
4. English definition(s)
5. use of word in Italian sentence
6. English translation of Italian sentence

Each English entry consists of the following:

1. English word
2. phonemic transcription
3. part of speech
4. Italian definition(s)
5. use of word in English sentence
6. Italian translation of English sentence

In addition, many word entries in both the English and Italian sections include an illustration.

TO FIND THE MEANING OF AN ITALIAN WORD OR EXPRESSION

To find the meaning in English of an Italian word, look through the alphabetical Italian-English listing for the word or expression and the above-mentioned information about the word.

TO FIND THE ITALIAN EQUIVALENT OF AN ENGLISH WORD OR EXPRESSION

To find the meaning in Italian of an English word, look through the alphabetical English-Italian listing for the word or expression, and the above-mentioned information about the word.

CAUTION: Some words have more than one meaning. Read the entry carefully to determine the most suitable equivalent.

TO FIND VERB FORMS

Special mention should be made of the treatment of verbs in this dictionary. Since only the present tense is used actively in most beginning language programs, verb forms only in the present tense have been included, except for past participles used as adjectives. For regular verbs, only the infinitive is listed, with all the forms of the verb in the present tense included in the entry. There is no cross-listing of the forms of regular verbs. For some irregular verbs, each form of the present tense is given (first, second and third persons, singular and plural) in a separate listing with cross-reference to the infinitive. Here, too, under the infinitive listing, all the forms of the verb in the present tense are included in the entry.

Forms of selected regular, auxiliary, and irregular verbs also appear in the Italian verb supplement.

ITALIAN
BILINGUAL
DICTIONARY

A BEGINNER'S GUIDE IN WORDS AND PICTURES

Italian-English
(Italiano-Inglese)

Pesce

Fish

ITALIAN PRONUNCIATION KEY
(for English speakers)

NOTES

1. Many Italian sounds do not have an exact English equivalent. The phonemic symbols are approximate and will assist the beginning Italian student as he or she encounters new words and phrases.
2. Capital letters in the phonemic symbols indicate the syllable emphasized. For example:

    dehn-TEES-ta

3. Beginning Italian students should be particularly careful of the pronunciation of Italian vowels. Italian vowels are sharper, clearer, and less drawn out than English vowels.

CONSONANTS

Italian Spelling	Phonemic Symbol in This Dictionary
b	b
c + a, o, u	k (as in *kitten*)
c + e, i (cena)	ch (as in *chest*)
ch (only before e, i)	k (as in *kitten*)
d	d
f	f
g + a, o, u	g (as in *go*)
g + e, i	j (as in *jet*)
gh (only before e, i)	g (as in *go*)
gli	ly (as in *million*)
gn	n (as in *onion*)
h	(silent)
l	l
m	m
n	n
p	p
qu	kw
r	r
s	s
s, z (between vowels)	z
sc (before a, o, u)	sk (as in *ask*)
sc (before e, i)	sh (as in *fish*)
t	t
v	v
z	ts (as in *bets*)
z	tz (as in *beds*)

VOWELS

Italian Spelling	Italian Example	Phonemic Symbol	Sounds Something Like English Word
a	casa	a	father
e	me	ay	met
e	bene	eh	shelf
i	libri	ee	keep
o	sole	oh	open
o	no	o	often
u	uno	u	too
iu	aiutare	y	you
ie	niente	ye	yes

A

a **A** preposition at, in, to
Loro vanno a Roma.
They are going to Rome.

---

abbassare a-ba-SA-reh verb to lower, put down
io abbasso noi abbassiamo
tu abbassi voi abbassate
Lei abbassa Loro abbassano
La maestra dice, "Abbassate le mani!"
The teacher says, "Put down your hands!"

---

abbastanza a-bas-TAN-za adjective enough
Hai avuto abbastanza vino?
Have you had enough wine?

---

abitare a-bee-TA-reh verb to live
io abito noi abitiamo
tu abiti voi abitate
Lei abita Loro abitano
Dove abita Lei?
Where do you live?

---

l'abito A-bi-to noun (masc.) suit
Il babbo porta un abito quando va a lavorare.
Dad wears a suit when he goes to work.

abiti A-bi-tee noun (masc.), pl. clothes
I miei abiti sono sul letto.
My clothes are on the bed.

---

a buon mercato idiom cheap(ly),
a-buon-mehr-KA-to inexpensive(ly)
Il pane si vende a buon mercato; non costa
molto.
Bread is cheap; it does not cost much.

---

a causa di a-KAU-za-dee   idiom   because of
Devo restare a casa a causa della neve.
I must stay home because of the snow.

---

accanto a a-KAN-to-a   adverb   next to
Lui è seduto accanto a me.
He is seated next to me.

---

accendere a-CHAYN-deh-reh   verb   to turn on
(appliances)

io accendo   noi accendiamo
tu accendi   voi accendete
Lei accende   Loro accendono
Io accendo la radio.
I turn on the radio.

---

l'acqua A-kwa   noun (fem.)   water

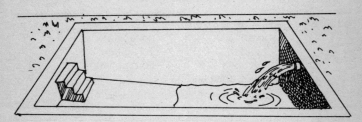

C'è acqua nella piscina.
There is water in the pool.

---

adagio a-DA-jeeo   adverb   slowly
Suo cuore batte adagio.
His heart beats slowly.

---

ad alta voce ad-al-ta-VOH-cheh   idiom   aloud, in a loud
voice
Lui parla ad alta voce.
He speaks in a loud voice.

---

adesso   a-DEH-so   adverb   now
Ti devi svegliare adesso!
You have to wake up now!

---

ad un tratto   a-dun-TRA-to   adverb   suddenly
Ad un tratto il telefono suona.
Suddenly the telephone rings.

---

l'aereo   AEH-reo   noun (masc.)   airplane
L'aereo è grande.
The airplane is large.

l'aeroplano   aeh-ro-PLA-no   noun (masc.)   airplane
L'aeroplano è arrivato.
The airplane has arrived.

---

l'aeroporto   aeh-ro-POR-to   noun (masc.)   airport
Ci sono tanti apparecchi all'aeroporto.
There are many airplanes at the airport.

---

afferrare   a-feh-RA-reh   verb   to catch

io afferro	noi afferriamo
tu afferri	voi afferrate
Lei afferra	Loro afferrano

Bravo! Giovanni afferra la palla.
Hurray! John catches the ball.

---

affrettarsi   a-freh-TAR-see   verb   to hurry

io mi affretto	noi ci affrettiamo
tu ti affretti	voi vi affrettate
Lei si affretta	Loro si affrettano

Si affrettano perchè sono in ritardo.
They hurry because they are late.

---

l'ago   A-go   noun (masc.)   needle
Ecco un ago da cucire.
Here is a sewing needle.

---

agosto   a-GOS-to   noun (masc.)   August
In agosto fa caldo.
It is warm in August.

---

l'agricoltore   noun (masc.)   farmer
a-gree-kol-TOH-reh
Il mio nonno è agricoltore.
My grandfather is a farmer.

---

aiutare   a-yu-TA-reh   verb   to help
io aiuto   noi aiutiamo
tu aiuti   voi aiutate
Lei aiuta   Loro aiutano
Giovanni aiuta la sorella a portare i libri.
John helps his sister carry the books.

Aiuto!   a-YU-to   interjection   Help!
Quando io cado, grido, "Aiuto!"
When I fall, I shout, "Help!"

---

l'ala   A-la   noun (fem.), sing.   wing
L'uccello ha un' ala bianca.
The bird has a white wing.

le ali   A-lee   noun (fem.), pl.   wings
L'aeroplano ha due ali.
The airplane has two wings.

---

l'albergo   al-BEHR-go   noun (masc.)   hotel
Come si chiama quest'albergo?
What is the name of this hotel?

---

l'albero   AL-beh-ro   noun (masc.)   tree

4

L'albero ha molti rami.
The tree has many branches.

---

l'albicocca   al-bee-KO-ka   noun (fem.)   apricot
L'albicocca è dolce.
The apricot is sweet.

---

alcune   al-KU-neh   adj. (fem.)   several, some
Compro alcune camicie.
I buy some shirts.

alcuni   al-KU-nee   adj. (masc.)   several, some
(Note: used with plural nouns only)
Venezia ha più di alcuni canali.
Venice has more than a few canals.

---

l'alfabeto   al-fa-BEH-to   noun (masc.)   alphabet

ABCDEFGHILM
NOPQRSTUVZ

Ci sono ventun lettere nell'alfabeto italiano.
There are 21 letters in the Italian alphabet.

---

allegro, allegra   a-LEH-gro   adjective   cheerful, happy
Mia sorella è sempre allegra.
My sister is always cheerful.

---

allora   a-LOH-ra   adverb   then
Allora incomincia a leggere.
Then begin to read.

---

al piano superiore   adverb   upstairs
    al pee-AH-no su-peh-REEO-reh
        L'ufficio è al piano superiore.
        The office is upstairs.

l'altalena al-ta-LEH-na   noun (fem.)   swing, seesaw
        Nel parco i ragazzi si divertono sull'altalena.
        In the park, the children enjoy themselves on the
        swings.

alto AL-to   adjective   tall, high
        La Torre di Pisa è alta.
        The Tower of Pisa is high.

altro, altra AL-tro   adjective   other
        Ecco il mio fazzoletto. Gli altri sono sul letto.
        Here is my handkerchief. The others are on the
        bed.

l'alunna a-LU-na   noun (fem.)   pupil

  l'alunno a-LU-no   noun (masc.)   pupil
        Gli alunni sono nell'aula.
        The students are in the classroom.

alzare al-TZA-reh   verb   to raise
        io alzo   noi alziamo
        tu alzi   voi alzate
        Lei alza   Loro alzano
        Il poliziotto alza la mano destra.
        The policeman raises his right hand.

alzarsi al-TZAR-see   verb   to get up, to stand
        io mi alzo   noi ci alziamo
        tu ti alzi   voi vi alzate
        Lei si alza   Loro si alzano
        Alzati, Giovanni. Dai la sede alla Signora.
        Get up, John. Give your seat to the lady.

---

amare   a-MA-reh   verb   to like, to love

         io amo   noi amiamo

         tu ami   voi amate

         Lei ama   Loro amano

         Una mamma ama i figli.

         A mother loves her children.

---

l'ambulanza   am-bu-LAN-za   noun (fem.) ambulance

         L'ambulanza va all'ospedale.

         The ambulance goes to the hospital.

---

americano (a)   adjective (masc., fem.) American

     a-meh-ree-KA-no

         È un apparecchio americano.

         It is an American airplane.

---

l'amica   a-MI-ka   noun (fem.)   friend

         Maria è la tua amica.

         Mary is your friend.

---

l'amico   a-MI-ko   noun (masc.)   friend

         Il mio amico ed io andiamo al parco a giocare.

         My friend and I are going to the park to play.

---

l'amore   a-MOH-reh   noun (masc.)   love

         Il ragazzo ha un grand'amore per il suo cane.

         The boy has a great love for his dog.

---

l'ananasso   a-na-NA-so   noun (masc.)   pineapple

         L'ananasso è grande.

         The pineapple is big.

---

anche   AN-kay   adverb   even, too

         Lei piange anche quando è contenta.

         She cries even when she is happy.

---

anche   AN-kay   adverb   also

         Anch'io voglio dei dolci!

         I also want some candy!

---

ancora   an-KOH-ra   adverb   once again
      Leggi la lettera ancora una volta.
      Read the letter once again.

ancora   an-KOH-ra   adverb   still
      Sei ancora a casa?
      Are you still home?

---

andare   an-DA-reh   verb   to go
      io vado   noi andiamo
      tu vai   voi andate
      Lei va   Loro vanno
      Dove vai? Vado a casa.
      Where are you going? I'm going home.

---

andare a fare le spese   idiom   to go shopping
      an-DA-reh a FA-reh le SPE-seh   an-DA-reh a
      Io vado a fare le spese ogni giorno.
      I go shopping every day.

---

andare a letto   an-DA-reh a le-to   idiom   to go to bed

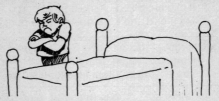

      Non mi piace andare a letto presto.
      I don't like going to bed early.

---

l'anello   a-NEH-lo   noun (masc.)   ring
      Che bell'anello!
      What a beautiful ring!

---

l'angolo   AN-go-lo   noun (masc.)   corner
      Si deve attraversare la strada all'angolo.
      One must cross the street at the corner.

---

l'animale   noun (masc.), sing.   animal
    a-nee-MA-leh
       L'animale è grande.
       The animal is big.

---

l'animale favorito   idiom   pet
    a-nee-MA-leh fa-vo-REE-toh
       Il cane è il mio animale favorito.
       The dog is my pet.

---

gli animali   noun (masc.), pl.   animals
    a-nee-MA-lee
       Gli animali sono nella foresta.
       The animals are in the forest.

---

l'anitra   a-NEE-tra   noun (fem.)   duck
       Ci sono delle anitre nel lago.
       There are ducks in the lake.

---

l'anno   A-no   noun (masc.)   year
       Ci sono dodici mesi in un anno.
       There are twelve months in a year.
       Io ho nove anni.
       I am nine years old.

---

annoiare   a-no-YA-reh   verb   to annoy
       È pericoloso annoiare un orso.
       It is dangerous to annoy a bear.

---

annoiarsi   a-no-YAR-see   verb   to be annoyed
       io mi annoio   noi ci annoiamo
       tu ti annoi   voi vi annoiate
       Lei si annoia   Loro si annoiano

La mamma si annoia quando faccio troppo
   chiasso.
Mother becomes annoyed when I make too
   much noise.

---

annoiato   a-no-YA-toh   adjective   annoyed, offended
Io sono molto annoiato.
I am very annoyed.

---

l'antenna   an-TEH-na   noun (fem.)   antenna
Le antenne delle televisioni sono sul tetto.
The TV antennas are on the roof.

---

l'ape   A-peh   noun (fem.)   bee
All'ape piace il fiore.
The bee likes the flower.

---

aperto   a-PEHR-to   adjective   open
La finestra è aperta.
The window is open.

---

apparecchiare   a-pa-reh-KYA-reh   verb   to set (the table)
io apparecchio   noi apparecchiamo
tu apparecchi   voi apparecchiate
Lei apparecchia   Loro apparecchiano
Mia madre apparecchia la tavola.
My mother sets the table.

---

l'apparecchio   noun (masc.)   airplane,
   a-pa-RAY-keeo   apparatus,
                                              machine
Ci sono tanti apparecchi nel negozio.
There are many machines in the store.

---

l'apparecchio a reazione   noun   jet plane
a-pa-RAY-keeo a reh-a-zee-O-neh
L'apparecchio a reazione è veloce.
The jet plane is fast.

---

l'apparenza   a-pa-REHN-za   noun (fem.)   look, appearance

La tigre ha un'apparenza feroce.
The tiger has a ferocious look.

---

l'appartamento   noun (masc.)   apartment
a-par-ta-MEHN-to
Il mio appartamento è al secondo piano.
My apartment is on the second floor.

---

l'appetito a-peh-TEE-to   noun (masc.)   appetite
Buon appetito!
Hearty appetite!

---

aprile a-PREE-leh   noun   April

APRIL						
1	2	3	4	5	6	7
8	9	10	11	12	13	14
15	16	17	18	19	20	21
22	23	24	25	26	27	28
29	30	31				

Piove molto in aprile.
It rains a great deal in April.

---

aprire a-PREE-reh   verb   to open
io apro   noi apriamo
tu apri   voi aprite
Lei apre   Loro aprono
Io apro la mia scrivania per cercare una gomma.
I open my desk to look for an eraser.

---

l'aquilone   noun (masc.)   kite
a-kwee-LOH-neh
Bene, tira vento. Giochiamo con l'aquilone.
Good, it's windy. Let's play with the kite.

---

l'arachide   noun (fem.), sing.   peanut
a-ra-KEE-deh

le arachidi a-ra-KEE-dee noun (fem.), pl. peanuts

All'elefante piace mangiare le arachidi.
The elephant likes to eat peanuts.

---

l'arancia   a-RAN-cha   noun (fem.)   orange
Di che colore è l'arancia?
What color is the orange?

---

arancio   a-RAN-cho   adjective   orange (color)
Ho bisogno di una gonna arancio.
I need an orange skirt.

---

l'arcobaleno   noun (masc.)   rainbow
ar-ko-ba-LEH-no
Mi piacciono i colori dell'arcobaleno.
I like the colors of the rainbow.

---

l'argento   ar-JEHN-to   noun (masc.)   silver
I capelli del vecchio sono colore argento.
The old man's hair is silver.

---

l'aria   A-reea   noun (fem.)   air
L'aria è pulita.
The air is clean.

---

l'armadio   ar-MA-deeo   noun (masc.)   closet
L'armadio è chiuso.
The closet is closed.

---

arrabbiato   a-ra-BEEA-to   past participle   angry
Lui è arrabbiato.
He is angry.

---

arrampicarsi   a-ram-pee-KAR-see   verb   to climb
io mi arrampico   noi ci arrampichiamo
tu ti arrampichi   voi vi arrampicate
Lei si arrampica   Loro si arrampicano
Il gatto si arrampica sull'albero.
The cat climbs the tree.

---

arrestare   a-rehs-TA-reh   verb   to arrest

io arresto   noi arrestiamo
tu arresti   voi arrestate
Lei arresta   Loro arrestano
Il poliziotto arresta l'uomo.
The policeman arrests the man.

---

arrivare a-ree-VA-reh verb   to arrive
io arrivo   noi arriviamo
tu arrivi   voi arrivate
Lei arriva   Loro arrivano
Il postino arriva alle dieci.
The mailman arrives at 10 o'clock.

---

arrivederci interjection   good-bye
a-ree-veh-DEHR-chee

La mattina il padre dice "arrivederci" alla
 famiglia.
In the morning, Father says "good-bye" to his
 family.

---

l'artista ar-TEES-ta noun (masc. or fem.) artist
Mio fratello è artista.
My brother is an artist.

---

l'asciugamano noun (masc.) towel
a-shu-ga-MA-no
Il mio asciugamano è nella sala da bagno.
My towel is in the bathroom.

---

asciutto a-SHU-to adjective   dry

È asciutto il pavimento, Mamma?
Is the floor dry, Mother?

---

ascoltare as-kol-TA-reh   verb   to listen
io ascolto   noi ascoltiamo
tu ascolti   voi ascoltate
Lei ascolta   Loro ascoltano
Il ragazzo ascolta la radio.
The boy listens to the radio.

---

l'asino A-zee-no   noun (masc.)   donkey
L'asino ha due lunghe orecchie.
The donkey has two long ears.

---

aspettare a-speh-TA-reh   verb   to wait for
io aspetto   noi aspettiamo
tu aspetti   voi aspettate
Lei aspetta   Loro aspettano
Aspettami, vengo.
Wait for me, I'm coming.

---

l'aspirapolvere   noun (fem.)   vacuum cleaner
a-spee-ra-POL-veh-reh
La mamma usa l'aspirapolvere per pulire la
casa.
Mother uses the vacuum cleaner to clean the
house.

---

assistere a-SEES-teh-reh   verb   to attend, to assist
io assisto   noi assistiamo
tu assisti   voi assistete
Lei assiste   Loro assistono
Noi assistiamo a una partita di calcio.
We attend a soccer game.

---

l'astronauta   noun (masc.)   astronaut
as-tro-NAU-ta
L'astronauta fa un viaggio in un razzo.
The astronaut takes a trip in a rocket.

---

attenzione   a-tehn-zee-O-neh   noun   attention
Il professore dice, "Attenzione!"
The teacher says, "Attention!"

l'attore   a-TOH-reh   noun (masc.)   actor
l'attrice   a-TREE-cheh   noun (fem.)   actress
L'attore è bello.
The actor is handsome.

attraente   a-tra-EHN-teh   adjective   cute, attractive
La ragazza è attraente.
The girl is cute.

attraversare   a-tra-vehr-SA-reh   verb   to cross
io attraverso   noi attraversiamo
tu attraversi   voi attraversate
Lei attraversa   Loro attraversano
Possiamo attraversare il lago.
We can cross the lake.

l'aula   AU-la   noun (fem.)   classroom
Siamo nell'aula.
We are in the classroom.

l'autobus   au-to-BUS   noun (masc.)   bus
I ragazzi vanno a scuola in autobus.
The children go to school by bus.

l'automobile   noun (fem.)   automobile
au-to-MO-bee-leh

15

Il pedone fa attenzione a l'automobile.
The pedestrian watches for the automobile.

---

l'autorimessa   noun (fem.)   garage
    au-to-ree-MEH-sa
        Dov'è la macchina? Non è nell'autorimessa.
        Where is the car? It's not in the garage.

---

l'autostrada   au-to-STRA-da   noun (fem.)   highway, road
        Come si chiama quest'autostrada?
        What is the name of this road?

---

l'autunno   au-TU-no   noun (masc.)   autumn
        In autunno fa fresco.
        In autumn it is cool.

---

avere   a-VEH-reh   verb   to have
        io ho   noi abbiamo
        tu hai   voi avete
        Lei ha   Loro hanno
        Lei ha una matita.
        You have a pencil.

---

avere bisogno di   idiom   to need
        Il pesce ha bisogno d'acqua.
        The fish needs water.

---

avere buon odore   idiom   to smell good
        La torta ha un buon odore.
        The cake has a good smell.

---

avere cattivo odore   idiom   to smell bad
        Il legno ha un cattivo odore.
        The wood smells bad.

---

avere fame   idiom   to be hungry
        Lui ha sempre fame.
        He is always hungry.

---

avere paura di   idiom   to be afraid of

Ha paura della tempesta?
Are you afraid of the storm?

avere ragione	idiom	to be right

Questa volta io ho ragione.
This time I am right.

avere sete	idiom	to be thirsty

Oggi ho sete.
Today I am thirsty.

avere torto	idiom	to be wrong

Lei ha torto.
You are wrong.

avere un dolore a . . .	idiom	to have a pain . . .

Io ho un dolore alla gamba.
I have a pain in my leg.

avere un dolore di testa	idiom	to have a headache

Sono malato. Ho un dolor di testa.
I'm sick. I have a headache.

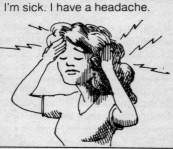

avere un mal di stomaco	idiom	to have a stomachache

Maria ha un mal di stomaco.
Mary has a stomach ache.

avere vergogna	idiom	to be ashamed

17

Ha vergogna perché è cattivo.
He is ashamed because he is bad.

---

aviogetto   a-veeo-JEH-to   noun (masc.)   jet
L'aviogetto è arrivato.
The jet has arrived.

---

l'avvocato   a-vo-KA-to   noun (masc.)   lawyer
Mio zio è avvocato.
My uncle is a lawyer.

---

azzurro   a-TZU-ro   adjective   blue
Il cielo è azzurro, non è vero?
The sky is blue, isn't it?

B

---

il babbo   BA-bo   noun (masc.)   dad
Babbo, ho paura!
Dad, I'm afraid!

---

baciare   ba-CHEEA-reh   verb   to kiss

io bacio	noi baciamo
tu baci	voi baciate
Lei bacia	Loro baciano

Gli amanti si baciano.
The lovers kiss each other.

---

il bacio   BA-cho   noun (masc.)   kiss
La mamma dà un bacio al ragazzo.
The mother kisses the child.

---

badare a   ba-DA-reh-a   verb   to look after, take
                                                care of

io bado	noi badiamo
tu badi	voi badate
Lei bada	Loro badano

La gatta bada ai gattini.
The cat takes care of the kittens.

---

il bagaglio ba-GA-lyo noun (masc.) luggage
Il bagaglio è pronto per il viaggio.
The luggage is ready for the trip.

---

bagnato ba-NA-to adjective wet
Il mio quaderno è caduto nell'acqua; è bagnato.
My notebook fell in the water; it's wet.

---

il bagno BA-no noun (masc.) bath
Mi faccio un bagno ogni giorno.
I take a bath every day.

---

il bagno di sole idiom sun bath
Io mi faccio un bagno di sole sull'erba.
I take a sun bath on the grass.

il costume da bagno noun bathing suit
Ti piace il mio nuovo costume da bagno?
Do you like my new bathing suit?

il lavandino noun (masc.) bathroom sink
Il lavandino è bianco.
The bathroom sink is white.

la sala da bagno noun bathroom
La sala da bagno è grande.
The bathroom is large.

---

ballare ba-LA-reh verb to dance
io ballo   noi balliamo
tu balli   voi ballate
Lei balla   Loro ballano

A mia sorella piace ballare.
My sister likes to dance.

---

il bambino   bam-BEE-no   noun (masc.)   child, baby
Maria gioca con il bambino.
Mary plays with the baby.

---

la bambola   BAM-bo-la   noun (fem.)   doll
La mia bambola si chiama Silvia.
My doll's name is Silvia.

---

la banca   BAN-ka   noun (fem.)   bank
Ha moneta alla banca?
Do you have money in the bank?

---

la bandiera   ban-DYEH-ra   noun (fem.)   flag
La bandiera è grande.
The flag is large.

---

la barba   BAR-ba   noun (fem.)   beard
L'uomo ha la barba grigia.
The man has a gray beard.

---

la barca   BAR-ka   noun (fem.)   boat
La barca è nuova.
The boat is new.

---

la barchetta   bar-KAY-ta   noun (fem.)   boat
La barchetta è piccola.
The boat is small.

---

il "baseball" (as in Eng.)   noun (masc.) baseball
Mio cugino gioca al baseball.
My cousin plays baseball.

---

basso BA-so   adjective   short
L'albero a sinistra è basso; l'albero a destra è
alto.
The tree on the left is short; the tree on the right is
tall.

---

il bastone bas-TOH-neh   noun (masc.) stick, cane
Il poliziotto porta il bastone.
The policeman carries the stick.

---

il battello ba-TEH-lo   noun (masc.)   boat
Il battello è stato distrutto.
The boat was destroyed.

---

battere BA-teh-reh   verb   to hit
io batto   noi battiamo
tu batti   voi battete
Lei batte   Loro battono
Lui mi batte.
He is hitting me.

---

il baule ba-U-leh   noun (masc.)   trunk, suitcase
È difficile portare questo baule.
It is difficult to carry this trunk.

---

il becco BEH-ko   noun (masc.)   beak
L'uccello ha un becco giallo.
The bird has a yellow beak.

---

bello, bella   adjective (masc., fem.)   handsome,
BEH-lo   beautiful, pretty
L'attore è bello; l'attrice è bella.
The actor is handsome; the actress is beautiful.

---

bello, bella   adjective (masc., fem.)   nice, pleasant

La primavera è una bella stagione.
Spring is a pleasant season.

---

bene   BEH-ne   adverb   well
Mi sento molto bene, grazie.
I feel very well, thank you.

---

beneducato   adjective   well behaved,
beh-neh-du-KA-to   well mannered
Le ragazzine sono più beneducate dei ragazzini.
Little girls are more well behaved than little boys.

---

la benzina   behn-ZEE-na   noun (fem.)   gasoline
Il babbo dice, "Non abbiamo abbastanza
   benzina."
Father says, "We don't have enough gasoline."

---

bere   BEH-reh   verb   to drink
io bevo   noi beviamo
tu bevi   voi bevete
Lei beve   Loro bevono
Il ragazzo beve il latte.
The boy drinks milk.

---

la bestia   BEHS-teea   noun (fem.)   beast
Il leone è una bestia selvaggia.
The lion is a wild beast.

---

bianco, bianca   adjective   (masc., fem.)   white
BEEAN-ko
Le mie scarpe sono bianche.
My shoes are white.
Vorrei comprare una camicetta bianca.
I would like to buy a white blouse.

---

la biblioteca   noun (fem.)   library
bee-blee-o-TEH-ka
Ci sono tanti libri nella biblioteca.
There are many books in the library.

---

il bicchiere noun (masc.) glass
bee-KYEH-reh
Io metto il bicchiere sul tavolo accuratamente.
I put the glass on the table carefully.

---

la bicicletta noun (fem.) bicycle
bee-chee-KLEH-ta

Quando fa bel tempo, Bernardo va in bicicletta.
When the weather is good, Bernard rides his
bicycle.

---

il biglietto noun (masc.) bill (money)
bee-LYEH-to
Sono ricco. Ho un biglietto da mille lire.
I'm rich. I have a one-thousand lire bill.

il biglietto bee-LYEH-to noun (masc.) note
Lei mi scrive un biglietto.
She writes me a note.

il biglietto bee-LYEH-to noun (masc.) ticket
Ecco il mio biglietto, signore.
Here is my ticket, sir.

---

biondo BEEON-do adjective blonde
Voi avete i capelli biondi?
Do you have blonde hair?

---

la bistecca bees-TEH-ka noun (fem.) steak
La bistecca è buona.
The steak is good.

---

la bocca   BOH-ka   noun (fem.)   mouth
Il bambino apre la bocca quando piange.
The child opens his mouth when he cries.

---

il bordo   BOHR-do   noun (masc.)   edge
Il bordo della strada è diritto.
The edge of the road is straight.

---

la borsa   BOHR-sa   noun (fem.)   pocketbook
Io compro una borsa per la mamma.
I buy a pocketbook for mother.

la borsa   BOHR-sa   noun (fem.)   briefcase
Giovanni, non dimenticare la borsa.
John, don't forget your briefcase.

---

il borsellino   bohr-seh-LEE-no   noun (masc.)   purse
Il borsellino è bianco.
The purse is white.

---

il bosco   BOS-koh   noun (masc.)   forest, woods
Io vado nel bosco.
I go into the woods.

---

la bottega   bo-TEH-ga   noun (fem.)   shop
Mi scusi, dov'è la bottega del Signor Napoli?
Excuse me, where is Mr. Napoli's shop?

---

la bottiglia   bo-TEE-lya   noun (fem.)   bottle
Attenzione! La bottiglia è di vetro.
Be careful! The bottle is made of glass.

---

il bottone   bo-TOH-neh   noun (masc.)   button
Questo soprabito ha solamente tre bottoni.
This overcoat has only three buttons.

---

il braccio   BRA-cho   noun (masc.)   arm

All'uomo gli duole il braccio.
The man's arm hurts.

Bravo BRA-vo   interjection   Hurray, well done
   Pietro risponde bene alle domande. "Bravo,"
      dice la maestra.
   Peter answers the questions well. "Well done,"
      says the teacher.

---

bruciare bru-CHA-reh   verb   to burn
   io brucio   noi bruciamo
   tu bruci   voi bruciate
   Lei brucia   Loro bruciano
   Lui brucia il legno.
   He burns the wood.

---

brutto BRU-to   adjective   ugly
   Non mi piace questo cappello; è brutto.
   I don't like this hat; it's ugly.

---

la buca per lettere   noun (fem.)   letter box, mailbox
   BU-ka per LEH-teh-reh
      Lui mette la lettera nella buca per le lettere.
      He puts the letter in the mailbox.

---

il buco BU-ko   noun (masc.)   hole
   Io ho un buco nella calza.
   I have a hole in my stocking.

---

il buffone   bu-FOH-neh   noun (masc.)   clown
     Lui è buffone.
     He is a clown.

---

la bugia   bu-JEE-a   noun (fem.)   lie
     Lui dice bugie.
     He tells lies.

---

buono   BUO-no   adjective   good
     È un libro interessante; è un buon libro.
     It's an interesting book; it is a good book.

Buon compleanno   idiom   Happy birthday
    Buon com-pleh-A-no
     Buon compleanno, Giovanni.
     Happy birthday, John.

Buona fortuna   idiom   Good luck
    BUO-na for-TU-nah
     Buona fortuna col lavoro.
     Good luck with the work.

Buon giorno   idiom   good morning,
    Buon GEE-or-no   good day
     "Buon giorno, ragazzi," dice la maestra.
     "Good morning, children," says the teacher.

Buona notte   BUO-na NO-teh   idiom   good night (upon
                                   retiring)
     Il ragazzo dice, "Buona notte."
     The child says, "Good night."

Buon pomeriggio   idiom   Good afternoon
    Buon po-meh-REE-jo
     "Buon pomeriggio, ragazzi," dice la maestra.
     "Good afternoon, children," says the teacher.

Buona sera   BUO-na SEH-ra   idiom   Good evening
     Quando il padre ritorna a casa alle nove, dice
       "Buona sera."

When father gets home at 9, he says, "Good evening."

il burro   BU-ro   noun (masc.)   butter
Passi il burro, per piacere.
Please pass the butter.

bussare   bu-SA-reh   verb   to knock
io busso   noi bussiamo
tu bussi   voi bussate
Lei bussa   Loro bussano
Mamma, qualcuno bussa alla porta.
Mother, someone is knocking at the door.

la busta   BUS-ta   noun (fem.)   envelope
Il postino mi dà una busta.
The mailman gives me an envelope.

C

il cacciatore   noun (masc.)   hunter
ca-cha-TOH-reh
Il cacciatore va nella foresta.
The hunter goes into the forest.

cadere   ka-DEH-reh   verb   to fall
io cado   noi cadiamo
tu cadi   voi cadete
Lei cade   Loro cadono

L'aquilone cade a terra.
The kite falls to earth.

---

il caffè ka-FEH noun (masc.)   coffee, café
Il caffè è buono.
The coffee is good.

---

il cagnolino   noun (masc.)   puppy
ka-no-LEE-no
Il cagnolino è nero.
The puppy is black.

---

il calcio KAL-cho noun (masc.)   soccer
Sai giocare al calcio?
Do you know how to play soccer?

---

caldo KAL-do adjective   hot, warm

avere caldo   idiom   to be hot
a-veh-reh CAL-doh
fa caldo tah CAL-do idiom   it is hot
Io ho caldo oggi perchè fa caldo.
I am warm today because it is hot.

---

il calendario   noun (masc.)   calendar
ka-lehn-DA-reeo
Secondo il calendario, oggi è il dodici maggio.
According to the calendar, today is May 12.

---

calmo KAL-mo adjective   calm
Mi piace andare a pescare quando il mare è
calmo.
I like to go fishing when the sea is calm.

---

la calza KAL-za noun (fem.)   sock, stocking
Io vorrei comprare un paio di calze.
I would like to buy a pair of socks.
Le donne portano le calze di nailon.
Women wear nylon stockings.

---

cambiare   kam-BEEA-reh   verb   to change
                io cambio   noi cambiamo
                tu cambi   voi cambiate
                Lei cambia   Loro cambiano
                Noi dobbiamo cambiare a un altro treno.
                We must change to another train.

---

la cameriera   noun (fem.)   maid
            ka-meh-RYEH-ra
                La cameriera pulisce la casa.
                The maid cleans the house.

---

la cameriera   noun (fem.)   waitress
            ka-meh-RYEH-ra

                La cameriera mi porta del pane.
                The waitress brings me bread.

---

il cameriere   noun (masc.)   waiter
            ka-meh-RYEH-reh
                Il cameriere lavora molto.
                The waiter works hard.

---

la camicia   ka-MEE-cha   noun (fem.)   shirt
               La camicia è bianca.
               The shirt is white.

---

il camino   ka-MEE-no   noun (masc.)   fireplace
               Le scarpe sono vicino al camino.
               The shoes are near the fireplace.

---

il camione   ka-mee-OH-ne   noun (masc.)   truck
               Il camione è fermato.
               The truck is stopped.

---

camminare   ka-mee-NA-reh   verb   to walk
               io cammino   noi camminiamo
               tu cammini   voi camminate
               Lei cammina   Loro camminano
               Noi camminiamo molto.
               We walk a great deal.

---

la campagna   noun (masc.)   countryside
    kam-PA-na
               Fa bel tempo! Andiamo in campagna!
               It's a beautiful day. Let's go to the country!

---

la campana   kam-PA-na   noun (fem.)   bell

La campana suona a mezzogiorno.
The bell rings at noon.

---

il campanello   noun (masc.)   little bell, doorbell
kam-pa-NEH-lo
    Eccoci alla casa di Gina. Dov'è il campanello?
    Here we are at Gina's house. Where is the
    doorbell?

---

il campo   KAM-po   noun (masc.)   field
    È un campo di frumento, non è vero?
    It's a field of wheat, isn't that so?

---

cancellare   kan-cheh-LA-reh   verb   to erase
    Ah, uno sbaglio. Devo cancellare questa parola.
    Oh, a mistake. I have to erase this word.

---

il cane   KA-ne   noun (masc.)   dog
    Hai un cane?
    Do you have a dog?

---

cantare   kan-TA-reh   verb   to sing
    io canto   noi cantiamo
    tu canti   voi cantate
    Lei canta   Loro cantano

    Io canto e gli uccelli anche cantano.
    I sing and the birds also sing.

---

la canzone   kan-ZOH-neh   noun (fem.)   song

31

Quale canzone preferisce Lei?
Which song do you prefer?

---

il capello   noun (masc.), sing.   hair
     ka-PEH-lo
         Ho trovato un lungo capello sulla camicia.
         I found a long hair on my shirt.

i capelli   noun (masc.), pl.   hair
     ka-PEH-lee
         Agli studenti universitari piacciono i capelli
            lunghi.
         University students like long hair.

la spazzola per capelli   noun   hairbrush
     SPAH-zo-lah per ka-PEH-lee
         Io ho una nuova spazzola per capelli.
         I have a new hairbrush.

---

capire   ka-PEE-reh   verb   to understand
         io capisco   noi capiamo
         tu capisci   voi capite
         Lei capisce   Loro capiscono
         Tu capisci la lezione di oggi?
         Do you understand today's lesson?

---

la capitale   noun (fem.)   capital
     ka-pee-TA-leh
         Sai il nome della capitale d'Italia?
         Do you know the name of the capital of Italy?

---

il capo   KA-po   noun (masc.)   leader
         No! Tu fai sempre da capo.
         No! You always play the leader.

---

il cappello   ka-PEH-lo   noun (masc.)   hat
         Che bel cappello!
         What a beautiful hat!

---

la capra   KA-pra   noun (fem.)   goat

L'agricoltore ha una capra.
The farmer has a goat.

---

carino   ka-REE-no   adjective   pretty, cute
La ragazza è carina.
The girl is cute.

---

la carne   KAR-neh   noun (fem.)   meat
La donna va alla macelleria per comprare la
    carne.
The lady goes to the butcher shop to buy meat.

---

caro   KA-ro   adjective   darling, dear
Il bambino è caro.
The baby is darling.

---

caro   KA-ro   adjective   expensive
Questa bicicletta è troppo cara.
This bicycle is too expensive.

---

il carosello   noun (masc.)   merry-go-round
    ka-ro-ZEH-lo
        Io mi diverto sul carosello.
        I enjoy myself on the merry-go-round.

---

la carota   ka-ROH-ta   noun (fem.)   carrot
I conigli mangiano le carote.
Rabbits eat carrots.

---

la carrozza   ka-ROH-tza   noun (fem.)   car (railroad)

Questo treno ha dieci carrozze.
This train has ten cars.

---

la carrozzina   noun (fem.)   baby carriage
      ka-roh-TZEE-na
          La carrozzina è nuova.
          The baby carriage is new.

---

la carta   KAR-ta   noun (fem.)   paper
          C'è della carta nel mio quaderno.
          There is some paper in my notebook.

  la carta geografica   noun (fem.)   map
     KAR-tah jeho-GRA-fee-ka
          La carta geografica è grande.
          The map is large.

  la carta stradale   noun (fem.)   road map
     KAR-tah stra-DAH-leh
          Questa è una carta stradale dell'Italia.
          This is a road map of Italy.

---

la carta   KAR-ta   noun (fem.)   card
  le carte (da gioco)   noun (fem.), pl.   playing cards
     KAR-teh dah JUO-ko
          Sai giocare a carte?
          Do you know how to play cards?

---

la cartolina postale   noun (fem.)   postcard
     KAR-toh-lee-na pohs-TA-leh
          Io ho ricevuto una cartolina postale da Giovanni.
          I received a postcard from John.

---

la casa   KA-za   noun (fem.)   house, home
          Ecco la casa di mio zio.
          Here is my uncle's house.

---

il cassetto   ka-SEH-to   noun (masc.)   drawer
          Io metto la macchina fotografica nel cassetto.
          I put the camera in the drawer.

---

il castello   kas-TEH-lo   noun (masc.)   castle
Il re vive in un gran castello.
The king lives in a large castle.

---

cattivo   ka-TEE-vo   adjective   naughty
Roberto non può uscire. È cattivo.
Robert can't go out. He's naughty.

cattivo   ka-TEE-vo   adjective   bad
Fa cattivo tempo oggi.
It's bad weather today.

---

cavalcare   ka-val-KA-reh   verb   to ride
io cavalco   noi cavalchiamo
tu cavalchi   voi cavalcate
Lei cavalca   Loro cavalcano
Lui ha imparato a cavalcare bene.
He has learned to ride a horse well.

---

il cavallo   ka-VA-lo   noun (masc.)   horse
Il cavallo bianco ha vinto la corsa.
The white horse won the race.

---

il cavolo   KA-vo-lo   noun (masc.)   cabbage
Preferisce il cavolo o le carote?
Do you prefer cabbage or carrots?

---

celebre   CHEH-leh-breh   adjective   famous
Il presidente degli Stati Uniti è celebre.

35

The President of the United States is famous.

---

cento   CHEN-to   adjective   one hundred
Ci sono cento persone alla fiera.
There are one hundred people at the fair.

---

cercare   chehr-KA-reh   verb   to look for, to search
io cerco   noi cerchiamo
tu cerchi   voi cercate
Lei cerca   Loro cercano
Il babbo cerca sempre le sue chiavi.
Dad is always looking for his keys.

---

il cerchio   CHEHR-keeo   noun (masc.)   hoop
Il ragazzo rotola un gran cerchio.
The boy rolls a large hoop.

---

certo   CHEHR-to   adjective   certain, some
È certo che il negozio è aperto?
Are you sure the store is open?

certi   CHEHR-tee   adjective, pl.   some, certain
Certi libri sono grandi.
Some books are large.

---

che   KAY   interrogative adverb   what
Che?
What?

che   KAY   pronoun   that, which, who
La ragazza che parla è simpatica.
The girl who is speaking is pleasant.

---

che peccato   idiom   that's too bad, what a pity
KAY peh-KA-to
Che peccato! Tu non puoi venire con me.
What a pity! You can't come with me.

---

chi   KEE   interrogative pronoun   who
            Chi ci viene a trovare?
            Who is coming to pay us a visit?

---

chiamare   keea-MA-reh   verb   to call
            io chiamo   noi chiamiamo
            tu chiami   voi chiamate
            Lei chiama   Loro chiamano
            Io chiamo il mio amico.
            I call my friend.

---

chiamarsi   keea-MAR-see   verb   to call oneself, to
                                              name oneself
            io mi chiamo   noi ci chiamiamo
            tu ti chiami   voi vi chiamate
            Lei si chiama   Loro si chiamano
            Come ti chiami? Mi chiamo Enrico.
            What is your name? My name is Henry.

---

chiaro   KEEA-ro   adjective   clear, light
            Il cielo è chiaro stasera.
            The sky is clear tonight.

---

la chiave   KEEA-veh   noun (fem.)   key
            Dov'è la mia chiave?
            Where is my key?

---

la chiesa   KYEH-za   noun (fem.)   church
            C'è una grande chiesa in città.
            There is a large church in the city.

---

il chilometro   noun (masc.)   kilometer
        kee-LO-meh-tro
                Io abito a cinque chilometri dalla scuola.
                I live five kilometers from the school.

---

il chiodo   KEEO-do   noun (masc.)   nail (metal)
            Mio fratello gioca con chiodi e martello.
            My brother is playing with nails and a hammer.

---

la chitarra   kee-TA-ra   noun (fem.)   guitar
Io so suonare la chitarra.
I know how to play the guitar.

---

chiudere   KEEU-deh-reh   verb   to close
io chiudo   noi chiudiamo
tu chiudi   voi chiudete
Lei chiude   Loro chiudono
Chiudete la finestra, per piacere.
Close the window, please.

---

ciascuno   cheeas-KU-no   adjective   each one
Ecco cinque ragazze; ciascuna ha un fiore.
Here are five girls; each one has a flower.

---

la cicogna   chi-KOH-na   noun (fem.)   stork
La cicogna è grande.
The stork is large.

---

ci è   CHEE-EH   idiom   there is
Ci è una penna nella scatola.
There is a pen in the box.

---

ci sono   CHEE-SOH-no   idiom   there are
Ci sono tre persone qui.
There are three people here.

---

cieco   CHYEH-ko   adjective   blind
Quest'uomo è cieco.
This man is blind.

---

il cielo   CYE-lo   noun (masc.)   sky
Vedo la luna nel cielo.
I see the moon in the sky.

la ciliegia   chee-LYEH-ja   noun (fem.)   cherry
Vado a cogliere le ciliege.
I am going to pick cherries.

il cinema   CHEE-neh-ma   noun (masc.)   cinema, movies
C'è un buon film al cinema.
There is a good film at the movies.

cinquanta   cheen-KWAN-ta   adjective   fifty
Ci sono cinquanta stati negli Stati Uniti.
There are fifty states in the United States.

cinque   CHEEN-kweh   adjective   five
Ci sono cinque libri su la tavola.
There are five books on the table.

la cintola   CHEEN-to-la   noun (fem.)   waist, belt
La cintola dell'abito è alta.
The waist of the dress is high.

il cioccolato   noun (masc.)   chocolate
cho-ko-LA-to
Come? Non ti piace il cioccolato.
What? You don't like chocolate?

la cipolla   chee-POH-la   noun (fem.)   onion
Vado al negozio a comprare delle cipolle.
I'm going to the store to buy some onions.

---

il circo   CHEER-ko   noun (masc.)   circus
                Ci sono molti animali al circo.
                There are many animals at the circus.

---

il circolo   CHEER-ko-lo   noun (masc.)   circle
                I ragazzi formano un circolo per giocare.
                The children form a circle to play.

---

la città   chee-TA   noun (fem.)   city
                La città di Roma è grande.
                The city of Rome is large.

---

la classe   KLA-seh   noun (fem.)   class
                La classe comincia fra mezz'ora.
                The class begins in half an hour.

---

la coda   KOH-da   noun (fem.)   tail
                Il mio cane mena la coda quando io ritorno a
                casa.
                My dog wags his tail when I return home.

---

cogliere   KOH-lyeh-re   verb   to gather, to pick
                io colgo   noi cogliamo
                tu cogli   voi cogliete
                Lei coglie   Loro colgono
                Lui va a cogliere delle mele.
                He is going to pick some apples.

---

la colazione   noun (fem.)   lunch, breakfast
      ko-la-TZEEOH-ne
                Io faccio colazione a mezzogiorno.
                I have lunch at noon.
   l'ora di colazione   lunchtime

---

la colla   KO-la   noun (fem.)   glue
                La colla è debole.
                The glue is weak.
   incollare   een-ko-LA-reh   verb   to glue

Io incollo una fotografia a una pagina del mio
   quaderno.
I glue a photograph to one of the pages of my
   notebook.

---

il collo   KO-lo   noun (masc.)   neck
Quell' uccello ha un collo lungo.
That bird has a long neck.

---

la colonia   noun (fem.), pl.   camp
   ko-LOH-nee-a
Mio cugino passa otto settimane in colonia.
My cousin spends eight weeks at camp.

---

il colore   ko-LOH-reh   noun (masc.)   color
Che colore è la banana?
What color is the banana?

---

il colpo   KOL-po   noun (masc.)   blow
Il colpo fu severo.
The blow was severe.

---

il coltello   kol-TEH-lo   noun (masc.)   knife

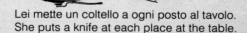

Lei mette un coltello a ogni posto al tavolo.
She puts a knife at each place at the table.

---

il coltello a serramanico   noun (masc.) folding knife
   kol-TEH-lo a seh-rah-MA-ni-ko
Il coltello a serramanico è pericoloso.
The folding knife is dangerous.

---

comandare   ko-man-DA-re   verb   to command
            io comando   noi comandiamo
            tu comandi   voi comandate
            Lei comanda   Loro comandano
            Nell'esercito, il generale comanda.
            In the army, the general commands.

---

come   KO-meh   adverb   how, as
            Come stai?
            How are you?

---

come   KO-meh   interrogative pronoun   what
            Come? Non hai gli spiccioli per l'autobus!
            What? You don't have change for the bus!

---

comico   KO-mee-ko   adjective   funny, comical
            Il buffone è comico.
            The clown is funny.

---

cominciare   ko-meen-CHA-reh   verb   to begin
            io comincio   noi cominciamo
            tu cominci   voi cominciate
            Lei comincia   Loro cominciano
            La classe d'italiano comincia alle nove.
            The Italian class begins at nine.

---

la commessa   ko-MEH-sa   noun (fem.)   saleswoman, clerk
            La commessa è giovane.
            The saleswoman is young.

   il commesso   ko-MEH-so   noun (masc.)   salesman, clerk
            Il commesso è alto.
            The salesman is tall.

---

comodo   KO-mo-do   adjective   comfortable
            Il mio letto è molto comodo.
            My bed is very comfortable.

---

la compagnia   noun (fem.)   company
    kom-pa-NEE-a

La compagnia Marotti si trova all'angolo della
strada.
The Marotti Company is located on the corner of
the street.

---

i compiti   noun (masc.), pl.   homework,
                                                        assignments
KOM-pee-tee
Noi facciamo i compiti insieme.
We do our homework together.

---

il compleanno   noun (masc.)   birthday
kom-pleh-A-no
Buon compleanno! Quanti anni hai tu?
Happy birthday! How old are you?

---

completamente   adverb   completely
kom-PLEH-ta-MEHN-teh
La ferita è completamente guarita.
The wound is completely healed.

---

comportarsi   kom-por-TAR-see   verb   to behave oneself
io mi comporto   noi ci comportiamo
tu ti comporti   voi vi comportate
Lei si comporta   Loro si comportano
Lui si comporta bene.
He behaves well.

---

comprare   kom-PRA-reh   verb   to buy

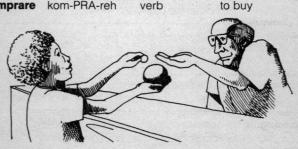

io compro   noi compriamo
tu compri   voi comprate
Lei compra   Loro comprano
Il ragazzo compra una palla.
The boy buys a ball.

---

comunque ko-MUN-kweh   adverb   however
Questo è vero, comunque, io non lo faccio.
This is true, however, I won't do it.

---

con KON   preposition   with
Maria è alla spiaggia con le sue amiche.
Mary is at the beach with her friends.

---

con cura kon-KU-ra   adverb   carefully, with care
Paolo versa l'acqua nel bicchiere con cura.
Paul pours water into the glass carefully.

---

la conchiglia   noun (fem.)   shell
kon-KEE-lya
Io cerco le conchiglie alla spiaggia.
I look for shells at the beach.

---

condurre kon-DU-reh   verb   to lead, to drive
io conduco   noi conduciamo
tu conduci   voi conducete
Lei conduce   Loro conducono
Lui conduce la sua auto molto bene.
He drives his car well.

---

il coniglio ko-NEE-lyo   noun (masc.)   rabbit
Il coniglio è svelto.
The rabbit is fast.

---

conoscere ko-NO-sheh-reh   verb   to know, be
                                             acquainted with
io conosco   noi conosciamo
tu conosci   voi conoscete
Lei conosce   Loro conoscono

Conosci il mio maestro?
Do you know my teacher?

---

conservare kon-sehr-VA-reh   verb   to conserve, keep
io conservo   noi conserviamo
tu conservi   voi conservate
Lei conserva   Loro conservano
Noi conserviamo danaro per la festa.
We save money for the holiday.

---

contare kon-TA-reh   verb   to count
io conto   noi contiamo
tu conti   voi contate
Lei conta   Loro contano
Lui sa contare da cinque a uno: cinque, quattro,
tre, due, uno.
He knows how to count from five to one: five,
four, three, two, one.

---

contento kon-TEHN-to   adjective   delighted, happy,
enchanted
Ognuno è contento a una festa.
Everyone is happy at a feast.

---

continuare kon-tee-nu-A-reh   verb   to continue
io continuo   noi continuiamo
tu continui   voi continuate
Lei continua   Loro continuano
Io continuerò a suonare il pianoforte fino alle
cinque.
I will continue to play the piano until 5.

---

il conto KON-to   noun (masc.)   check (at a
restaurant)
Dopo pranzo, il babbo chiede il conto.
After dinner, Dad asks for the check.

---

contro (a) KON-tro   preposition   against

Enrico è contro la riforma.
Henry is against the reform.

---

la coperta   ko-PEHR-ta   noun (fem.)   blanket
D'inverno mi piace una coperta calda sul letto.
In the winter, I like a warm blanket on my bed.

---

coperto   ko-PEHR-to   past participle   covered
L'albero è coperto di neve.
The tree is covered with snow.

---

copiare   ko-pee-A-reh   verb   to copy
io copio   noi copiamo
tu copi   voi copiate
Lei copia   Loro copiano
Dobbiamo copiare le frasi che sono alla lavagna.
We must copy the sentences that are on the
   blackboard.

---

coraggioso   ko-ra-JOH-zo   adjective   courageous
Lui è un ragazzo coraggioso.
He is a courageous boy.

---

la cordicella   kor-dee-CHEH-la   noun (fem.)   string
Cerco una cordicella per il mio aquilone.
I am looking for a string for my kite.

---

correre   KOH-reh-reh   verb   to run
io corro   noi corriamo
tu corri   voi correte
Lei corre   Loro corrono
Loro corrono alla stazione perchè sono in ritardo.
They run to the station because they are late.

---

corretto   ko-REH-to   adjective   correct
La maestra dice, "Scrivete la risposta corretta."
The teacher says, "Write the correct answer."

---

cortese   kor-TEH-zeh   adjective   courteous, polite
Quella signorina è sempre cortese.

That young lady is always polite.

---

corto   KOR-to   adjective   short

Una riga è corta, l'altra è lunga.
One ruler is short, the other is long.

---

la cosa   KOH-za   noun (fem.)   thing
Vendono tutte specie di cose in questo negozio.
They sell all kinds of things in this store.

---

così   ko-ZEE   adverb   so, thus, in this
                                               way
Le piccole marionette ballano così.
The little marionettes dance like this.

---

costoso   kos-TO-so   adjective   expensive
Il libro è costoso.
The book is expensive.

---

il costume da bagno   noun (masc.)   bathing suit
     kos-TU-meh-da-BA-no
Il costume da bagno è nuovo.
The bathing suit is new.

---

la cotoletta   noun (fem.)   cutlet
     ko-to-LEH-ta
Preferisce Lei una cotoletta di vitello o di
     agnello?
Do you prefer a veal cutlet or one of lamb?

---

il cotone   ko-TO-neh   noun (masc.)   cotton
Lui porta una camicia di cotone.
He wears a cotton shirt.

---

la cravatta   kra-VA-ta   noun (fem.)   tie
La cravatta del babbo è troppo grande per me.
My Dad's tie is too large for me.

---

la credenza   kre-DEHN-za   noun (fem.)   sideboard
Ci sono piatti nella credenza.
There are dishes in the sideboard.

---

credere   KRAY-deh-reh   verb   to believe
io credo   noi crediamo
tu credi   voi credete
Lei crede   Loro credono
Credo di potere andare al cinema.
I believe I can go to the movies.

---

crescere   KREH-sheh-reh   verb   to grow
io cresco   noi cresciamo
tu cresci   voi crescete
Lei cresce   Loro crescono
Il ragazzo cresce bene.
The boy is growing well.

---

il cucchiaio   ku-KEEA-eeo   noun (masc.)   spoon
Io non ho un cucchiaio.
I do not have a spoon.

---

il cucciolo   KU-cho-lo   noun (masc.)   puppy
Il cucciolo è carino.
The puppy is cute.

---

la cucina   ku-CHEE-na   noun (fem.)   kitchen
La mamma prepara i pasti nella cucina.
Mother prepares the meals in the kitchen.

  fare la cucina   to cook

---

cucinare   ku-chee-NA-re   verb   to cook
io cucino   noi cuciniamo
tu cucini   voi cucinate
Lei cucina   Loro cucinano

Giuseppina cucina bene.
Josephine cooks well.

---

cucire ku-CHEE-reh verb   to sew
io cucio   noi cuciamo
tu cuci   voi cucite
Lei cuce   Loro cuciono
Lei cuce bene.
She sews well.

---

il cugino ku-JEE-no noun (masc.) cousin
Mio cugino Paolo ha dieci anni e mia cugina
    Maria ha diciotto anni.
My cousin Paul is ten years old and my cousin
    Mary is eighteen years old.

---

cui KUEE pronoun   who, whom, of
                                          whom
La donna di cui parlo è mia zia.
The woman of whom I speak is my aunt.

---

la culla KU-la noun (fem.)   cradle
La culla è piccola.
The cradle is small.

---

il cuore KUO-re noun (masc.)   heart
Quanti cuori sulla carta!
Look at all the hearts on the playing card!

---

curioso ku-ree-O-zo adjective   curious

È curiosa. Vorrebbe aprire il pacco.
She is curious. She would like to open the
    package.

---

custodire   kus-to-DEE-reh   verb   to guard
        io custodisco   noi custodiamo
        tu custodisci   voi custodite
        Lei custodisce   Loro custodiscono
        L'uomo custodisce i gioielli.
        The man guards the jewels.

D

---

da   DA   preposition   from, out of
        Il nonno guarda dalla finestra.
        My grandfather is looking out of the window.

---

d'accordo   da-KOR-do   idiom   all right, okay,
                                                agreed
        Tu vuoi giocare con me? D'accordo!
        You want to play with me? Okay.

---

da per tutto   adverb   everywhere
    da-pehr-TU-to
        Cerco il mio orologio da per tutto.
        I am looking everywhere for my watch.

---

dare   DA-reh   verb   to give
        io do   noi diamo
        tu dai   voi date
        Lei dà   Loro danno
        Dammi la macchina fotografica, per piacere.
        Give me the camera, please.

---

dare la mano   idiom   to shake hands
    DA-reh-la-MA-no
        Giovanni, dai la mano a tuo cugino.
        John, shake hands with your cousin.

---

dare un calcio a   idiom   to kick
    DA-reh un KAL-cho-a
        Il ragazzo da un calcio al pallone.
        The boy kicks the ball.

---

la data   DA-ta   noun (fem.)   date
        Qual'è la data?
        What is the date?

---

la dattilografa   noun (fem.)   typist
    da-tee-LOH-gra-fa
        La dattilografa è svelta.
        The typist is fast.

---

davanti a   da-VAN-tee-a   preposition   in front of
        C'è un tavolo davanti al divano.
        There is a table in front of the sofa.

---

debole   DE-boh-leh   adjective   weak
        Il povero ragazzo è debole perchè è malato.
        The poor child is weak because he is ill.

---

decorare   deh-ko-RA-reh   verb   to decorate
        Lui vuole decorare la torta.
        He wants to decorate the cake.

---

delicatamente   adverb   delicately, softly
    deh-lee-ka-ta-MEHN-teh
        Lui la tratta delicatamente.
        He treats her delicately.

---

delizioso   deh-lee-ZEEO-zo   adjective   delicious
        La torta è deliziosa.
        The cake is delicious.

---

il denaro   deh-NA-ro   noun (masc.)   money
        Lui non ha abbastanza denaro.
        He does not have enough money.

51

---

il dente   DEHN-teh   noun (masc.), sing.   tooth
Il dente è rotto.
The tooth is broken.

---

i denti   DEHN-tee   noun (masc.), pl.   teeth
Ho un mal di dente.
I have a toothache.

avere un mal di denti   to have a
                                              toothache

lo spazzolino   noun (masc.)   toothbrush
il dentifricio   noun (fem.)   toothpaste
Mamma, non mi piace questo dentifricio.
Mother, I don't like this toothpaste.

---

il dentista   dehn-TEES-ta   noun (masc.)   dentist
Il dentista dice, ''Apri la bocca.''
The dentist says, ''Open your mouth.''

---

il deserto   deh-ZEHR-to   noun (masc.)   desert
Il deserto è molto secco.
The desert is very dry.

---

desiderare   deh-see-deh-RA-reh   verb   to desire, to want,
                                                  to wish

io desidero   noi desideriamo
tu desideri   voi desiderate
Lei desidera   Loro desiderano
Io desidero vedere il nuovo film.

I want to see the new film.
Cosa desidera, signora?
What do you wish, madam?

---

la destra   DEHS-tra   adjective   right
Io alzo la mano destra.
I raise my right hand.

---

detestare   deh-tehs-TA-reh   verb   to detest, to hate
io detesto   noi detestiamo
tu detesti   voi detestate
Lei detesta   Loro detestano
Lui detesta gli spinaci.
He hates spinach.

---

di   DEE   preposition   of

di notte   dee-NOH-teh   adverb   at night
Di notte si possono vedere le stelle.
At night one can see the stars.

di nuovo   dee-NUO-vo   adverb   once again
Lui lo fa di nuovo.
He does it once again.

di proposito   idiom   on purpose
dee pro-POH-see-to

Mio fratello mi annoia di proposito.
My brother teases me on purpose.

di sopra   dee-SOH-pra   adverb   upstairs
Lui è di sopra.
He is upstairs.

fatto di   made of
La scatola è fatta di legno.
The box is made of wood.

---

dicembre   dee-CHEHM-breh   noun   December
Fa freddo in dicembre.
It is cold in December.

---

diciannove   dee-CHEEA-no-veh   adjective   nineteen
     Oggi è il diciannove ottobre.
     Today is the nineteenth of October.

---

diciassette   adjective   seventeen
     dee-cheea-SEH-te
       Nove e otto fanno diciassette.
       Nine and eight are seventeen.

---

diciotto   de-CHEEO-to   adjective   eighteen
     Lei ha diciotto anni.
     She is eighteen years old.

---

dieci   DYEH-chee   adjective   ten
     Quante dita hai tu? Dieci!
     How many fingers do you have? Ten!

---

dietro a   DYEH-tro-a   adverb   behind
     Un ragazzo è dietro agli altri.
     One child is behind the others.

---

difendere   dee-FEHN-deh-reh   verb   to defend, to guard
     io difendo   noi difendiamo
     tu difendi   voi difendete
     Lei difende   Loro difendono
     Il soldato difende la sua patria.
     The soldier defends his country.

---

differente   dee-feh-REHN-teh   adjective   different
     Questi pani sono differenti.
     These loaves of bread are different.

---

difficile   dee-FEE-chee-leh   adjective   difficult
     È difficile leggere questa lettera.
     It is difficult to read this letter.

---

diligente   dee-lee-JEHN-teh   adjective   diligent, careful
     Lui è un lavoratore diligente.
     He is a diligent worker.

---

dimenticare   verb   to forget
    dee-mehn-tee-KA-reh
        io dimentico   noi dimentichiamo
        tu dimentichi   voi dimenticate
        Lei dimentica   Loro dimenticano
        Lei dimentica sempre il suo biglietto.
        She always forgets her ticket.

dipingere   dee-PEEN-jeh-reh   verb   to paint
        io dipingo   noi dipingiamo
        tu dipingi   voi dipingete
        Lei dipinge   Loro dipingono
        Mia sorella è artista. Le piace dipingere.
        My sister is an artist. She likes to paint.

dire   DEE-reh   verb   to say
        io dico   noi diciamo
        tu dici   voi dite
        Lei dice   Loro dicono
        Io dico, "Si."
        I say, "Yes."

dirigere   dee-REE-jeh-reh   verb   to direct
        io dirigo   noi dirigiamo
        tu dirigi   voi dirigete
        Lei dirige   Loro dirigono
        Mio fratello dirige la partita.
        My brother directs the game.

---

il disco   DEES-ko   noun (masc.)   record
Ci piace questo disco.
We like this record.

il giradischi   noun (masc.)   record player, phonograph
gee-rah-DEES-kee
Il mio giradischi funziona bene.
My phonograph works well.

---

il disco volante   noun (masc.)   flying saucer
DEES-ko vo-LAN-teh
Il disco volante è luminoso.
The flying saucer is luminous.

---

disegnare   dee-seh-NA-reh   verb   to draw, to design
io disegno   noi disegniamo
tu disegni   voi disegnate
Lei disegna   Loro disegnano
Lui va alla lavagna e disegna una casa.
He goes to the board and draws a house.

---

dispiaciuto   adjective   displeased, annoyed, angry, offended
dees-peea-CHU-to
La maestra è dispiaciuta.
The teacher is displeased.

---

distante   adjective   distant, far away
dees-TAN-teh
La casa é distante.
The house is far away.

---

il dito   DEE-to   noun (masc.), sing.   finger
Il dito è rotto.
The finger is broken.

le dita   DEE-ta   noun (fem.), pl.   fingers
Il bambino ha dieci piccole dita.
The child has ten small fingers.

---

il dito del piede   noun (masc.)   toe
Il bambino si guarda le dita dei piedi.
The child looks at the toes on his feet.

---

il divano   dee-VA-no   noun (masc.)   sofa

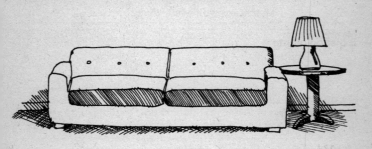

Il divano è molto comodo.
The sofa is very comfortable.

---

divenire   dee-veh-NEE-reh   verb   to become
io divengo   noi diveniamo
tu divieni   voi divenite
Lei diviene   Loro divengono
Lui vorrebbe divenire medico.
He would like to become a doctor.

---

diverso   dee-VEHR-so   adjective   diverse, different
Questo è diverso da quello.
This is different from that.

---

divertirsi   dee-vehr-TEER-see   verb   to have a good
                                             time, to enjoy
                                             oneself
io mi diverto   noi ci divertiamo
tu ti diverti   voi vi divertite

Lei si diverte   Loro si divertono
Io mi diverto al circo.
I enjoy myself at the circus.

---

dividere   dee-VEE-deh-reh   verb   to divide, to share
io divido   noi dividiamo
tu dividi   voi dividete
Lei divide   Loro dividono
Io divido la torta in due.
I divide the cake in two.

---

il dizionario   noun (masc.)   dictionary
dee-tseeo-NA-reeo
Il dizionario è molto pesante.
The dictionary is very heavy.

---

la doccia   DOH-cha   noun (fem.)   shower
Io faccio una doccia ogni mattina.
I take a shower every morning.

---

dodici   DO-dee-chee   adjective   twelve
Ci sono dodici banane in una dozzina.
There are twelve bananas in a dozen.

---

dolce   DOL-cheh   adjective   sweet, soft
La torta è dolce.
The cake is sweet.

---

il dolce   DOL-cheh   noun (masc.)   dessert
Come dolce, vorrei una torta di fragole.
For dessert, I would like a strawberry tart.

---

i dolci   DOL-chee   noun (masc.), pl.   sweets, candy
Ai ragazzi piacciono i dolci.
Children like sweets.

---

il dollaro   DOH-la-ro   noun (masc.)   dollar
Ecco un dollaro per te.
Here is a dollar for you.

---

il dolore   do-LOH-re   noun (masc.)   hurt, pain
Il dolore è forte.
The pain is strong.

---

la domanda   do-MAN-da   noun (fem.)   question
La maestra chiede, "Ci sono domande?"
The teacher asks, "Are there any questions?"

---

domandare   do-man-DA-reh   verb   to ask
io domando   noi domandiamo
tu domandi   voi domandate
Lei domanda   Loro domandano
Io domando al babbo, "Posso andare alla fiera?"
I ask Father, "May I go to the fair?"

---

domani   do-MA-nee   adverb   tomorrow
Domani vado in campagna.
Tomorrow I'm going to the country.

---

la domenica   noun (fem.)   Sunday
do-MEH-nee-ka
Noi andiamo al parco la domenica.
We go to the park on Sundays.

---

il domino   noun (masc.), sing.   dominoes
DO-mee-no
Mio cugino gioca bene ai domini.
My cousin plays dominoes well.

---

la donna   DOH-na   noun (fem.)   woman, lady
Chi è la donna?
Who is the woman?

---

la donna di servizio   noun (fem.)   cleaning lady
DOH-na-dee-sehr-VEE-tseeo
La donna di servizio pulisce la casa.
The cleaning lady cleans the house.

---

dopo   DO-po   adverb   after

59

Settembre è il mese dopo agosto.
September is the month after August.

---

dormire   dor-MEE-reh   verb   to sleep

io dormo	noi dormiamo
tu dormi	voi dormite
Lei dorme	Loro dormono

Dormi tu? Ti vorrei parlare.
Are you asleep? I would like to talk to you.

---

il dottore   do-TOH-reh   noun (masc.)   doctor

La mamma dice, "Tu sei malato. Io chiamo il dottore."
The mother says, "You are ill. I'm going to call the doctor."

---

dove   DO-veh   relative or   where; where?
                  interrogative adverb

Dove sono i miei occhiali?
Where are my eyeglasses?

---

dovere   do-VEH-reh   verb   to have to, must

io devo	noi dobbiamo
tu devi	voi dovete
Lei deve	Loro devono

Mi devo lavare le mani.
I must wash my hands.

---

la dozzina   do-TSEE-na   noun (fem.)   dozen

Lei compra una dozzina di pere.
She buys a dozen pears.

---

il droghiere   noun (masc.)   grocer
         dro-GYEH-reh

Il droghiere vende la marmellata.
The grocer sells marmalade.

---

due   DU-eh   adjective   two

Io vedo due gatti.
I see two cats.

---

due volte   DU-eh VOL-teh   adverb   twice, two times

Io ho letto il libro due volte.
I have read the book two times.

---

durante   du-RAN-teh   preposition   during

Io dormo durante la notte.
I sleep during the night.

---

duro   DU-ro   adjective   hard

Questa mela è troppo dura.
This apple is too hard.

E

e   EH   conjunction   and

Andrea e il suo amico giocano insieme.
Andrew and his friend are playing together.

---

eccellente   adjective   excellent
eh-cheh-LEHN-teh

Il maestro dice, "Questo lavoro è eccellente."
The teacher says, "This work is excellent."

---

ecco   EH-ko   adverb   here is, here are

Ecco il mio giocattolo.
Here is my toy.
Ecco i miei giocattoli.
Here are my toys.

---

l'edificio   noun (masc.)   building

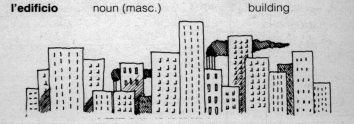

eh-dee-FEE-cho

Gli edifici sono molto alti in città.

The buildings are very tall in the city.

---

educato   eh-du-KA-to   adjective   polite, educated

La mamma dice, "Un ragazzo educato non parla con la bocca piena."

Mother says, "A polite child does not speak with a mouth full."

---

l'elefante   noun (masc.)   elephant

eh-le-FAN-te

C'è un grand'elefante nel giardino zoologico.

There is a big elephant at the zoo.

---

elettrico   eh-LEH-tree-ko   adjective   electric

Guarda! Loro vendono macchine da scrivere elettriche.

Look! They are selling electric typewriters.

---

l'elicottero   noun (masc.)   helicopter

eh-lee-KOH-teh-ro

Che è? Un elicottero.

What is it? A helicopter.

---

ella   EH-la   pronoun   she

Ella è arrivata.

She has arrived.

è necessario   idiom   it is necessary, you have to

eh-neh-che-SA-reeo
> È necessario ritornare presto.
> It is necessary to return early.

---

entrare ehn-TRA-reh verb to enter, to go into
io entro	noi entriamo
tu entri	voi entrate
Lei entra	Loro entrano

> Loro entrano nella casa.
> They enter the house.

---

l'erba EHR-ba noun (fem.) grass
> L'erba è verde.
> Grass is green.

---

l'esame eh-SA-meh noun (masc.) examination
> Hai avuto un buon voto nell'esame?
> Did you get a good grade on the exam?

---

l'esercito noun (masc.) army
eh-SEHR-chee-to
> I soldati sono nell'esercito.
> The soldiers are in the army.

---

esse EH-seh pronoun (fem.), pl. they
> Esse sono qui.
> They are here.

essi EH-see pronoun (masc.), pl. they
> Essi sono arrivati presto.
> They arrived early.

---

essere EH-seh-reh verb to be
io sono	noi siamo
tu sei	voi siete
Lei è	Loro sono

> Papà, dove siamo?
> Dad, where are we?

---

l'est EHST noun (masc.) east

Quando vado da Milano a Venezia, vado verso
l'est.
When I go from Milan to Venice, I go toward the
east.

---

l'estate   eh-STA-teh   noun (fem.)   summer
Tu preferisci l'estate o l'inverno?
Do you prefer summer or winter?

F

---

fa   FA   adverb   ago
Alcuni anni fa, andai in Italia.
A few years ago, I went to Italy.

---

la fabbrica   FA-bree-ka   noun (fem.)   factory
La fabbrica è chiusa.
The factory is closed.

---

la faccia   FA-cha   noun (fem.)   face
Lei si lava la faccia.
She washes her face.

---

facile   FA-chee-leh   adjective   easy
È facile fare i miei compiti.
It is easy to do my homework.

---

il fagiolino   noun (masc.), sing.   bean
fa-jo-LEE-no

Il fagiolino è bianco.
The bean is white.

i fagiolini   noun (masc.), pl.   beans
     fa-jo-LEE-nee
        Noi abbiamo fagiolini per cena.
        We are having beans for supper.

---

falso   FAL-so   adjective   false
        Lui ha sei anni, vero o falso?
        He is six years old, true or false?

---

la fame   FA-meh   noun (fem.)   hunger
   avere fame   idiom   to be hungry
        Ha fame Lei? Sì, ho fame.
        Are you hungry? Yes, I am hungry.

---

la famiglia   fa-MEE-lya   noun (fem.)   family
        Quante persone ci sono nella tua famiglia?
        How many people are there in your family?

---

famoso   fa-MO-so   adjective   famous
        Lui è un attore famoso.
        He is a famous actor.

---

il fango   FAN-go   noun (masc.)   mud
        Ho le mani coperte di fango.
        My hands are covered with mud.

---

fantastico   fan-TAS-tee-ko   adjective   fantastic, great
        Tu vai al circo? Fantastico!
        You are going to the circus? Great!

---

fare   FA-reh   verb   to do, to make
        io faccio   noi facciamo
        tu fai   voi fate
        Lei fa   Loro fanno
        Lui fa i compiti.
        He does his homework.

---

fare il bagno	idiom	to take a bath
fare la calza	idiom	to knit socks

Faccio la calza.
I am knitting socks.

fare la cucina	idiom	to cook
fare dispetti a	idiom	to tease

Mio fratello mi fa sempre dispetti.
My brother always teases me.

fare una passeggiata	idiom	to take a walk
fare un viaggio	idiom	to take a trip

Noi facciamo un viaggio al castello.
We are making a trip to the castle.

---

la farmacia far-ma-CHEEA noun (fem.) pharmacy
La farmacia si trova vicino al parco.
The pharmacy is near the park.

---

il fazzoletto noun (masc.) handkerchief
fa-tso-LEH-to
Il fazzoletto è bianco.
The handkerchief is white.

---

febbraio feh-BRA-yo noun February
Quanti giorni ci sono in febbraio?
How many days are there in February?

---

la febbre FEH-breh noun (fem.) fever
Devo stare a letto. Ho la febbre.
I must stay in bed. I have a fever.

---

felice feh-LEE-cheh adjective glad, happy,
content

Lei è felice.
She is happy.

---

la ferita feh-REE-ta noun (fem.) hurt, wound
La ferita fa male.
The wound hurts.

---

fermare fehr-MA-reh   verb   to stop
    io fermo   noi fermiamo
    tu fermi   voi fermate
    Lei ferma   Loro fermano
    Il poliziotto ferma le macchine.
    The policeman stops the cars.

---

fermarsi fehr-MAR-see   verb   to stop oneself
    io mi fermo   noi ci fermiamo
    tu ti fermi   voi vi fermate
    Lei si ferma   Loro si fermano

    Il treno si ferma alla stazione.
    The train stops at the station.

---

la fermata fer-MA-ta   noun (fem.)   stop
    La fermata dell'autobus è all'angolo.
    The bus stop is at the corner.

---

feroce feh-RO-cheh   adjective   ferocious, wild
    Chi ha paura di una tigre feroce?
    Who is afraid of a ferocious tiger?

---

il ferro FEH-ro   noun (masc.)   iron, metal
    Il ferro è molto ultile.
    Iron is very useful.

---

il ferro FEH-ro   noun (masc.)   iron (appliance)
    Il ferro non funziona. Non posso stirare questo
      vestito.
    The iron doesn't work. I can't press this suit.

---

la ferrovia fe-ro-VEE-a   noun (fem.)   railroad

Per andare da Milano a Roma, io uso la ferrovia.
To go from Milan to Rome, I use the railroad.

---

la festa   FES-ta   noun (fem.)   party, holiday, feast

Il giorno della festa è il diciotto luglio.
The date of the party is July 18th.

---

la fiaba   FEEA-ba   noun (fem.)   fairy tale

Leggimi questa fiaba.
Read me this fairy tale.

---

il fiammifero   noun (masc.)   match
feea-MEE-feh-ro

I fiammiferi sono pericolosi per i ragazzi.
Matches are dangerous for children.

---

il fieno   FYEH-no   noun (masc.)   hay

L'agricoltore dà il fieno ai cavalli.
The farmer gives hay to the horses.

---

la fiera   FYEH-ra   noun (fem.)   fair

La fiera è cominciata oggi.
The fair began today.
La fiera comincia oggi.
The fair begins today.

---

la figlia   FEE-lya   noun (fem.)   daughter

Vorrei presentare mia figlia, Maria.
I would like to present my daughter, Mary.

---

il figlio   FEE-lyo   noun (masc.)   son

Vorrei presentare mio figlio, Giuseppe.
I would like to present my son, Joseph.

---

la fila   FEE-la   noun (fem.)   row

Ci sono quattro file di posti nella stanza.
There are four rows of seats in the room.

---

il film   noun (masc.)   film

Hanno girato un nuovo film a Hollywood.
They have made a new film in Hollywood.

---

finalmente fee-nal-MEHN-teh   adverb   finally, at last
Fa bel tempo, finalmente.
It is good weather, finally.

---

la fine FEE-neh   noun (fem.)   end
È la fine della lezione.
It is the end of the lesson.

---

la finestra fee-NEHS-tra   noun (fem.)   window

Al cane piace guardare dalla finestra.
The dog likes to look out of the window.

---

finire fee-NEE-reh   verb   to finish
io finisco   noi finiamo
tu finisci   voi finite
Lei finisce   Loro finiscono
Finisco il mio lavoro prima di uscire.
I finish my work before going out.

---

fino a FEE-no-a   preposition   until
Noi siamo a scuola fino alle tre.
We are in school until three o'clock.

---

il fiore FEEOH-reh   noun (masc.)   flower
Noi abbiamo molti fiori nel giardino.
We have many flowers in the garden.

---

fischiare   fees-KEEA-reh   verb   to whistle
io fischio   noi fischiamo
tu fischi   voi fischiate
Lei fischia   Loro fischiano
Quando io fischio, il mio amico sa che sono alla
    porta.
When I whistle, my friend knows I am at the door.

---

il fiume   FEEU-meh   noun (masc.)   river
Come possiamo attraversare il fiume?
How can we cross the river?

---

il focolare   fo-co-LA-reh   noun (masc.)   fireplace
I libri sono vicino al focolare.
The books are near the fireplace.

---

il foglio (di carta)   noun (masc.)   sheet (of paper)
FOH-lyo
Dammi un foglio di carta, per piacere.
Give me a sheet of paper, please.

---

folle   FOH-leh   adjective   mad, insane, crazy
L'uomo è folle.
The man is mad.

---

il fonografo   noun (masc.)   phonograph
fo-NO-gra-fo
Io ho un nuovo fonografo.
I have a new phonograph.

---

le forbici   noun (fem.), pl.   scissors
FOR-bee-chee
Io taglio la carta con le forbici.
I cut the paper with the scissors.

---

la forchetta   for-CHEH-ta   noun (fem.)   fork
Io mangio la carne con una forchetta.
I eat meat with a fork.

---

la foresta fo-REH-sta noun (fem.)   forest, woods
Ci sono cento alberi nella foresta.
There are one hundred trees in the forest.

---

il formaggio for-MA-jo noun (masc.)   cheese
Al topo piace il formaggio.
The mouse likes cheese.

---

formare for-MA-reh verb   to form (make up)
io formo   noi formiamo
tu formi   voi formate
Lei forma   Loro formano
Noi formiano una classe d'italiano.
We form an Italian class.

---

formare un numero   idiom   to dial a number
for-MA-reh un NU-meh-ro
Io formo il numero per la donna.
I dial the number for the lady.

---

la formica for-MEE-ka noun (fem.)   ant
La formica è molto piccola.
The ant is very small.

---

forte FOR-teh adjective   loud
Lui ha una voce forte.
He has a loud voice.

  ad alta voce adverb   in a loud voice,
                                       aloud
Lui parla ad alta voce.
He speaks in a loud voice.

  troppo forte adverb   loudly
Lui suona il tamburo troppo forte.
He plays the drum loudly.

---

forte FOR-teh adjective   strong
Mio padre è molto forte.
My father is very strong.

---

la fortuna   for-TU-na   noun (fem.)   luck, fortune
Prima dell'esame il mio amico dice, "Buona fortuna!"
Before the exam my friend says, "Good luck!"

  essere fortunato   idiom   to be lucky
Il ragazzo vince un premio. È fortunato.
The boy wins a prize. He is lucky.

---

la fotografia   noun (fem.)   photograph, picture
fo-to-gra-FEEA
Guarda la mia fotografia. È comica, non è vero?
Look at my picture. It's funny, isn't it?

---

fra   FRA   preposition   between, among
Qual'è il numero fra quattordici e sedici?
What is the number between fourteen and sixteen?

---

la fragola   FRA-go-la   noun (fem.)   strawberry
Le fragole sono rosse.
Strawberries are red.

---

francese   fran-CHEH-seh   adjective   French
Io leggo un libro francese.
I read a French book.

---

la Francia   FRAN-cha   noun (fem.)   France
Ecco una carta geografica della Francia.
Here is a map of France.

---

il franco   FRAN-ko   noun (masc.)   franc (French monetary unit)
Il franco è moneta francese.
The franc is French money.

---

il francobollo   noun (masc.)   stamp (postage)
fran-ko-BOH-lo

Io metto un francobollo sulla busta.
I put a stamp on the envelope.

---

la frase FRA-seh   noun (fem.)   sentence, phrase
Io scrivo una frase nel mio quaderno.
I write a sentence in my notebook.

---

il fratello fra-TEH-lo   noun (masc.)   brother
Io sono piccolo ma mio fratello è grande.
I am small, but my brother is big.

---

il freddo FREH-do   noun (masc.)   cold
Il freddo quest' inverno è terribile.
The cold this winter is terrible.

avere freddo   to be cold
Io ho sempre freddo.
I am always cold.

fa freddo   it is cold
Oggi fa freddo.
It is cold today.

il raffreddore   cold (illness)
Io ho un raffreddore.
I have a cold.

---

fresco FREHS-ko   adjective   cool
fa fresco   it is cool
Fa fresco in casa.
It is cool in the house.

---

il frigorifero   noun (masc.)   refrigerator
free-go-REE-feh-ro
Il frigorifero è nella cucina.
The refrigerator is in the kitchen.

---

la frutta FRU-ta   noun (fem.)   fruit
Ecco della frutta.
Here is some fruit.

---

il fulmine   FUL-mee-neh   noun (masc.)   lightning
Ho paura dei fulmini.
I am afraid of lightning.

---

fumare   fu-MA-reh   verb   to smoke
io fumo   noi fumiamo
tu fumi   voi fumate
Lei fuma   Loro fumano
Il babbo dice che è pericoloso fumare.
Dad says it is dangerous to smoke.

   Vietato Fumare!   No Smoking!

---

la fune   FU-neh   noun (fem.)   rope
La fune non è abbastanza lunga.
The rope is not long enough.

---

il fuoco   FUO-ko   noun (masc.)   fire
Il fuoco è caldo.
The fire is hot.

---

fuori   FUO-ree   adverb   outside
Il mio amico mi aspetta fuori.
My friend is waiting for me outside.

---

furbo   FUR-bo   adjective   cunning
Il ladro è furbo; sale un albero.
The thief is clever; he climbs a tree.

---

il futuro   fu-TU-ro   noun (masc.)   future
In futuro, visiterò l'Italia.
In the future, I shall visit Italy.

G

---

il gallo   GA-lo   noun (masc.)   rooster
Il gallo si alza presto.
The rooster rises early.

---

garbato   gar-BA-to   adjective   polite

Giovanni è un ragazzo molto garbato.
John is a very polite boy.

---

il gas   GAZ   noun (masc.)   gas
Voi avete un fornello a gas? Noi abbiamo un
    fornello elettrico.
Do you have a gas stove? We have an electric
    stove.

---

il gattino   ga-TEE-no   noun (masc.)   kitten
Il gattino è bianco.
The kitten is white.

---

il gatto   GA-to   noun (masc.)   cat
Ai gatti piace il latte.
Cats like milk.

---

il gelato   jeh-LA-to   noun (masc.)   ice cream
Ti piace il gelato vaniglia?
Do you like vanilla ice cream?

---

i genitori   noun (masc.), pl.   parents
    jeh-nee-TOH-ree
I miei genitori vanno al lavoro la mattina.
My parents go to work in the morning.

---

gennaio   jeh-NA-yo   noun   January
Il sei gennaio è festa in Italia.
January 6th is a holiday in Italy.

---

la gente   JEHN-teh   noun (fem.)   people
Nel negozio c'è molta gente.

There are many people in the store.

---

gentile   jehn-TEE-leh   adjective   gentle, kind, polite
Lei è molto gentile.
You are very kind.

---

gentilmente   adverb   gently
jehn-teel-MEHN-teh

Cammina gentilmente. La mamma ha un dolor di
testa.
Walk gently. Mother has a headache.

---

la geografia   noun (fem.)   geography
jeh-o-gra-FEEA

Mi piace studiare la geografia.
I like to study geography.

---

il gesso   JEH-so   noun (masc.)   chalk
Il ragazzo scrive alla lavagna con il gesso.
The boy writes on the blackboard with chalk.

---

gettare   jeh-TA-reh   verb   to throw
io getto   noi gettiamo
tu getti   voi gettate
Lei getta   Loro gettano
Tu getti la carta nel cestino.
You throw the paper in the basket.

---

il ghiaccio   GEEA-cho   noun (masc.)   ice
Andiamo a pattinare sul ghiaccio.
Let's go ice-skating.

---

la giacca   JA-ka   noun (fem.)   jacket
Mio nonno indossa pantaloni e giacca.
My grandfather is wearing pants and a jacket.

---

giallo   JA-lo   adjective   yellow
Il granturco è giallo.
Corn is yellow.

---

il giardino   jar-DEE-no   noun (masc.)   garden, park
Il giardino è pieno di fiori in giugno.
The garden is full of flowers in June.

---

il giardino zoologico   noun (masc.)   zoo
jar-DEE-no-zo-o-LO-jee-ko
Mi piace guardare le tigri al giardino zoologico.
I like to look at the tigers in the zoo.

---

il gigante   jee-GAN-teh   noun (masc.)   giant
Leggimi una storia di un gigante.
Read me a story about a giant.

---

il ginocchio   noun (masc.)   knee
jee-NO-cheeo
Ti fa male il ginocchio? Che peccato!
Does your knee hurt? What a pity!

---

giocare   jo-KA-reh   verb   to play (a game)
io gioco   noi giochiamo
tu giochi   voi giocate
Lei gioca   Loro giocano
Giochiamo alla palla.
Let's play ball.

giocare a cavalletta   idiom   to play leap-frog
giocare a dama   idiom   to play checkers
giocare a palla   idiom   to play ball
giocare a rimpiattino   idiom   to play hide and
                                       seek
giocare a scacchi   idiom   to play chess

---

il giocattolo   jo-ka-TO-lo   noun (masc.)   toy
Che tipo di giocattoli hai tu?
What kind of toys do you have?

---

il gioiello   noun (masc.), sing.   jewel
jo-YEH-lo
Questo gioiello costa molto.

This jewel is expensive.

---

i gioielli   noun (masc.), pl.   jewelry
        jo-YEH-lee
                Ci sono molti gioielli nel baule.
                There are many jewels in the trunk.

---

il giornale   jor-NA-leh   noun (masc.)   newspaper

                Dopo pranzo mio zio legge il giornale.
                After dinner my uncle reads the newspaper.

---

la giornata   jor-NA-ta   noun (fem.)   day
                Passerò la giornata a casa di mia cugina.
                I shall spend the day at my cousin's house.

---

il giorno   JOR-no   noun (masc.)   day
                Che giorno della settimana è?
                What day of the week is it?

---

ogni giorno   adverb   every day
                Io leggo ogni giorno.
                I read every day.

---

il giorno di festa   noun (masc.)   holiday
        JOR-no dee FEHS-tah

Il giorno di festa è oggi, non domani.
The holiday is today, not tomorrow.

---

il giorno di riposo   noun (masc.)   day off
    JOR-no dee ree-POH-so
       Giovedì è un giorno di riposo per gli studenti
            francesi.
       Thursday is a day off for French students.

---

la giostra   JOS-tra   noun (fem.)   merry-go-round
       Guarda i cavalli della giostra!
       Look at the horses on the merry-go-round!

---

giovane   JO-va-ne   adjective   young
       Mi dicono sempre, "Sei troppo giovane!"
       They always say to me, "You are too young!"

---

il giovedì   jo-veh-DEE   noun (masc.)   Thursday
       Giovedì, andiamo al cinema.
       We are going to the movies on Thursday.

---

girare   jee-RA-reh   verb   to turn
       io giro   noi giriamo
       tu giri   voi girate
       Lei gira   Loro girano
       Il fiume gira a sinistra.
       The river turns to the left.

---

il giro   JEE-ro   noun (masc.)   turn
       Il giro è a destra non a sinistra.
       The turn is to the right not to the left.

---

il giudice   JU-dee-cheh   noun (masc.)   judge
       Il giudice è intelligente.
       The judge is intelligent.

---

giugno   JU-no   noun   June
       Quanti giorni ci sono nel mese di giugno?
       How many days are there in the month of June?

---

il giuoco   ju-OH-ko   noun (masc.)   game
Quale giuoco preferisce Lei?
What game do you prefer?

---

giusto   JUS-to   adjective   fair, just, right
Ma è il mio turno. Non è giusto.
But it's my turn. It's not fair.

---

la gola   GOH-la   noun (fem.)   throat
La maestra dice pian piano, "Ho mal di gola."
The teacher says softly, "I have a sore throat."

---

la gomma   GOH-ma   noun (fem.)   eraser
Devo cancellare questa frase con la gomma.
I must erase this sentence with an eraser.

---

la gonna   GOH-na   noun (fem.)   skirt
Non posso scegliere. Quale gonna preferisci tu?
I can't decide. Which skirt do you prefer?

---

gradevole   gra-DEH-vo-leh   adjective   pleasant
La primavera è una stagione gradevole.
Spring is a pleasant season.

---

il gradino   gra-DEE-no   noun (masc.)   step
Ci sono molti gradini davanti a questo palazzo.
There are many steps in front of this building.

---

grande   GRAN-deh   adjective   great
Madama Curie era una grande scienziata.

Madam Curie was a great scientist.

---

grande   GRAN-deh   adjective   big, tall
L'elefante è grande.
The elephant is big.

---

il grano   GRA-no   noun (masc.)   wheat
Io vedo il grano nei campi.
I see the wheat in the fields.

---

il granturco   gran-TUR-ko   noun (masc.)   corn
Il granturco è buono.
The corn is good.

---

grasso   GRA-so   adjective   fat
Il maiale è grasso.
The pig is fat.

---

il grattacielo   noun (masc.)   skyscraper
gra-ta-CHEH-lo
La città di New York ha molti grattacieli.
New York City has many skyscrapers.

---

grazie   GRÁ-zeh   interjection   thank you
Quando la nonna mi dà un pasticcino io dico,
   "Grazie."
When my grandmother gives me a cookie I say,
   "Thank you."

---

grazioso   gra-ZEEO-so   adjective   cute, gracious,
                                                pretty
La ragazza è graziosa.
The girl is cute.

---

il grembiule   noun (masc.)   apron
grehm-BEEU-leh
Marta porta il grembiule a scuola.
Martha wears an apron at school.

---

gridare   gree-DA-reh   verb   to scream, to shout

io grido   noi gridiamo
tu gridi   voi gridate
Lei grida   Loro gridano
La mamma grida, "Vieni subito!"
Mother shouts, "Come quickly!"

---

grigio   GREE-jo   adjective   gray
Il topo è grigio.
The mouse is gray.

---

grosso   GRO-so   adjective   thick, big
La buccia del limone è grossa.
The lemon's skin is thick.

---

guadagnare   gwa-da-NA-reh   verb   to earn
io guadagno   noi guadagniamo
tu guadagni   voi guadagnate
Lei guadagna   Loro guadagnano
Lui guadagna molto denaro.
He earns a lot of money.

---

il guanciale   noun (masc.)   pillow
gwan-CHEEA-leh
Il guanciale è bianco.
The pillow is white.

---

il guanto   GWAN-to   noun (masc.)   glove
Ho perso il guanto.
I lost my glove.

---

guardare   gwar-DA-reh   verb   to look (at), to
                                            watch
io guardo   noi guardiamo
tu guardi   voi guardate
Lei guarda   Loro guardano
Mi piace guardare la televisione.
I like to watch TV.
Io guardo la televisione ogni giorno.
I watch TV every day.

---

la guardia   GWAR-deea   noun (fem.)   guard
La guardia è al suo posto.
The guard is at his place.

---

la guerra   GWEH-ra   noun (fem.)   war
Mio zio è stato in guerra.
My uncle was in the war.

---

il gufo   GU-fo   noun (masc.)   owl
Il gufo si sente di notte.
An owl is heard at night.

---

guidare   gwee-DA-reh   verb   to drive, to guide
io guido   noi guidiamo
tu guidi   voi guidate
Lei guida   Loro guidano
Peccato. Sono troppo giovane per guidare la
    macchina.
Too bad. I am too young to drive the car.

I

---

l'idea   ee-DEH-a   noun (fem.)   idea
Che buona idea andare alla piscina!
What a good idea to go to the swimming pool!

---

ieri   YE-ree   adverb   yesterday
Oggi è il dieci maggio; ieri, il nove maggio.
Today is the 10th of May; yesterday, the 9th of
    May.

---

imbrogliare   eem-bro-LYA-reh   verb   to cheat
    io imbroglio   noi imbrogliamo
    tu imbrogli   voi imbrogliate
    Lei imbroglia   Loro imbrogliano
    Nel film, il ladro imbroglia il poliziotto.
    In the film, the thief cheats the policeman.

imbucare una lettera   verb   to mail a letter
    eem-bu-KA-reh-u-na-LEH-teh-ra
        io imbuco   noi imbuchiamo
        tu imbuchi   voi imbucate
        Lei imbuca   Loro imbucano
        Io imbuco molto lettere ogni giorno.
        I mail many letters every day.

immediatamente   adverb   immediately, quickly
    ee-meh-deea-ta-MEHN-teh
        Lui fa tutto immediatamente.
        He does everything immediately.

imparare   eem-pa-RA-reh   verb   to learn
    io imparo   noi impariamo
    tu impari   voi imparate
    Lei impara   Loro imparano
    A Lei piace imparare il francese.
    She likes to learn French.

l'impermeabile   noun (masc.)   raincoat
    eem-pehr-meh-A-bee-leh
        Lui porta l'impermeabile perchè piove.
        He is wearing a raincoat because it is raining.

importante   eem-por-TAN-teh   adjective   important
    È importante mangiare l'insalata.
    It is important to eat the salad.

impossibile   adjective   impossible
    eem-po-SEE-bee-leh

È impossibile rotolare questo macigno.
It's impossible to roll this rock.

---

improvvisamente   adverb   suddenly
eem-pro-vee-sa-MEHN-teh
Lui apparì improvvisamente.
He appeared suddenly.

---

in   EEN   preposition   in, into
Vanno in città.
They are going to the city.

---

in apparecchio   idiom   by air, by plane
ee-na-pa-REH-keeo
Il viaggiare in apparecchio è piacevole.
Traveling by plane is pleasant.

---

in automobile   idiom   by car
ee-nau-to-MO-bee-leh
Lui è arrivato in automobile.
He arrived by car.

---

in onore di   idiom   in honor of
Pranziamo in un ristorante in onore di mia figlia.
We are dining in a restaurant in honor of my
    daughter.

---

incantato   een-kan-TA-to   adjective   delighted, happy,
                                                 enchanted
La ragazza fu incantata dalla storia.
The girl was delighted by the story.

---

incollare   een-ko-LA-reh   verb   to glue, to paste
       io incollo   noi incolliamo
       tu incolli   voi incollate
       Lei incolla   Loro incollano
Io incollo una fotografia a una pagina del mio
    quaderno.
I glue a photograph to a page in my notebook.

---

incontrare   een-kon-TRA-reh   verb   to meet, to encounter

io incontro	noi incontriamo
tu incontri	voi incontrate
Lei incontra	Loro incontrano

Chi incontra Cappuccetto Rosso nella foresta?
Who meets Little Red Riding Hood in the forest?

---

indicare   een-dee-KA-reh   verb   to indicate, to point out

io indico	noi indichiamo
tu indichi	voi indicate
Lei indica	Loro indicano

Il poliziotto indica che dobbiamo andare per questa strada.
The policeman indicates that we must go by this road.

---

l'infermiera   noun (fem.)   nurse
een-fehr-MYEH-ra

La mia vicina è infermiera.
My neighbor is a nurse.

---

ingannare   een-ga-NA-reh   verb   to deceive

io inganno	noi inganniamo
tu inganni	voi ingannate
Lei inganna	Loro ingannano

Il ragazzo inganna il maestro.
The boy deceives the teacher.

---

l'ingegnere   noun (masc.)   engineer
een-jeh-NEH-reh

Vorrei essere ingegnere.
I would like to be an engineer.

---

inglese   een-GLEH-seh   adjective   English

Lui è inglese.
He is English.

---

l'insalata   een-sa-LA-ta   noun (fem.)   salad
Mi piace l'insalata mista.
I like a mixed salad.

---

insegnare   een-seh-NA-reh   verb   to teach
io insegno   noi insegniamo
tu insegni   voi insegnate
Lei insegna   Loro insegnano
Chi insegna la musica in questa classe?
Who teaches music in this class?

---

l'insetto   een-SE-to   noun (masc.)   insect
Gli insetti non mi piacciono.
I hate insects.

---

insieme   EEN-sye-meh   adverb   together
Noi andiamo insieme alla drogheria.
We go to the grocery store together.

---

intelligente   adjective   clever, intelligent
een-teh-lee-JEHN-teh
La maestra dice, "Che classe intelligente."
The teacher says, "What an intelligent class."

---

intenzionalmente   adverb   intentionally
een-tehn-zeeo-nal-MEHN-teh
Mio fratello mi fa dispetti intenzionalmente.
My brother teases me intentionally.

---

interessante   adjective   interesting
een-teh-reh-SAN-teh

> Lei trova che il film è interessante.
> She finds that the film is interesting.

---

intero   een-TEH-ro   adjective   whole

> Certo che vorrei mangiare l'intera torta!
> Certainly I would like to eat the whole cake!

---

l'interruttore   noun (masc.)   light switch
een-teh-ru-TOH-reh

> L'interruttore è rotto.
> The light switch is broken.

---

intorno   een-TOR-no   preposition   around, about

> C'è sempre gente intorno a lei.
> There are always people around her.

---

l'inverno   een-VEHR-no   noun (masc.)   winter

> Fa freddo d'inverno.
> It's cold in winter.

---

invitare   een-vee-TA-reh   verb   to invite

> io invito   noi invitiamo
> tu inviti   voi invitate
> Lei invita   Loro invitano
> Mia zia mi invita a casa sua.
> My aunt invites me to her house.

---

io   EEO   pronoun   I, me

> Chi bussa alla porta? Sono io, Michele.
> Who is knocking at the door? It's me, Michael.

---

l'isola   E-zo-la   noun (fem.)   island

> Capri è un'isola italiana.
> Capri is an Italian island.

L

là   LA   adverb   over there
Vedi tuo fratello là alla stazione?
Do you see your brother over there at the
station?

il labbro   LA-bro   noun (masc.), sing.   lip
Il labbro del ragazzo è gonfiato.
The boy's lip is swollen.

le labbra   LA-bra   noun (fem.), pl.   lips
Lui ha le labbra sottili.
He has thin lips.

la lacrima   LA-kree-ma   noun (fem.)   tear
Il nonno dice, "Basta con le lacrime."
Grandfather says, "Enough tears."

il ladro   LA-dro   noun (masc.)   thief
Cercano il ladro alla banca.
They are searching for the thief at the bank.

laggiù   la-JU   preposition   down there
Non vedo niente laggiù.
I don't see anything down there.

il lago   LA-go   noun (masc.)   lake
Io vado a pescare alla costa del lago.
I go fishing at the lakeshore.

lamentarsi   la-mehn-TAR-see   verb   to lament, to
                                                    complain
io mi lamento   noi ci lamentiamo
tu ti lamenti   voi vi lamentate
Lei si lamenta   Loro si lamentano
Il mio amico dice che io mi lamento sempre.
My friend says that I am always complaining.

la lampada   LAM-pa-da   noun (fem.)   lamp

La lampada è nel salone.
The lamp is in the living room.

---

la lana   LA-na   noun (fem.)   wool
Il mio soprabito è fatto di lana.
My overcoat is made of wool.

---

lanciare   lan-CHA-reh   verb   to throw, to hurl
    io lancio   noi lanciamo
    tu lanci   voi lanciate
    Lei lancia   Loro lanciano
Io lancio la palla al ragazzo.
I throw the ball to the boy.

---

il lapis   LA-pees   noun (masc.)   pencil
Per piacere mi dia un lapis.
Please give me a pencil.

---

largo   LAR-go   adjective   broad, wide
Il corso è una strada larga.
The boulevard is a wide street.

---

lasciare   la-SCHEEA-reh   verb   to leave
    io lascio   noi lasciamo
    tu lasci   voi lasciate
    Lei lascia   Loro lasciano
Io lascio spesso i miei libri alla casa di Michele.
I often leave my books at Michael's house.

---

il lato   LA-to   noun (masc.)   side

al lato di   preposition   alongside, at the
    al-LA-toh-dee   side of
       Al lato del fiume hai un parco.
       Alongside the river is a park.

---

il latte   LA-teh   noun (masc.)   milk
       Io bevo il latte e il babbo beve il caffè con latte.
       I drink milk and Dad drinks coffee with milk.

---

la lattuga   la-TU-ga   noun (fem.)   lettuce
       La mamma fa l'insalata con la lattuga.
       Mother makes a salad with the lettuce.

---

la lavagna   la-VA-na   noun (fem.)   blackboard
       L'alunno scrive alla lavagna.
       The student writes at the blackboard.

---

il lavandino   noun (masc.)   washstand, sink
    la-van-DEE-no
       Il lavandino è bianco.
       The sink is white.

---

lavare   la-VA-reh   verb   to wash
       io lavo   noi laviamo
       tu lavi   voi lavate
       Lei lava   Loro lavano
       Io lavo il cane.
       I wash the dog.

---

lavarsi   la-VAR-see   verb   to wash (oneself)
       io mi lavo   noi ci laviamo

tu ti lavi	voi vi lavate
Lei si lava	Loro si lavano

Io mi lavo le mani prima di mangiare.
I wash my hands before eating.

---

la lavastoviglie   noun (fem.)   dishwasher
la-vas-to-VEE-lyeh
     La lavastoviglie è nuova.
     The dishwasher is new.

---

la lavatrice   noun (fem.)   washing machine
la-va-TREE-cheh
     La mamma vuole una lavatrice.
     Mother wants a washing machine.

---

lavorare   la-vo-RA-reh   verb   to work

io lavoro	noi lavoriamo
tu lavori	voi lavorate
Lei lavora	Loro lavorano

     L'agricoltore lavora all'aperto.
     The farmer works outdoors.

---

lavorare a maglia   verb   to knit
     Sto imparando a lavorare a maglia.
     I am learning to knit.

---

fare la calza   verb   to knit
     Faccio la calza.
     I am knitting socks.

---

il lavoro   la-VO-ro   noun (masc.)   work
     La mamma ha molto lavoro da fare.
     Mother has a great deal of work to do.

Le   LEH   pronoun   you
     Io Le do del latte.
     I give you some milk.

---

leggere   leh-JEH-reh   verb   to read
     io leggo   noi leggiamo

tu leggi   voi leggete
Lei legge   Loro leggono
Noi andiamo a leggere nella biblioteca.
We go into the library to read.

---

leggiero   leh-JEH-ro   adjective   light
La giacca è leggiera.
The jacket is light.

---

il legno   LEH-*n*o   noun (masc.)   wood
Il lapis è fatto di legno.
The pencil is made of wood.

---

lei   LAY   pronoun   she
Lei è intelligente.
She is intelligent.

---

lentamente   lehn-ta-MEHN-teh   adverb   slowly
Il nonno cammina lentamente.
Grandfather walks slowly.

---

il leone   leh-O-neh   noun (masc.)   lion

Il leone non è animale docile.
The lion is not a gentle animal.

---

il leopardo   leh-o-PAR-do   noun (masc.)   leopard
Il leopardo è nella foresta.
The leopard is in the forest.

---

la lettera   LEH-teh-ra   noun (fem.)   letter

Io metto la lettera nella busta.
I put the letter in the envelope.

la buca per le lettere   noun (fem.)   letter box

---

il letto   LEH-to   noun (masc.)   bed
Il gatto è nel mio letto.
The cat is in my bed.

andare a letto   verb   to go to bed
la camera da letto   noun (fem.)   bedroom
Questo appartamento ha tre camere da letto.
This apartment has three bedrooms.

---

la lezione   leh-TZO-ne   noun (fem.)   lesson
La lezione di oggi è difficile, non è vero?
Today's lesson is difficult, isn't it?

---

il libro   LEE-bro   noun (masc.)   book
Cerchiamo dei libri interessanti.
We are looking for some interesting books.

---

il limone   lee-MO-neh   noun (masc.)   lemon
Il limone è giallo.
The lemon is yellow.

---

la lingua   LEEN-gwa   noun   tongue
Mi brucio la lingua con la minestra calda.
I burn my tongue on the hot soup.

---

la lira   LEE-rah   noun (fem.)   lira
La lira aumenta in valore.
The lira increases in value.

---

la lista   LEES-ta   noun (fem.)   menu
La lista non è completa.
The menu is not complete.

---

litigare   lee-tee-GA-re   verb   to quarrel
io litigo   noi litighiamo
tu litighi   voi litigate

Lei litiga   Loro litigano
Mio padre qualche volta litiga con mia madre.
My father sometimes argues with my mother.

---

lontano   lohn-TA-no   adverb   far, distant
Roma è lontano da Washington.
Rome is far from Washington.

---

la luce   LU-che   noun (fem.)   light
La luna non dà molta luce.
The moon does not give much light.

---

luglio   LU-lyo   noun   July
Nel mese di luglio fa molto caldo in Italia.
In the month of July it is very hot in Italy.

---

lui   LU-ee   pronoun   he, him
Lui mi piace.
I like him.

lei   LAY   pronoun   she
Lei è in ritardo.
She is late.

---

la luna   LU-na   noun (fem.)   moon
La luna è piena stanotte.
The moon is full tonight.

---

lunedì   lu-neh-DEE   noun (masc.)   Monday
Che fai tu il lunedì?
What do you do on Mondays?

---

lungo   LUN-go   adjective   long
Lei porta un vestito lungo.
She is wearing a long dress.

---

il lupo   LU-po   noun (masc.)   wolf
Chi ha paura del cattivo lupo?
Who is afraid of the bad wolf?

M

ma   MA   conjunction   but
> Lei è qui, ma lui no.
> She is here, but he is not.

la macchia   MA-cheea   noun (fem.)   spot
> C'è una macchia sul tappeto.
> There is a spot on the carpet.

macchiato   ma-CHEEA-to   adjective   spotted
> La mia tartaruga è macchiata.
> My turtle is spotted.

la macchina   ma-CHEE-na   noun (fem.)   machine
> La macchina è rotta.
> The machine is broken.

la macchina   ma-CHEE-na   noun (fem.)   car
> La macchina è nell'autorimessa.
> The car is in the garage.

la macchina fotografica   noun (fem.)   camera
ma-CHEE-na fo-to-GRA-fee-cha
> Guarda la mia macchina fotografica. È nuova.
> Look at my camera. It's new.

la macchina per scrivere   noun (fem.)   typewriter
ma-CHEE-na pehr SCREE-veh-reh
> La macchina per scrivere è nuova.
> The typewriter is new.

il macellaio   noun (masc.)   butcher
ma-cheh-LA-yo
> Il macellaio vende la carne.
> The butcher sells meat.

la macelleria   noun (fem.)   butcher shop
ma-cheh-leh-REE-a

Si va alla macelleria per comparare la carne.
We go to the butcher shop to buy meat.

---

la madre   MA-dreh   noun (fem.)   mother
Oggi è il compleanno di mia madre.
Today is my mother's birthday.

---

la maestra   ma-EH-stra   noun (fem.)   teacher
La maestra è pronta.
The teacher is ready.

---

il maestro   ma-EH-stro   noun (masc.)   teacher
Il maestro è gentile.
The teacher is kind.

---

magari   ma-GA-ree   exclamation   Would that it were
                                        so
Sembra più fresco aggi. Magari.
It seems a bit cooler today. Would that it were so.

---

maggio   MA-jo   noun   May
Ci sono trentuno giorni in maggio.
There are 31 days in May.

---

la maglia   MA-lya   noun (fem.)   sweater
Io porto una maglia perchè fa freddo.
I wear a sweater because it is cold.

---

magro   MA-gro   adjective   thin, skinny
Sei troppo magro. Devi mangiare.
You are too thin. You must eat.

---

mai   MAEE   adverb   never
Non voglio mai giocare con te.
I never want to play with you.

---

il maiale   ma-YA-le   noun (masc.)   pig
L'agricoltore ha tre maiali.
The farmer has three pigs.

---

malato   ma-LA-to   adjective   sick, ill
        Che hai tu? Io sono malato.
        What's the matter with you? I am sick.

---

la mamma   MA-ma   noun (fem.)   mom
        Mamma, dove sono le calze?
        Mom, where are my socks?

---

la mancia   MAN-cha   noun (fem.)   tip
        L'uomo lascia una mancia per il cameriere.
        The man leaves a tip for the waiter.

---

mandare   man-DA-reh   verb   to send
        io mando   noi mandiamo
        tu mandi   voi mandate
        Lei manda   Loro mandano
        Mio zio mi manda un regalo.
        My uncle sends me a gift.

---

mangiare   man-JA-reh   verb   to eat
        io mangio   noi mangiamo
        tu mangi   voi mangiate
        Lei mangia   Loro mangiano
        La domenica noi mangiamo il tacchino.
        On Sundays we eat turkey.

---

la mano   MA-no   noun (fem.)   hand
        Ho le mani sporche.

My hands are dirty.

la mano destra   the right hand

La mano destra è pulita.
My right hand is clean.

la mano sinistra   the left hand

La mano sinistra è sporca.
My left hand is dirty.

---

il manzo arrostito   noun (masc.)   roast beef
MAN-zo-a-ros-TEE-to

il rosbif   noun (masc.)   roast beef

Io vorrei un panino con rosbif, per piacere.
I would like a roast beef sandwich, please.

---

il marciapiede   noun (masc.)   sidewalk
mar-cha-PYE-deh

Il marciapiede è molto stretto.
The sidewalk is very narrow.

---

il mare   MA-reh   noun (masc.)   sea

Ci sono molti pesci nel mare?
Are there many fish in the sea?

---

il margine   MAR-jee-neh   noun (masc.)   edge, margin

Il margine del libro è grande.
The margin of the book is large.

---

la marionetta   noun (fem.)   marionette
ma-ree-o-NEH-ta

Le marionette sono comiche.
Puppets are funny.

---

il marito   ma-REE-to   noun (masc.)   husband

Il marito di mia zia è mio zio.
My aunt's husband is my uncle.

---

la marmellata   noun (fem.)   jam, marmalade
mar-me-LA-ta

Per piacere, mi dia una fetta di pane con
   marmellata di fragole.
Please give me a piece of bread with strawberry
   jam.

---

marrone   ma-ROH-neh   adjective   brown
Il tappeto è marrone.
The carpet is brown.

---

martedì   mar-teh-DEE   noun (masc.)   Tuesday
Martedì è un giorno libero.
Tuesday is a day off.

---

il martello   mar-TEH-lo   noun (masc.)   hammer

Carlo lavora con un martello.
Charles works with a hammer.

---

marzo   MAR-tzo   noun   March
Tira vento in marzo.
It is windy in March.

---

la masseria   ma-SEH-reea   noun (fem.)   farm
Ci sono delle vacche e dei cavalli alla masseria.
There are cows and horses at the farm.

---

la matita   ma-TEE-ta   noun (fem.)   pencil
Per piacere mi dia una matita.
Please give me a pencil.

---

la mattina   ma-TEE-na   noun (fem.)   morning
Che mangi tu la mattina?
What do you eat in the morning?

---

matto   MA-to   adjective   mad, crazy
        L'uomo è matto.
        The man is crazy.

---

maturo   ma-TU-ro   adjective   ripe
        Quando la banana è gialla, è matura.
        When the banana is yellow, it is ripe.

---

me   MEH   pronoun   me
        Lui chiama me, non loro.
        He is calling me, not them.

  me stesso   MEH-STEH-so   pronoun   myself
        Lo faccio per me stesso.
        I am doing it for myself.

---

il meccanico   noun (masc.)   mechanic
   me-KA-nee-ko
        Io vorrei diventare meccanico.
        I would like to become a mechanic.

---

la medicina   noun (fem.)   medicine
   meh-dee-CHEE-na
        La medicina è buona per Lei.
        The medicine is good for you.

---

il medico   MEH-dee-ko   noun (masc.)   doctor
        Il medico entra l'ospedale.
        The doctor enters the hospital.

---

la mela   ME-la   noun (fem.)   apple
        Io mangio una mela ogni giorno.
        I eat an apple every day.

---

il melone   meh-LOH-neh   noun (masc.)   watermelon
        Il melone è una frutta squisita.
        Watermelon is a delicious fruit.

---

il membro   MEM-bro   noun (masc.)   member
        Lui è membro della nostra squadra.

He is a member of our team.

---

meno   MEH-no   adjective   less
Cinque meno tre fanno due.
Five less three is two.

---

il mento   MEHN-to   noun (masc.)   chin
Ecco il mento della pupa.
Here is the doll's chin.

---

il "menu"   meh-NOO   noun (masc.)   menu
Il menù non è completo.
The menu is not complete.

---

la menzogna   mehn-ZO-na   noun (fem.) lie
La menzogna ritorna a chi la dice.
The lie comes back to the person who says it.

---

meraviglioso   adjective   marvelous, great
meh-ra-vee-LYO-so
Tu vai al circo? Meraviglioso.
You are going to the circus? Marvelous.

---

il mercato   mehr-KA-to   noun (masc.)   market

Che vendono al mercato?
What do they sell at the market?

---

mercoledì   noun (masc.)   Wednesday
mehr-ko-leh-DEE
Oggi è mercoledì; servono il pollo.

Today is Wednesday; they are serving chicken.

---

il mese   MEH-seh   noun (masc.)   month
Abbiamo due mesi di vacanze.
We have two months vacation.

---

la metà   meh-TA   noun (fem.)   half
Dammi la metà della pera, per piacere.
Give me half of the pear, please.

---

la metropolitana   noun (fem.)   subway
meh-tro-po-lee-TA-na
Prendiamo la metropolitana per andare al
museo.
We take the subway to go to the museum.

---

mettere   MEH-teh-reh   verb   to put, to place
io metto   noi mettiamo
tu metti   voi mettete
Lei mette   Loro mettono
Io metto il libro sulla tavola.
I put the book on the table.

---

mettere in ordine   verb   to put in order
MEH-teh-reh een OR-dee-neh
Il professore mette in ordine le carte.
The professor puts his papers in order.

---

mettersi   MEH-tehr-see   verb   to put on, to wear
io mi metto   noi ci mettiamo
tu ti metti   voi vi mettete
Lei si mette   Loro si mettono
Mia sorella si mette i guanti.
My sister puts on her gloves.

---

la mezzanotte   noun (fem.)   midnight
meh-tza-NO-te
È mezzanotte. Perchè non dormi?
It is midnight. Why aren't you sleeping?

---

mezzo   MEH-tzo   noun (masc.)   half
Sono le due e mezzo.
It is half past two.

---

il mezzogiorno   noun (masc.)   noon
meh-tzo-JOR-no
È mezzogiorno. È ora di colazione.
It's noon. It is lunchtime.

---

mezz'ora   meh-TZO-rah   adverb   half an hour
Ti aspetto da mezz'ora.
I have been waiting for you for half an hour.

---

mi   MEE   pronoun   me
Lui mi dà del pane.
He gives me some bread.

Mia   MEEA   adjective (fem.), sing.   my
Mia sorella è bella.
My sister is pretty.

mie   MEE-yee   adjective (fem.), pl.   my
Le mie sorelle sono qui.
My sisters are here.

mio   MEEO   adjective (masc.), sing.   my
Mio fratello è bello.
My brother is handsome.

miei   MEE-yee   adjective (masc.), pl.   my
I miei fratelli sono qui.
My brothers are here.

---

il miglio   MEE-lyo   noun (masc.)   mile
Il mio amico abita a un miglio da qui.
My friend lives a mile from here.

---

migliore   mee-LYOH-reh   adjective   better
Questo libro è migliore di quello.
This book is better than that one.

---

il milione   mee-LYO-neh   noun (masc.)   million

Quanti dischi hai tu? Un milione!
How many records do you have? A million!

---

mille   MEE-leh   adjective   thousand
Quanto costa questo libro? Mille lire.
How much does this book cost? One thousand
     lire.

---

la minestra   mee-NEH-stra   noun (fem.) soup
Mia sorella serve la minestra a mio fratello.
My sister serves soup to my brother.

---

il minuto   mee-NU-to   noun (masc.)   minute
Quanti minuti ci sono in un'ora?
How many minutes are there in an hour?

---

la misura   mee-ZU-ra   noun (fem.)   size
In un negozio mi domandano, "Che misura ha
     Lei?"
In a store they ask me, "What size are you?"

---

la moglie   MO-lyeh   noun (fem.)   wife
Mia moglie è bella.
My wife is beautiful.

---

molto   MOL-to   adverb   very
Lui è molto alto.
He is very tall.

molto   MOL-to   adjective   lot of, many
Maria ha molti libri.
Mary has many books.

---

il momento   mo-MEHN-to   noun (masc.)   moment
Io entro nell'ufficio postale per un momento.
I enter the post office for a moment.

---

il mondo   MON-do   noun (masc.)   world
Quante nazioni ci sono al mondo?
How many nations are there in the world?

---

la montagna   mon-TA-na   noun (fem.)   mountain
Le montagne al nord dell'Italia son le Alpi.
The mountains to the north of Italy are the Alps.

---

morbido   MOR-bee-do   adjective   gentle, soft
Questo soprabito è molto morbido.
This coat is very soft.

---

mordere   MOR-deh-reh   verb   to bite
io mordo   noi mordiamo
tu mordi   voi mordete
Lei morde   Loro mordono
I gatti non mordono.
Cats do not bite.

---

morto   MOR-to   adjective   dead
Lei piange? Sì, la mia tartaruga è morta.
You are crying? Yes, my turtle is dead.

---

la mosca   MOS-ka   noun (fem.)   fly
Ci sono delle mosche nella cucina.
There are some flies in the kitchen.

---

mostrare   mos-TRA-reh   verb   to show
io mostro   noi mostriamo
tu mostri   voi mostrate
Lei mostra   Loro mostrano
Io mostro la nuova penna a Maria.
I show the new pen to Mary.

---

muovere   mu-o-VEH-reh   verb   to move

io muovo	noi muoviamo
tu muovi	voi muovete
Lei muove	Loro muovono

Lei muove le dita rapidamente quando suona il pianoforte.

You move your fingers rapidly when you play the piano.

---

le mura   MU-ra   noun (fem.), pl.   walls (of a city)

Le mura della città sono grandi.
The walls of the city are large.

---

il muro   MU-ro   noun (masc.)   wall (of a house)

Il muro della casa è caduto.
The wall of the house has fallen.

---

il museo   mu-ZEH-o   noun (masc.)   museum

Il museo è aperto dalle due alle cinque.
The museum is open from two to five.

---

la musica   MU-zee-ka   noun (fem.)   music

Sai leggere le note musicali?
Can you read musical notes?

la nota   noun (fem.)   musical note

---

il musicista   noun (masc.)   musician
mu-zee-CEES-tah

Il ragazzo vuole diventare musicista.
The boy wants to become a musician.

N

---

il nailon   NAEE-lon   noun (masc.)   nylon

Mia sorella porta le calze di nailon.
My sister wears nylon stockings.

---

nascondere   nas-KON-deh-reh   verb   to hide

io nascondo	noi nascondiamo
tu nascondi	voi nascondete

Lei nasconde   Loro nascondono
Il ragazzo nasconde i fiori dietro di se.
The boy hides the flowers behind him.

---

il naso   NA-zo   noun (masc.)   nose
Il naso della mia bambola è carino.
My doll's nose is cute.

---

il nastro   NAS-tro   noun (masc.)   ribbon, recording
                                                 tape
Lei porta un bel nastro nei capelli.
She wears a pretty ribbon in her hair.

---

nato   NA-to   past participle   born
Io sono nato il due marzo.
I was born on March 2nd.

---

la nave   NA-veh   noun (fem.)   ship
Si attraversa l'oceano in nave.
You cross the ocean by ship.

---

nazionale   na-zeeo-NA-leh   adjective   national
Il quattro luglio è la festa nazionale degli Stati
     Uniti.
July 4th is the national holiday of the United
     States.

---

la nazione   na-ZEEO-neh   noun (fem.)   nation
L'Italia è una nazione.
Italy is a nation.

---

la nebbia   NEH-beea   noun (fem.)   fog
È difficile vedere a causa della nebbia.
It is difficult to see because of the fog.

è necessario   idiom   it is necessary
      EH-neh-cheh-SA-reeo
         È necessario andare a scuola.
         It is necessary (We have to) to go to school.

---

il negozio   neh-GO-zeeo   noun (masc.)   store
         Io vado al negozio con il mio amico.
         I go to the store with my friend.

---

nel mezzo di   nehl-MEH-tso-dee   idiom   in the middle of
         La mamma mette i dolci nel mezzo del tavolo.
         Mother puts the candy in the middle of the table.

---

nero   NEH-ro   adjective   black
         Porto le scarpe nere.
         I am wearing black shoes.

---

la neve   NEH-veh   noun (fem.)   snow
         Mi piace giocare nella neve.
         I like to play in the snow.

---

nevicare   neh-vee-KA-reh   verb   to snow
  nevica   it is snowing
         Nevicherà domani?
         Will it snow tomorrow?

  l'uomo di neve   noun (masc.)   snowman
         L'uomo di neve porta un cappello.
         The snowman wears a hat.

---

il nido   NEE-do   noun (masc.)   nest
         Quante uova vedi tu nel nido?
         How many eggs do you see in the nest?

---

niente   NYEN-teh   pronoun   nothing
         Che hai nella tasca? Niente!
         What do you have in your pocket? Nothing!

---

il nipote   nee-PO-teh   noun (masc.)   grandson, nephew

Lui è il nipote del Signor Napoli.
He is Mr. Napoli's nephew.

la nipote nee-PO-teh   noun (fem.)   granddaughter,
                                                niece

È la nipote dell'avvocato.
She is the lawyer's granddaughter.

---

no NO   exclamation   no
Alzati! No, non voglio alzarmi.
Get up! No, I do not want to get up.

---

noi NOEE   pronoun   we, us
Noi siamo bravi ragazzi.
We are good boys.

---

il nome NO-meh   noun (masc.)   name
Che è il nome di questa cosa?
What is the name of this thing?

  chiamarsi   verb   to name (call)
                                                oneself

io mi chiamo   noi ci chiamiamo
tu ti chiami   voi vi chiamate
Lei si chiama   Loro si chiamano
Come ti chiami? Io mi chiamo Enrico.
What's your name? My name is Henry.

---

non NON   adverb   not
Io vado a scuola. Il mio nonno non va a scuola.
I go to school. My grandfather does not go to
    school.

---

non è vero NON-eh-VEH-ro   idiom   isn't that true? isn't
                                                that so? don't
                                                you agree?

Fa cattivo tempo, non è vero?
It's bad weather, isn't it?
Il mio professore è bello, non è vero?
My professor is handsome, don't you agree?

---

non importa   NON-eem-POR-ta   idiom   no matter, never mind

Non hai una matita? Non importa. Ecco una penna.

Don't you have a pencil? No matter. Here is a pen.

---

non . . . più   NON   PEEU   adverb   no longer

Io vado a scuola. Mio fratello non va più a scuola.

I go to school. My brother no longer goes to school.

---

la nonna   NO-na   noun (fem.)   grandmother

Andiamo dalla nonna domenica.

Let's go to grandmother's on Sunday.

---

il nonno   NO-no   noun (masc.)   grandfather

Al mio nonno, piace guidare la macchina.

My grandfather likes to drive a car.

---

i nonni   NO-nee   noun (masc.), pl.   grandparents

I miei nonni vivono qui.

My grandparents live here.

---

il nord   NORD   noun (masc.)   north

Quando vado da Roma a Milano, vado verso il
    nord.
When I go from Rome to Milan, I am going toward
    the north.

---

nostro, nostra   pronoun (masc., fem.)   our
        NOS-tro
        La nostra maestra ci rimprovera oggi.
        Our teacher is scolding us today.

---

la nota   NO-ta   noun (fem.)   musical note
        Le note formano la musica.
        The notes make up the music.

---

la notte   NO-teh   noun (fem.)   night
        Di notte si possono vedere le stelle.
        The stars can be seen by night.

---

novanta   no-VAN-ta   adjective   ninety
        Qualcuno ha novant'anni d'età?
        Someone is ninety years old?

---

nove   NO-veh   adjective   nine
        Quanto fa nove e due?
        How much are nine and two?

---

novembre   no-VEM-breh   noun   November
        Novembre non è l'ultimo mese dell'anno.
        November is not the last month of the year.

---

il numero   NU-meh-ro   noun (masc.)   number
        Qual'è il suo numero di telefono?
        What is your telephone number?

---

nuotare   nuo-TA-reh   verb   to swim
        io nuoto   noi nuotiamo
        tu nuoti   voi nuotate
        Lei nuota   Loro nuotano
        A Giovanni piace nuotare ogni giorno.
        John likes to swim every day.

---

nuovo   NUO-vo   adjective   new
La mia bicicletta è nuova.
My bicycle is new.

---

la nuvola   NU-voh-la   noun (fem.)   cloud
Il sole è dietro una nuvola.
The sun is behind a cloud.

O

o   O   conjunction   or
Vuole delle pesche o delle mele?
Do you want some peaches or some apples?

---

l'occhio   O-chyo   noun (masc.), sing.   eye
Il gatto la un occhio azzurro e uno verde.
The cat has one blue eye and one green one.

gli occhi   O-chee   noun (masc.), pl.   eyes
Di che colore sono i tuoi occhi?
What color are your eyes?

---

gli occhiali   noun (masc.), pl.   eyeglasses
o-CHYA-lee
Attenzione! Tu ti rompi gli occhiali.
Be careful! You will break your glasses.

---

occupato   o-ku-PA-to   past participle   busy, occupied
Mio fratello è occupato adesso; fa i suoi compiti.
My brother is busy now; he is doing his
    homework.

---

l'oceano   o-CHE-a-no   noun (masc.)   ocean
L'Oceano Atlantico è all'ovest della Francia?
Is the Atlantic Ocean to the west of France?

---

odiare   o-DEEA-reh   verb   to hate, to detest
io odio   noi odiamo
tu odi   voi odiate
Lei odia   Loro odiano
Io odio le mosche.
I hate flies.

---

offeso   o-FEH-so   adjective   offended, angry,
                                                displeased
Lui si è offeso oggi.
He was offended today.

---

oggi   O-jee   adverb   today
Oggi è il dodici gennaio.
Today is January 12th.

---

ogni   O-nee   adjective   each, every
Io metto una forchetta a ogni posto.
I put a fork at each place.

---

ogni giorno   O-nee-JOR-no   adverb   everyday
Io vado a scuola ogni giorno.
I go to school every day.

---

ognuno   o-NU-no   pronoun   everybody,
                                                everyone
Ognuno ama il sabato sera.
Everyone loves Saturday night.

---

l'olio   O-leeo   noun (masc.)   oil
Mamma, tu metti l'olio nell'insalata?
Mother, are you putting oil in the salad?

---

l'ombra   OM-bra   noun (fem.)   shadow
Gli alberi fanno ombra a mezzogiorno.
The trees make shade at noon.

---

l'ombrello   om-BREH-lo   noun (masc.)   umbrella
Non dimenticare l'ombrello.
Do not forget your umbrella.

---

l'onda   ON-da   noun (fem.)   wave
Io vedo le onde alla spiaggia.
I see the waves at the beach.

---

l'ora   O-ra   noun (fem.)   hour
Che ora è? È ora di pranzo.
What time is it? It is the dinner hour.
Sono le sette e trenta.
It is 7:30.

---

ora   O-ra   adverb   now
Devo andare ora.
I must go now.

---

ordinare   or-dee-NA-reh   verb   to order
io ordino   noi ordiniamo
tu ordini   voi ordinate
Lei ordina   Loro ordinano
Nel ristorante, il babbo ordina il pranzo.
In the restaurant, Dad orders the meal.

---

l'orecchio   o-REH-cheeo   noun (masc.)   ear

Le orecchie del lupo sono lunghe.
The wolf's ears are long.

---

l'orlo   OR-lo   noun (masc.)   edge
L'orlo del fazzoletto è stracciato.
The edge (border) of the handkerchief is torn.

---

l'oro   O-ro   noun (masc.)   gold
Vorrei avere un anello d'oro.
I would like to have a gold ring.

---

l'orologio   o-ro-LO-jo   noun (masc.)   watch
Che peccato, il mio orologio non funziona.
What a pity, my watch doesn't work.

---

l'orso   OR-so   noun (masc.)   bear
Gli orsi giocano nell'acqua.
The bears play in the water.

---

l'ospedale   noun (masc.)   hospital
     os-peh-DA-leh
L'infermiera lavora nell'ospedale.
The nurse works in the hospital.

---

ottanta   o-TAN-ta   adjective   eighty
Io ho ottanta libri.
I have eighty books.

---

otto   O-to   adjective   eight
Io ho otto insetti.
I have eight insects.

---

ottobre   o-TO-breh   noun   October
Fa fresco in ottobre.
It's cool in October.

---

l'ovest   O-vehst   noun (masc.)   west
Quando vado da Venezia verso Milano, vado
    verso l'ovest.
When I go from Venice toward Milan, I go toward
    the west.

---

ovunque   o-VUN-kweh   adverb   everywhere
Ovunque vado trovo la stessa cosa.
Everywhere I go, I find the same thing.

P

---

il pacco   PA-ko   noun (masc.)   package
Che c'è nel pacco?
What is in the package?

---

il padre   PA-dreh   noun (masc.)   father
Mio padre è postino.
My father is a mailman.

---

il paese   pa-E-zeh   noun (masc.)   country, town
Come si chiama il paese all' est d'Italia?
What is the name of the country to the east of
     Italy?

---

pagare   pa-GA-reh   verb   to pay (for)
io pago   noi paghiamo
tu paghi   voi pagate
Lei paga   Loro pagano
La mamma paga la carne al macellaio.
Mother pays the butcher for the meat.

---

la pagina   PA-jee-na   noun (fem.)   page

La carta geografica dell'Italia è a pagina dieci.
The map of Italy is on page ten.

---

la paglia   PA-lya   noun (fem.)   hay, straw
             La paglia è bagnata.
             The straw is wet.

---

il paio   PA-yo   noun (masc.)   pair
             Io vorrei comprare un paio di guanti.
             I would like to buy a pair of gloves.

---

la pala   PA-la   noun (fem.)   shovel
             Mio fratello gioca con una pala.
             My brother is playing with a shovel.

---

il palazzo   pa-LA-tso   noun (masc.)   palace
             Il re arriva al palazzo.
             The king arrives at the palace.

---

la palla   PA-la   noun (fem.)   ball
             La palla è tonda.
             The ball is round.

---

la pallacanestro   noun (fem.)   basketball
             pa-la-ka-NES-tro
             Il mio amico gioca a pallacanestro.
             My friend plays basketball.

---

il pallone   pa-LOH-neh   noun (masc.)   balloon
             Il pallone della ragazza è rosso.
             The girl's balloon is red.

---

il pane   PA-neh   noun (masc.)   bread
             Il pane è fresco.
             The bread is fresh.

  pane e burro   PA-neh-eh-BOO-roh   bread and butter
             Io mangio il pane e burro ogni giorno.
             I eat bread and butter every day.

  il pane tostato   noun (masc.)   toast
             Mia sorella preferisce il pane tostato.
             My sister prefers toast.

il panino   PA-nee-no   noun (masc.)   roll
Un panino, per piacere.
A roll, please.
Si vendono molti panini nella panetteria.
They sell many rolls in the bakery store.

il panino imbottito   noun (masc.)   sandwich
(tramezzino)

Io ho un panino imbottito di prosciutto.
I have a ham sandwich.

---

la panetteria   noun (fem.)   bakery
pa-neh-teh-REE-a
Si va alla panetteria per comprare il pane.
One goes to the bakery to buy bread.

---

il panettiere   noun (masc.)   baker
pa-neh-TYE-reh
Il panettiere fa il pane.
The baker makes bread.

---

i pantaloni   noun (masc.), pl.   pants, trousers
pan-ta-LOH-nee
I pantaloni del ragazzo sono sporchi.
The boy's pants are dirty.

---

il pappagallo   noun (masc.)   parrot
pa-pa-GA-lo
Un pappagallo è il mio animale preferito.
A parrot is my favorite animal.

---

il paracaduto   noun (masc.)   parachute
pa-ra-ka-DU-to
È pericoloso saltare da un apparecchio in
paracaduto?
Is it dangerous to jump from a plane with a
parachute?

---

la parata   pa-RA-ta   noun (fem.)   parade
Noi marciamo nella parata.
We are marching in the parade.

---

il parco   PAR-ko   noun (masc.)   park
Il parco è qui vicino.
The park is near here.

---

parecchi   pa-REH-chee   adjective   several
Ci sono parecchie macchine nella strada.
There are several cars in the street.

---

la parete   pa-REH-teh   noun (fem.)   wall (of a room)

C'è un quadro della ''Mona Lisa'' sulla parete del
   salotto.
There is a picture of the ''Mona Lisa'' on the living
   room wall.

---

parlare   par-LA-reh   verb   to speak, to talk
io parlo   noi parliamo
tu parli   voi parlate
Lei parla   Loro parlano
Noi parliamo del film alla televisione.
We are talking about the film on television.

---

la parola   pa-ROH-la   noun (fem.)   word
Io penso a una parola che comincia con la lettera
   ''A.''

I'm thinking of a word that begins with the letter "A."

---

il parrocchetto   noun (masc.)   parakeet
pa-ro-KEH-to
  Noi abbiamo due bei parrocchetti.
  We have two beautiful parakeets.

---

la parte PAR-teh   noun (fem.)   part
  Voglio interpretare la parte del principe.
  I want to play the part of the prince.

---

partire par-TEE-reh   verb   to go, to leave
  io parto   noi partiamo
  tu parti   voi partite
  Lei parte   Loro partono
  Mia zia parte alle cinque.
  My aunt is leaving at 5 o'clock.

---

passare pa-SA-reh   verb   to pass, to spend
  io passo   noi passiamo
  tu passi   voi passate
  Lei passa   Loro passano
  L'automobile passa il camion.
  The car passes the truck.
  Lei passa due settimane in campagna.
  You spend two weeks in the country.

---

passeggiare pa-seh-JA-reh   verb   to stroll, to walk
  io passeggio   noi passeggiamo
  tu passeggi   voi passeggiate
  Lei passeggia   Loro passeggiano
  Io passeggio con Marta ogni giorno.
  I stroll with Martha every day.

---

la pasta PAS-ta   noun (fem.)   macaroni (pasta)
  La pasta piace a tutti gl'Italiani.
  All Italians like pasta.

---

i pasticcini   noun (masc.), pl.   cookies
     pas-tee-CHEE-nee
        I pasticcini sono dolci.
        The cookies are sweet.

---

il pasto   PAS-to   noun (masc.)   meal
        Quale pasto preferisce Lei?
        Which meal do you prefer?

---

la patata   pa-TA-ta   noun (fem.)   potato
        La patata è pesante.
        The potato is heavy.

---

pattinare   pa-tee-NA-reh   verb   to skate
        io pattino   noi pattiniamo
        tu pattini   voi pattinate
        Lei pattina   Loro pattinano
        Andiamo a pattinare!
        Let's go skating!

  pattinare sul ghiaccio   verb   to ice skate
        Durante l'inverno si può pattinare sul ghiaccio.
        During the winter, one can ice skate.

  i pattini a ghiaccio   noun (masc.), pl.   ice skates
     PA-tee-nee-a-GEEA-cho
        I pattini a ghiaccio sono nuovi.
        The ice skates are new.

  i pattini a rotelle   noun (masc.), pl.   roller skates
     PA-tee-nee-a-roh-TEH-le
        Io non ho i pattini a rotelle.
        I do not have roller skates.

---

la paura   pa-U-ra   noun (fem.)   fear
  avere paura   idiom   to be frightened
        Lei ha paura della tempesta?
        Are you afraid of the storm?

---

il pavimento   noun (masc.)   floor
     pa-vee-MEHN-to

La penna cade sul pavimento pulito.
The pen falls on the clean floor.

---

pazzo   PA-tso   adjective   mad, crazy
L'uomo è pazzo.
The man is mad.

---

la pecora   PEH-ko-ra   noun (fem.)   sheep
La pecora è nel campo.
The sheep is in the field.

---

la pelle   PEH-leh   noun (fem.)   skin
Il sole mi brucia la pelle quando mi faccio un
   bagno di sole.
The sun burns my skin when I take a sunbath.

---

la pellicola   noun (fem.)   film
   peh-lee-KOH-la
La pellicola è nuova.
The film is new.

---

la penna   PEH-na   noun (fem.)   pen
Io lascio sempre la penna a casa.
I always leave my pen home.

---

la penna a sfera   noun (fem.)   ball-point pen
   PEH-na-SFEH-rah
Io scrivo con la penna a sfera.
I write with a ball point pen.

---

pensare   pen-SA-reh   verb   to think
   io penso   noi pensiamo
   tu pensi   voi pensate
   Lei pensa   Loro pensano
   Io penso di andare alla casa del mio amico. Va
      bene?
   I am thinking of going to my friend's house. Is
      that all right?

---

per   PEHR   preposition   by

Lui arriverà per le tre.
He will arrive by three o'clock.

per   PEHR   preposition   for
Per dolce, lei prende gelato di cioccolato.
For dessert, she is having chocolate ice cream.
Lui lesse il libro per più di un'ora.
He read the book for more than an hour.

per   PEHR   preposition   in order to
Va al negozio per comprare le calze.
She goes to the store to buy stockings.

per piacere   pehr-peea-CHEH-reh   idiom   please
Per piacere mi dia un lapis, Signor Romano.
Please give me a pencil, Mr. Romano.

per sempre   pehr-SEM-preh   adverb   forever
Lui disse "Addio, per sempre."
He said "Good-bye forever."

---

la pera   PEH-ra   noun (fem.)   pear
È matura la pera?
Is the pear ripe?

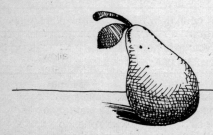

---

perchè   pehr-KEH   conjunction   because
Non vado al cinema perchè non ho soldi.
I'm not going to the movies because I have no
money.

perchè   pehr-KEH   interrogative   why
Perchè sei in ritardo?
Why are you late?

---

perdere   PEHR-deh-reh   verb   to lose
io perdo   noi perdiamo
tu perdi   voi perdete
Lei perde   Loro perdono
Giovanni perde sempre il cappello.
John always loses his hat.

---

pericoloso   peh-ree-ko-LO-so   adjective   dangerous
È pericoloso correre nella strada a prendere la
palla.
It is dangerous to run into the street to get the
ball.

---

permesso   pehr-MEH-so   adverb   excuse me
Permesso, posso entrare?
Excuse me, may I enter?

---

il permesso   noun (masc.)   permission, permit
pehr-MEH-so
Hai il permesso di andare in campagna?
Do you have permission to go to the country?

---

permettere   pehr-MEH-teh-reh   verb   to let, to permit, to
allow
io permetto   noi permettiamo
tu permetti   voi permettete
Lei permette   Loro permettono
Mio fratello mi permette di andare con lui.
My brother lets me go with him.

---

la persona   pehr-SOH-na   noun (fem.)   person, people
Ci sono sette persone nella mia famiglia.
There are seven people in my family.

---

pesante   peh-ZAN-teh   adjective   heavy

La valigia è molto pesante.
The suitcase is very heavy.

---

la pesca   PEH-ska   noun (fem.)   fishing, fish (catch of)

La pesca non è andata bene oggi.
Fishing was not good today.

andare a pescare   verb   to go fishing

Noi andiamo a pescare.
We go fishing.

la vasca da pesci   noun (fem.)   fish tank

Ci sono alcuni pesci nella vasca da pesci.
There are some fish in the fish tank.

la pesca   PEH-ska   noun (fem.)   peach

Le pesche si mangiano d'estate.
People eat peaches in the summer.

---

il pesce   PEH-scheh   noun (masc.)   fish

Ci sono molti pesci in questo lago.
There are many fish in this lake.

---

il pesce rosso   noun (masc.)   goldfish
PEH-scheh-RO-so

Io ho cinque pesci rossi.
I have five goldfish.

---

pettinarsi   peh-tee-NAR-see   verb   to comb one's hair

io mi pettino	noi ci pettiniamo
tu ti pettini	voi vi pettinate
Lei si pettina	Loro si pettinano

Lei si pettina i capelli spesso.
She combs her hair often.

---

il pettine   PEH-tee-neh   noun (masc.)   comb
Dov'è il mio pettine?
Where is my comb?

---

il pezzo   PEH-tzo   noun (masc.)   piece
Voglio un pezzo di formaggio.
I want a piece of cheese.

---

piacciono   peea-CHEEOH-no   verb   to like (pleasing to)
Mi piacciono i libri.
I like the books.

---

piace   PEEA-cheh   verb   to like (pleasing to)
All'uomo piace il vino.
The man likes wine.

---

il piacere   noun (masc.)   pleasure
    peea-CHEH-reh
Viene con noi? Con piacere!
Are you coming with us? With pleasure!

---

piacevole   adjective   nice, pleasing
    peea-CHEH-voh-leh
Quella è una canzone piacevole.
That is a pleasing song.

---

il pianeta   peea-NEH-ta   noun (masc.)   planet
Conosci tu i nomi di tutti i pianeti?
Do you know the names of all the planets?

---

piangere   PEEAN-jeh-reh   verb   to cry
io piango   noi piangiamo
tu piangi   voi piangete
Lei piange   Loro piangono
Io piango quando qualcuno mi fa dispetti.
I cry when somebody teases me.

---

piano   PEEA-no   adverb   softly, quietly
Cammina pian piano. La mamma ha dolor di
testa.
Walk softly. Mother has a headache.

---

il piano   PEEA-no   noun (masc.)   floor (of a building)
Il nostro appartamento è al pian terreno.
Our apartment is on the ground floor.

  il pian terreno   noun (masc.)   ground floor

Il pian terreno è sempre pulito.
The ground floor is always clean.

---

il pianoforte   noun (masc.)   piano
      peea-no-FOR-teh
  suonare il pianoforte   verb   to play the piano
Chi suona il pianoforte in tua famiglia?
Who plays the piano in your family?

---

la pianta   PEEAN-ta   noun (fem.)   plant
Ci sono cinque piante nell'aula.
There are five plants in the classroom.

---

il piattino   peea-TEE-no   noun (masc.)   saucer
La donna mette la tazza sul piattino.
The lady puts the cup on the saucer.

---

il piatto   PEEA-to   noun (masc.)   dish, plate
Tu lavi i piatti a casa tua?
Do you wash the dishes at your house?

---

la piazza   PEEA-tsa   noun (fem.)   plaza, square

Piazza Navona ha tre grandi fontane.
Piazza Navona has three large fountains.

---

la piccola colazione   noun (fem.)   breakfast
    PEE-ko-la ko-la-TZEEOH-neh
      La piccola colazione si mangia presto.
      Breakfast is eaten early.

---

piccolo   PEE-ko-lo   adjective   little, small
      Il ragazzo è piccolo.
      The boy is small.

---

il piede   PYEH-deh   noun (masc.)   foot
   andare a piedi   verb   to walk, to go on
                                           foot
      Noi andiamo al museo a piedi.
      We walk to the museum.

   avere male al piede   verb   to have a sore foot
      Non posso camminare, ho un male al piede.
      I cannot walk, I have a sore foot.

---

pieno   PYEH-no   adjective   full
      La valigia è piena di panni.
      The suitcase is full of clothes.

---

la pietra   PYEH-tra   noun (fem.)   stone, rock
      Ci sono molte pietre nel parco.
      There are many stones in the park.

---

i pigiama   pee-JA-ma   noun (masc.), pl.   pajamas
      Io mi metto i pigiama alle dieci di sera.
      I put on my pajamas at 10 o'clock at night.

---

pigro   PEE-gro   adjective   lazy
      Il ragazzo è pigro.
      The boy is lazy.

---

il pilota   pee-LOH-ta   noun (masc.)   pilot
      Mio cugino è pilota.

My cousin is a pilot.

---

piove   PEEOH-veh   idiom   it is raining
Piove molto nel mese di aprile.
It rains a great deal in the month of April.

---

piovere   PEEO-veh-reh   verb   to rain
Crede Lei che pioverà?
Do you think it will rain?

---

il piroscafo   noun (masc.)   steamship
pee-ROS-ka-fo
Il piroscafo attraversa l'òceano Atlantico.
The steamship crosses the Atlantic Ocean.

---

la piscina   pee-SHEE-na   noun (fem.)   swimming pool
La piscina è grande.
The pool is large.

---

i piselli   pee-SEH-lee   noun (masc.), pl.   peas
I piselli sono verdi.
Peas are green.

---

un poco, un po'   PO-ko   adjective   little, a bit of
Vuole della minestra? Un po', per piacere.
Do you want any soup? A little, please.

---

poi   POEE   adverb   then
Arrivò prima Maria, poi arrivò Giovanni.
First Mary arrived, then John arrived.

---

il pollo   POH-lo   noun (masc.)   chicken
Che si mangia stasera? Il pollo.
What are we eating tonight? Chicken.

---

la poltrona   pol-TROH-na   noun (fem.)   armchair
Mi piace usare la poltrona rossa.
I like to use the red armchair.

---

il pomeriggio   noun (masc.)   afternoon
po-meh-REE-jo

Sono le due del pomeriggio.
It is 2 o'clock in the afternoon.

---

il pomo   POH-mo   noun (masc.)   doorknob
Il pomo è d'argento.
The doorknob is made of silver.

---

il pomodoro   noun (masc.)   tomato
       po-mo-DO-ro
Il pomodoro è rosso quando è maturo.
The tomato is red when it is ripe.

---

la pompa antincendio   noun (fem.)   fire truck
       pom-pan-teen-CHEHN-deeo
La pompa antincendio fa molto rumore.
The fire truck makes a lot of noise.

---

il pompelmo   noun (masc.)   grapefruit
       pom-PEHL-mo
Il pompelmo non è dolce.
The grapefruit is not sweet.

---

il ponte   PON-teh   noun (masc.)   bridge
Dov'è il Ponte dei Sospiri?
Where is the Bridge of Sighs?

---

porporino   por-po-REE-no   adjective   purple
Il porporino è il mio colore preferito.
Purple is my favorite color.

---

la porta   POR-ta   noun (fem.)   door

Per piacere, chiuda la porta.
Please close the door.

---

portare   por-TA-reh   verb   to bring, to carry
       io porto   noi portiamo
       tu porti   voi portate
       Lei porta   Loro portano
       Portano le loro valige all'aeroporto.
       They bring their suitcases to the airport.

---

portare   por-TA-reh   verb   to wear
       io porto   noi portiamo
       tu porti   voi portate
       Lei porta   Loro portano
       Lei porta il cappello.
       You are wearing a hat.

---

il postino   pos-TEE-no   noun (masc.)   mailman
       Il postino porta le lettere e i pacchi.
       The mailman delivers letters and packages.

---

il posto   POS-to   noun (masc.)   setting (table)
       Mio cugino mette un coltello a ogni posto.
       My cousin puts a knife at each setting.

---

potere   po-TEH-reh   verb   to be able, "can"
       io posso   noi possiamo
       tu puoi   voi potete
       Lei può   Loro possono
       Non posso fare il compito. Le lezioni sono troppo
         difficili.
       I can't do the homework. The lessons are too
         difficult.

---

povero   PO-veh-ro   adjective   poor
       Questo ragazzo è povero. Non ha molto denaro.
       This child is poor. He doesn't have much money.

---

il pranzo   PRAN-zo   noun (masc.)   dinner

Facciamo pranzo alle otto.
We have dinner at eight o'clock.

---

preferire preh-feh-REE-reh   verb   to prefer
  io preferisco   noi preferiamo
  tu preferisci   voi preferite
  Lei preferisce   Loro preferiscono
Preferisci la città o la campagna?
Do you prefer the city or the country?

---

preferito preh-feh-REE-to   adjective   preferred, favorite
Qual'è il tuo giocattolo preferito?
Which is your favorite toy?

---

prego PREH-go   interjection   you are welcome
Grazie per la gentilezza! Prego!
Thank you for the kindness! You're welcome!

---

prendere PREHN-deh-reh   verb   to have (food), to
                                                                    take
  io prendo   noi prendiamo
  tu prendi   voi prendete
  Lei prende   Loro prendono
La mamma prende il pane tostato per prima
  colazione.
Mother has toast for breakfast.

---

preparare preh-pa-RA-reh   verb   to prepare
  io preparo   noi prepariamo
  tu prepari   voi preparate
  Lei prepara   Loro preparano
Mia sorella prepara l'insalata.
My sister prepares the salad.

---

presentare preh-zehn-TA-reh   verb   to introduce, to
                                                                    present
  io presento   noi presentiamo
  tu presenti   voi presentate
  Lei presenta   Loro presentano

Ti vorrei presentare mio nipote.
I would like to present my nephew to you.

---

presente   preh-ZEHN-teh   adjective   present
Paolo non è presente oggi.
Paul is not present today.

---

presente   preh-ZEHN-teh   adjective   here, present
La mia amica Giovanna è presente; la mia amica
Susanna è assente.
My friend Joan is present; my friend Susan is
absent.

---

il presidente   noun (masc.)   president
       preh-zee-DEHN-teh
Il presidente degli Stati Uniti abita a Washington.
The President of the U.S. lives in Washington.

---

prestare   prehs-TA-reh   verb   to lend
io presto   noi prestiamo
tu presti   voi prestate
Lei presta   Loro prestano
Mi puoi prestare la gomma?
Can you lend me the eraser?

---

presto   PREHS-to   adverb   early
Noi ci alziamo presto per andare in città.
We get up early to go into the city.

---

presto   PREHS-to   adverb   quickly, soon
Lui finirà il lavoro presto.
He will finish the work quickly.

---

la primavera   noun (fem.)   spring
       pree-ma-VEH-ra
Si vedono molti fiori di primavera.
We can see many spring flowers.

---

primo   PREE-mo   adjective   first

La piccola colazione è il primo pasto del giorno.
Breakfast is the first meal of the day.

---

il principe   noun (masc.)   prince
PREEN-chee-peh

la principessa   noun (fem.)   princess
preen-chee-PEH-sa
Il principe e la principessa sono nel giardino.
The prince and the princess are in the garden.

---

prodigioso   pro-dee-JO-so   adjective   wonderful,
prodigious
Lui ha fatto una cosa prodigiosa.
He did a wonderful thing.

---

il professore   noun (masc.)   professor
pro-feh-SO-reh
Il professore è in classe.
The professor is in class.

la professoressa   noun (fem.)   professor
pro-feh-so-REH-sa
La professoressa non è qui oggi.
The professor is not here today.

---

profondo   pro-FON-do   adjective   deep
È profonda la piscina?
Is the pool deep?

è proibito   eh-proee-BEE-to   idiom   it is forbidden

È proibito fare questo.
It is forbidden to do this.

---

promettere   pro-MEH-teh-re   verb   to promise
io prometto   noi promettiamo
tu prometti   voi promettete
Lei promette   Loro promettono
Io prometto di fare i miei compiti.
I promise to do my homework.

---

pronto   PRON-to   adjective   ready
È pronto Lei? Noi siamo in ritardo.
Are you ready? We are late.

---

proprio   PROH-preeo   adjective   own
Non è il libro di mia sorella; è il mio proprio libro.
It is not my sister's book; it is my own book.

---

il prosciutto   pro-SHU-to   noun (masc.)   ham
Vuole un po' di prosciutto nel suo panino?
Do you want some ham on your roll?

---

prossimo   PROH-see-mo   adjective   next
La maestra dice, "La prossima settimana faremo
un esame."
The teacher says, "Next week we will have an
exam."

---

proteggere   pro-TEH-jeh-reh   verb   to protect, to guard
io proteggo   noi proteggiamo
tu proteggi   voi proteggete
Lei protegge   Loro proteggono
La polizia protegge la gente.
The police protect the people.

---

provare   pro-VA-reh   verb   to try
io provo   noi proviamo
tu provi   voi provate
Lei prova   Loro provano

Lei prova di portare il pacco pesante.
You try to carry the heavy package.

---

pulire   pu-LEE-reh   verb   to clean

io pulisco	noi puliamo
tu pulisci	voi pulite
Lei pulisce	Loro puliscono

Aiuti tu a tua madre a pulire la casa?
Do you help your mother to clean the house?

---

pulito   pu-LEE-toh   adjective   clean
Le mie mani sono pulite.
My hands are clean.

---

pungere   PUN-jeh-reh   verb   to bite (insect)

io pungo	noi pungiamo
tu pungi	voi pungete
Lei punge	Loro pungono

Alle zanzare piace pungermi.
Mosquitoes like to bite me.

---

punire   pu-NEE-reh   verb   to punish

io punisco	noi puniamo
tu punisci	voi punite
Lei punisce	Loro puniscono

La madre punisce il ragazzo.
The mother punishes the boy.

---

può darsi   puo-DAR-see   idiom   maybe
Andiamo a cavallo stamani? Può darsi!
Are we going horseback riding this morning?
    Maybe!

---

può essere   puo-EH-seh-reh   idiom   perhaps
Può essere che arriveremo a tempo.
Perhaps we shall arrive on time.

Q

---

il quaderno   kwa-DEHR-no   noun (masc.)   notebook

Lei fa i suoi compiti in un quaderno.
She does her homework in a notebook.

---

quadro   KWA-dro   adjective   square
La scatola è quadra.
The box is square.

---

qualche   KWAL-keh   adjective   some, several
C'è qualche sedia nel salotto.
There are several chairs in the living room.

---

qualche cosa   pronoun   something
KWAL-keh-KO-za
C'è qualche cosa in questo cassetto.
There is something in this drawer.

---

qualche volta   adverb   sometimes
KWAL-keh-VOL-ta
Qualche volta non sono beneducato.
Sometimes, I am not well-behaved.

---

qualcuno   kwal-KU-no   pronoun   somebody,
someone
Qualcuno è nel ristorante.
Somebody is in the restaurant.

---

quale   KWA-leh   pronoun   which
Quale preferisce?
Which do you prefer?

---

la qualità   kwa-lee-TA   noun (fem.)   quality
Questa stoffa è di buona qualità.
This material is of good quality.

---

quando   KWAN-do   pronoun   when
Io leggo un libro quando piove.
I read a book when it rains.

---

quanti   KWAN-tee   interrogative   how many
Quanti giocattoli hai?
How many toys do you have?

Quanti anni ha Lei? Io ho otto anni.
How old are you? I am eight years old.

---

la quantità kwan-tee-TA   noun (fem.)   quantity
Lui ha una gran quantità di libri a casa.
He has a large quantity of books at home.

---

quanto KWAN-to   interrogative   how much
Quanto lavoro ha finito?
How much work have you finished?

---

quaranta kwa-RAN-ta   adjective   forty
Conosce Lei la storia dei quaranta briganti?
Do you know the story of the forty thieves?

---

il quarto KWAR-to   noun (masc.)   quarter
Sono le sette e un quarto.
It is a quarter past seven.

---

quasi KWA-zee   adverb   almost
Sono quasi le sei.
It is almost 6 o'clock.

---

quattordici   adjective   fourteen
kwa-TOR-dee-chee
Il quattordici luglio è la festa nazionale francese.
July 14th is the French national holiday.

---

quattro KWA-tro   adjective   four
Ci sono quattro persone nella mia famiglia.
There are four people in my family.

---

quello KWEH-lo   pronoun   that of, the one
Ecco una penna rossa. Quella di mio padre è
gialla.
Here is a red pen. My father's is yellow.

---

quello, questo KWEHS-to   pronoun   this, that
Non mi piace questo.
I don't like this.

---

questa	adjective (fem.), sing.	this
	KWEHS-ta	
queste	adjective (fem.), pl.	these
	KWEHS-teh	
questo	adjective (masc.), sing.	this
	KWEHS-to	
questi	adjective (masc.), pl.	these
	KWEHS-tee	

Questa ragazza è beneducata.
This girl is well-behaved.
Questo libro è nuovo.
This book is new.
Questi ragazzi sono bravi.
These boys are nice.
Queste tavole sono rotte.
These tables are broken.

---

quieto   KYE-to   adjective   quiet
La ragazza è quieta.
The girl is quiet.

---

quindici   KWEEN-dee-chee   adjective   fifteen
Oggi è il quindici luglio.
Today is July 15th.

R

---

raccontare   ra-kon-TA-reh   verb   to tell, to recount
io racconto   noi raccontiamo
tu racconti   voi raccontate
Lei racconta   Loro raccontano
Io racconto la storia del mio viaggio.
I tell the story of my trip.

---

il racconto   ra-KON-to   noun (masc.)   story, tale
Leggimi il racconto de "I tre gattini."
Read me the story of "The Three Kittens."

---

la radio   RA-deeo   noun (masc.)   radio
La radio non funziona.
The radio doesn't work.

---

la ragazza   ra-GA-tza   noun (fem.)   girl

La ragazza gioca con la bambola.
The little girl plays with the doll.

---

il ragazzo   ra-GA-tzo   noun (masc.)   boy
Il ragazzo gioca con la sorella.
The boy plays with his sister.

---

la ragione   ra-JO-neh   noun (fem.)   reason, right
La nonna ha sempre ragione.
Grandmother is always right.

---

il ragno   RA-no   noun (masc.)   spider
Chi ha paura di un ragno?
Who is afraid of a spider?

---

il ramo   RA-mo   noun (masc.)   branch (of a tree)
Il ramo dell'albero è caduto.
The tree branch has fallen.

---

la rana   RA-na   noun (fem.)   frog
La rana è verde.
The frog is green.

---

rapido   RA-pee-do   adjective   fast, rapid

Il treno è rapido.
The train is fast.

---

rappresentare   verb   to represent
ra-preh-sehn-TA-reh
    io rappresento   noi rappresentiamo
    tu rappresenti   voi rappresentate
    Lei rappresenta   Loro rappresentano
    Lui rappresenta il governo.
    He represents the government.

---

raschiare   ra-SKEEA-reh   verb   to erase, to scrape
    io raschio   noi raschiamo
    tu raschi   voi raschiate
    Lei raschia   Loro raschiano
    Il ragazzo raschia lo sbaglio.
    The boy erases the mistake.

---

il razzo   RA-tzo   noun (masc.)   rocket ship
    Vanno alla luna in un razzo.
    They go to the moon in a rocket ship.

---

il re   REH   noun (masc.)   king
    C'è un re in Italia? No, c'è un presidente.
    Is there a king in Italy? No, there is a president.

---

il regalo   re-GA-lo   noun (masc.)   gift, present
    Ecco un regalo per il tuo compleanno.
    Here is a present for your birthday.

---

la regina   re-JEE-na   noun (fem.)   queen
    La regina è seduta vicino al re.
    The queen is sitting next to the king.

---

il registratore   noun (masc.)   tape recorder
reh-jees-tra-TOH-reh
    Il maestro usa un registratore in classe.
    The teacher uses a tape recorder in class.

---

la regola   REH-go-la   noun (fem.)   rule

Dobbiamo obbedire le regole.
We must obey the rules.

---

restare   reh-STA-reh   verb   to stay, to remain

io resto	noi restiamo
tu resti	voi restate
Lei resta	Loro restano

Noi restiamo a casa oggi.
We stay at home today.

---

restituire   reh-stee-TUEE-reh   verb   to give back, to
                                                            return

io restituisco	noi restituiamo
tu restituisci	voi restituite
Lei restituisce	Loro restituiscono

Lei mi restituisce i pattini a rotelle.
He gives me back my roller skates.

---

ricco   REE-ko   adjective   rich, wealthy

La donna ricca porta i gioielli.
The rich woman wears jewels.

---

ricevere   ree-CHEH-veh-reh   verb   to receive, to get

io ricevo	noi riceviamo
tu ricevi	voi ricevete
Lei riceve	Loro ricevono

Io ricevo una cartolina da mia sorella.
I receive a card from my sister.

---

ricordare   ree-kor-DA-reh   verb   to remember

io ricordo	noi ricordiamo
tu ricordi	voi ricordate
Lei ricorda	Loro ricordano

Non posso ricordare il nome di quest'edificio.
I cannot remember the name of this building.

---

ridere   REE-deh-reh   verb   to laugh

io rido	noi ridiamo
tu ridi	voi ridete
Lei ride	Loro ridono

Lui ride quando guarda gli orsi.
He laughs when he looks at the bears.

riempire	ryem-PEE-reh	verb	to fill
	io riempio	noi riempiamo	
	tu riempi	voi riempite	
	Lei riempie	Loro riempiono	

Stefano riempie di carta la scatola.
Stephen fills the box with paper.

la riga	REE-ga	noun (fem.)	ruler

La riga è lunga.
The ruler is long.

rimanere	ree-ma-NEH-reh	verb	to remain, to stay
	io rimango	noi rimaniamo	
	tu rimani	voi rimanete	
	Lei rimane	Loro rimangono	

Lui rimane a scuola fino a tardi.
He remains at school until late.

rimproverare		verb	to scold
	reem-pro-veh-RA-reh		
	io rimprovero	noi rimproveriamo	
	tu rimproveri	voi rimproverate	
	Lei rimprovera	Loro rimproverano	

Lui ha vergogna perchè la madre lo rimprovera.
He is ashamed because his mother scolds him.

---

rimuovere   ree-MUO-veh-reh   verb   to remove
    io rimuovo   noi rimoviamo
    tu rimuovi   voi rimovete
    Lei rimuove   Loro rimuovono
    Io rimuovo la sedia da qui e la metto la.
    I remove the chair from here and I put it there.

---

riparare   ree-pa-RA-reh   verb   to fix, to repair
    io riparo   noi ripariamo
    tu ripari   voi riparate
    Lei ripara   Loro riparano
    Mio fratello ripara il giradischi.
    My brother fixes the record player.

---

ripetere   ree-PEH-teh-reh   verb   to repeat
    io ripeto   noi ripetiamo
    tu ripeti   voi ripetete
    Lei ripete   Loro ripetono
    La maestra dice, "Ripetete la frase."
    The teacher says, "Repeat the phrase."

---

riposarsi   ree-po-ZAR-see   verb   to rest
    io mi riposo   noi ci riposiamo
    tu ti riposi   voi vi riposate
    Lei si riposa   Loro si riposano
    Il ragazzo corre. Lui non vuole riposarsi.
    The boy is running. He does not want to rest.

---

il ripostiglio   noun (masc.)   closet
    ree-pos-TEE-lyo
      Il ripostiglio è vuoto.
      The closet is empty.

---

risiedere   ree-ZYE-deh-reh   verb   to reside, to live
    io risiedo   noi risediamo
    tu risiedi   voi risedete
    Lei risiede   Loro risiedono

Dove risiede Lei?
Where do you live?

---

il riso   REE-zo   noun (masc.)   rice
Il riso è delizioso.
The rice is delicious.

---

rispondere   rees-PON-deh-reh   verb   to answer, to reply
io rispondo   noi rispondiamo
tu rispondi   voi rispondete
Lei risponde   Loro rispondono
La ragazzina non può rispondere alla domanda.
The little girl cannot answer the question.

---

la risposta   rees-POS-ta   noun (fem.)   answer, reply
Io scrivo la risposta corretta nel quaderno.
I write the correct answer in the notebook.

---

il ristorante   noun (masc.)   restaurant
       rees-to-RAN-te
Il cameriere lavora in questo ristorante.
The waiter works in this restaurant.

---

ritornare   ree-tor-NA-reh   verb   to return, to go
                                                back
io ritorno   noi ritorniamo
tu ritorni   voi ritornate
Lei ritorna   Loro ritornano
Lui va alla lavagna e poi ritorna al suo posto.
He goes to the blackboard and then returns to
    his place.

---

il ritratto   ree-TRA-to   noun (masc.)   photograph
Ci sono molti ritratti in questo libro.
There are many photographs in this book.

---

riuscire   ree-us-SCHEE-reh   verb   to succeed
io riesco   noi riusciamo
tu riesci   voi riuscite
Lei riesce   Loro riescono

Lui riesce a prendere un pesce.
He succeeds in catching a fish.

---

rivedere   ree-veh-DEH-reh   verb   to see again

io rivedo	noi rivediamo
tu rivedi	voi rivedete
Lei rivede	Loro rivedono

Io voglio rivedere il film.
I want to see the movie again.

---

la rivoltella   noun (fem.)   revolver, gun
          ree-vol-TEH-la

Il poliziotto ha una rivoltella.
The policeman has a revolver.

---

rompere   ROM-peh-reh   verb   to break

io rompo	noi rompiamo
tu rompi	voi rompete
Lei rompe	Loro rompono

Il ragazzo rompe il bicchiere.
The boy breaks the glass.

---

rosa   ROH-za   adjective   pink

Il colore rosa ti sta bene.
You look good in pink.

---

il rosbif   rohz-BEEF   noun (masc.)   roast beef

Io vorrei un panino con rosbif, per piacere.
I would like a roast beef sandwich, please.

---

rosso   RO-so   adjective   red

Le automobili si fermano quando il semaforo è
     rosso.
The cars stop when the light is red.

---

rotolare   ro-to-LA-reh   verb   to roll

io rotolo	noi rotoliamo
tu rotoli	voi rotolate
Lei rotola	Loro rotolano

Lui fa rotolare un barile lungo la strada.
He rolls a barrel along the road.

---

la rotta   ROH-ta   noun (fem.)   route
           Che rotta fece Colombo per arrivare al nuovo
             mondo?
           What route did Columbus take to reach the New
             World?

---

rovesciare   ro-veh-SCHEEA-reh   verb   to overturn, to spill
           io rovescio   noi rovesciamo
           tu rovesci   voi rovesciate
           Lei rovescia   Loro rovesciano

           Il bambino rovescia il piatto.
           The child overturns the dish.

---

rubare   ru-BA-reh   verb   to steal
           io rubo   noi rubiamo
           tu rubi   voi rubate
           Lei ruba   Loro rubano
           Chi ha rubato la mia penna?
           Who has stolen my pen?

---

il rumore   ru-MO-reh   noun (masc.)   noise
           I tuoni fanno un gran rumore.
           Thunder makes a loud noise.

---

la ruota   RUO-ta   noun (fem.)   wheel
           Mio zio aggiusta la ruota della mia bicicletta.
           My uncle fixes the wheel on my bicycle.

S

---

la sabbia SA-bya   noun (fem.)   sand
Alla spiaggia, io mi siedo sulla sabbia.
At the beach, I sit on the sand.

---

il sacco SA-ko   noun (masc.)   sack
Il sacco è bucato.
The sack has a hole in it.

---

saggio SA-jo   adjective   wise
Il nonno è saggio.
Grandfather is wise.

---

la sala da pranzo   noun (fem.)   dining room
SA-la-da PRAN-zo

La sala da pranzo è grade.
The dining room is large.

---

salire sa-LEE-reh   verb   to go up, to climb
io salgo   noi saliamo
tu sali   voi salite
Lei sale   Loro salgono
Noi saliamo la scala della casa.
We climb up the stairs of the house.

---

il salotto sa-LOH-to   noun (masc.)   living room
Chi è nel salotto?
Who is in the living room?

---

saltare sal-TA-reh   verb   to jump
io salto   noi saltiamo
tu salti   voi saltate
Lei salta   Loro saltano
Il ragazzo salta dalle scale.
The boy jumps from the stairs.

---

la salute sa-LU-teh   noun (fem.)   health

La mamma dice, "I dolci non sono buoni per la
salute."
Mother says, "Sweets are not good for your
health."

---

salvare   sal-VA-reh   verb   to rescue, to save

io salvo	noi salviamo
tu salvi	voi salvate
Lei salva	Loro salvano

Lo zio mi salva quando io cado nell'acqua.
My uncle saves me when I fall into the water.

---

il sangue   SAN-gweh   noun (masc.)   blood

Mi fa male il ginocchio. Guarda il sangue.
My knee hurts. Look at the blood.

---

sano e salvo   SA-no-eh-SAL-vo   idiom   safe and sound

Io ritorno a casa sano e salvo.
I return home safe and sound.

---

sapere   sa-PEH-reh   verb   to know, to know
how to

io so	noi sappiamo
tu sai	voi sapete
Lei sa	Loro sanno

Io so andare in bicicletta.
I know how to ride a bicycle.

---

il sapone   sa-POH-ne   noun (masc.)   soap

Non dimenticare il sapone.
Don't forget the soap.

---

il sarto   SAR-to   noun (masc.)   tailor

Il mio vicino è sarto.
My neighbor is a tailor.

---

sbagliare   sba-LYA-reh   verb   to mistake, to
make a mistake.

io sbaglio	noi sbagliamo
tu sbagli	voi sbagliate

Lei sbaglia   Loro sbagliano
Lei sbaglia quando dice questo.
You are mistaken when you say this.

---

lo sbaglio   SBA-lyo   noun (masc.)   mistake
Faccio degli sbagli quando scrivo in italiano.
I make mistakes when I write in Italian.

---

scagliare   ska-LYA-reh   verb   to throw
io scaglio   noi scagliamo
tu scagli   voi scagliate
Lei scaglia   Loro scagliano
Lui mi scaglia un guanciale.
He throws a pillow at me.

---

la scala   SKA-la   noun (fem.)   staircase

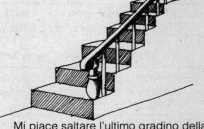

Mi piace saltare l'ultimo gradino della scala.
I like to jump over the last step of the staircase.

---

lo scantinato   noun (masc.)   basement, cellar
        skan-tee-NA-to
Ci sono alcuni pacchi nello scantinato.
There are some packages in the basement.

---

la scarpa   SKAR-pa   noun (fem.)   shoe
Le mie scarpe sono bagnate.
My shoes are wet.

---

la scatola   SKA-toh-la   noun (fem.)   box

La scatola è grande.
The box is large.

---

scegliere SHEH-lyeh-reh   verb   to choose
io scelgo   noi scegliamo
tu scegli   voi scegliete
Lei sceglie   Loro scelgono
Nell'esame, scegliete la risposta corretta.
In the exam, choose the correct answer.

---

scendere SHEHN-deh-reh   verb   to go down, to
                                          descend
io scendo   noi scendiamo
tu scendi   voi scendete
Lei scende   Loro scendono
L'uomo scende le scale.
The man goes down the stairs.

---

la schiena SKYEH-na   noun (fem.)   back
È Roberto? Non lo so. Vedo solamente la
    schiena.
Is it Robert? I don't know. I only see his back.

---

la scienza SHYEHN-za   noun (fem.)   science
Mi piace andare alla classe di scienza.
I like to go to the science class.

---

la scienziata   noun (fem.)   scientist
shyehn-ZEEA-ta
La scienziata ha fatto una grande scoperta.
The scientist made a great discovery.

---

lo scienziato   noun (masc.)   scientist
shyehn-ZEEA-to
Io vorrei diventare scienziato.
I would like to become a scientist.

---

la scimmia SHEE-meea   noun (fem.)   monkey
La scimmia mangia una banana.
The monkey eats a banana.

---

sciocco   SHEEO-ko   adjective   silly, foolish, stupid
È una storia sciocca.
It is a silly story.

---

scivolare   verb   to slip, to slide
shee-vo-LA-reh
io scivolo   noi scivoliamo
tu scivoli   voi scivolate
Lei scivola   Loro scivolano
Noi scivoliamo sul ghiaccio d'inverno.
We slip on the ice in winter.

---

scontento   skon-TEHN-to   adjective   unhappy
Lui è scontento perchè non può giocare alla
palla.
He is unhappy because he cannot play ball.

---

la scopa   SKOH-pa   noun (fem.)   broom
Maria pulisce il pavimento con la scopa.
Mary cleans the floor with a broom.

---

la scrivania   noun (fem.)   desk
skree-va-NEEA
La scrivania della maestra è grande.
The teacher's desk is large.

---

scrivere   SKREE-veh-reh   verb   to write
io scrivo   noi scriviamo
tu scrivi   voi scrivete

Lei scrive   Loro scrivono
La maestra dice, "Scrivi la data alla lavagna."
The teacher says, "Write the date on the
    blackboard."

---

la scuola SKUOH-la   noun (fem.)   school
Il giovedì non andiamo a scuola.
We do not go to school on Thursdays.

---

scuotere SKUO-teh-reh   verb   to shake
io scuoto   noi scuotiamo
tu scuoti   voi scuotete
Lei scuote   Loro scuotono
La maestra scuote il dito verso il ragazzo.
The teacher shakes her finger at the child.

---

scuro SKU-ro   adjective   dark
Ella porta un vestito azzurro scuro.
She is wearing a dark blue suit.

---

scusi SKU-zee   idiom   pardon me
Mi scusi! È Sua la borsa, non è vero?
Pardon me! It's your bag, isn't it?

---

se SEH   conjunction   if, whether
Voglio sapere se vieni o no.
I want to know whether you're coming or not.

---

il secchio SEH-kyo   noun (masc.)   pail, bucket
Il contadino riempie il secchio di latte.
The farmer fills the pail with milk.

---

secondo seh-KON-do   preposition   according to
Secondo mio fratello, nevicherà domani.
According to my brother, it will snow tomorrow.

---

secondo seh-KON-do   adjective   second
Come si chiama il secondo mese dell'anno?
What is the name of the second month of the
    year?

154

---

il sedano   SEH-da-no   noun (masc.)   celery
La mamma fa un'insalata con il sedano.
Mother makes a salad with celery.

---

sedersi   seh-DEHR-see   verb   to sit down
io mi siedo   noi ci sediamo
tu ti siedi   voi vi sedete
Lei si siede   Loro si siedono
La nonna si siede su una sedia.
Grandmother sits on a chair.

---

la sedia   SEH-deea   noun (fem.)   chair
Questa sedia è troppo grande per me.
This chair is too large for me.

---

sedici   SEH-dee-chee   adjective   sixteen
Devo leggere sedici pagine stasera.
I must read sixteen pages tonight.

---

il sedile   seh-DEE-leh   noun (masc.)   seat
Il sedile è rotto.
The seat is broken.

---

seduto   seh-DU-to   adjective   seated
Lui è seduto in una poltrona.
He is seated in an armchair.

---

la segretaria   noun (fem.)   secretary

seh-greh-TA-reea
> Ci è una segretaria in questo ufficio.
> There is a secretary in this office.

---

il segreto seh-GREH-to noun (masc.) secret
> Dimmi il segreto.
> Tell me the secret.

---

seguire seh-GWEE-reh verb to follow

io seguo	noi seguiamo
tu segui	voi seguite
Lei segue	Loro seguono

> Gli studenti nella classe seguono la maestra.
> The students in the class follow the teacher.

---

sei seh-EE adjective six
> Quante matite hai tu? Sei.
> How many pencils do you have? Six.

---

selvaggio sehl-VA-jo adjective wild
> Gli animali selvaggi abitano nella foresta.
> The wild animals live in the woods.

---

il semaforo seh-MA-fo-ro noun (masc.) traffic light
> Si attraversa la strada quando si vede il
>   semaforo verde.
> One crosses the street when the traffic light is
>   green.

---

sempre SEHM-preh adverb always
> Le foglie cadono sempre in autunno.
> The leaves always fall in autumn.

---

il sentiero sehn-TYEH-ro noun (masc.) path
> Il sentiero conduce al ponte.
> The path leads to the bridge.

---

sentire sehn-TEE-reh verb to hear

io sento	noi sentiamo
tu senti	voi sentite

Lei sente   Loro sentono
Io sento suonare il telefono.
I hear the telephone ring.

---

sentirsi sen-TEER-see   verb   to feel
io mi sento   noi ci sentiamo
tu ti senti   voi vi sentite
Lei si sente   Loro si sentono
Io non mi sento bene.
I don't feel well.

---

senza SEHN-za   preposition   without
Io vado in classe senza il mio amico. Lui è
malato.
I go to class without my friend. He is ill.

---

la sera SEH-ra   noun (fem.)   evening
La sera io ascolto la musica.
In the evening I listen to music.

buona sera   idiom   good evening

---

serio SEH-reeo   adjective   serious
C'è un film serio al cinema.
There is a serious film at the movies.

---

la serpe SEHR-peh   noun (fem.)   snake

Ci sono serpi in Italia?
Are there snakes in Italy?

---

servire sehr-VEE-reh   verb   to serve

io servo	noi serviamo
tu servi	voi servite
Lei serve	Loro servono

Io servo il pranzo.
I serve the dinner.

---

sessanta seh-SAN-ta   adjective   sixty
Ci sono sessanta minuti in un'ora.
There are sixty minutes in an hour.

---

la seta SEH-ta   noun (fem.)   silk
Un abito di seta è costoso.
A silk suit is expensive.

---

la sete SEH-teh   noun (fem.)   thirst

avere sete   idiom   to be thirsty
Ha sete Lei? Sì, ho sete.
Are you thirsty? Yes, I am thirsty.

---

settanta seh-TAN-ta   adjective   seventy
La nonna di Nunziata ha settant'anni.
Nancy's grandmother is seventy years old.

---

sette SE-teh   adjective   seven
Ci sono sette mele.
There are seven apples.

---

settembre seh-TEHM-breh   noun   September
Noi ritorniamo a scuola il primo settembre?
Do we return to school on September first?

---

la settimana   noun (fem.)   week
seh-tee-MA-na
Ci sono sette giorni in una settimana.
There are seven days in a week.

---

sì SEE   adverb   yes
Vuole dolci? Sì, certo!
Do you want any candy? Yes, of course!

---

sicuro   see-KU-ro   adjective   sure, certain
Sono sicuro che il treno arriverà in anticipo.
I am sure the train will arrive early.

---

si deve   see-DEH-veh   idiom   one must
Si deve andare a scuola.
One must go to school.

---

la sigaretta   see-ga-REH-ta   noun (fem.)   cigarette
Fuma le sigarette tuo zio?
Does your uncle smoke cigarettes?

---

la signora   see-*N*O-ra   noun (fem.)   Mrs., madam, the
                                                  lady
La signora è molto gentile.
The lady is very kind.

il signore   see-*N*O-reh   noun (masc.)   Mr., gentleman
Il droghiere si chiama Signor Palermo.
The grocer's name is Mr. Palermo.

---

la signorina   noun (fem.)   Miss
   see-*n*o-REE-na
Signorina Marino? Lei è una buona maestra.
Miss Marino? You are a good teacher.

---

silenzioso   see-lehn-ZEEO-zo   adjective   silent
Il ragazzo è silenzioso.
The boy is silent.

---

simile   SEE-mee-leh   adjective   similar, alike
Le nostre cravatte sono simili.
Our ties are similar.

---

simpatico   seem-PA-tee-ko   adjective   pleasant
Lui è un uomo simpatico.
He is a pleasant man.

---

la sinistra   see-NEES-tra   adjective   left

Io alzo la mano sinistra.
I raise my left hand.

a sinistra   a-see-NEES-tra   idiom   on the left
L'albero è a sinistra della casa.
The tree is on the left of the house.

---

la slitta   SLEE-ta   noun (fem.)   sled
Il mio cane tira la slitta.
My dog pulls the sled.

---

snello   SNEH-lo   adjective   thin
La ragazza è snella.
The girl is thin.

---

il socio   SO-cho   noun (masc.)   member
Lui è l'ultimo socio ad arrivare.
He is the last member to arrive.

---

la soda   SO-da   noun (fem.)   soda
Io bevo la soda.
I drink soda.

---

il soffitto   so-FEE-to   noun (masc.)   ceiling
Il soffitto del castello è molto interessante.
The ceiling of the castle is very interesting.

---

sognare   so-NA-reh   verb   to dream
io sogno   noi sogniamo
tu sogni   voi sognate
Lei sogna   Loro sognano

160

Io sogno di andare alla luna.
I dream of going to the moon.

---

solamente   so-la-MEHN-teh   adverb   only
Ho solamente una lira.
I have only one lira.

---

il soldato   sol-DA-to   noun (masc.)   soldier
Mio cugino è soldato.
My cousin is a soldier.

---

il sole   SOH-leh   noun (masc.)   sun
A che ora sorge il sole?
At what time does the sun rise?

---

solo   SOH-lo   adjective   alone
Sono solo nel salone.
I am alone in the living room.

---

il sonno   SOH-no   noun (masc.)   sleep

avere sonno   idiom   to be sleepy
Chi ha sonno?
Who is sleepy?

---

il soprabito   noun (masc.)   overcoat
so-PRA-bee-to
Lei porta un soprabito caldo nell'inverno.
You wear a warm overcoat in the winter.

---

le soprascarpe   noun (fem.), pl.   overshoes
        so-pra-SKAR-peh
             Piove. Devo mettermi le soprascarpe.
             It's raining. I must put on my overshoes.

---

soprattutto   so-pra-TU-to   adverb   above all
             Mi piace leggere soprattutto.
             I like to read above all.

---

la sorella   so-REH-la   noun (fem.)   sister
             Mia zia è la sorella di mia madre.
             My aunt is my mother's sister.

---

sorprendente   adjective   surprising
        sor-prehn-DEHN-teh
             È sorprendente ricevere una lettera da uno
                straniero.
             It is surprising to receive a letter from a stranger.

---

la sorpresa   sor-PREH-sa   noun (fem.)   surprise
             Una sorpresa per me?
             A surprise for me?

---

sorridere   so-REE-deh-reh   verb   to smile
             io sorrido   noi sorridiamo
             tu sorridi   voi sorridete
             Lei sorride   Loro sorridono
             Tu sorridi sempre quando ti do un pasticcino.
             You always smile when I give you a cookie.

---

sorvegliare   sor-veh-LYA-reh   verb   to look after, to
                                              keep watch on,
                                              supervise
             io sorveglio   noi sorvegliamo
             tu sorvegli   voi sorvegliate
             Lei sorveglia   Loro sorvegliano
             Lui sorveglia il lavoro.
             He supervises the work.

---

sotto   SOH-to   adverb   under
La carota cresce sotto la terra.
The carrot grows under the ground.

---

la spalla   SPA-la   noun (fem.)   shoulder
A Carlo gli fa male la spalla.
Carlo's shoulder hurts.

---

spartire   spar-TEE-reh   verb   to divide, to
                                                    separate
io sparto   noi spartiamo
tu sparti   voi spartite
Lei sparte   Loro spartono
I ragazzi spartono i dolci.
The children divide the sweets.

---

spaventevole   adjective   frightening
spa-vehn-TEH-voh-leh

I tuoni sono spaventevoli.
Thunder is frightening.

---

lo spazio   SPA-tzyo   noun (masc.)   space
Gli astronauti viaggiano nello spazio.
Astronauts travel in space.

---

lo spazzino   spa-TZEE-no   noun (masc.)   street cleaner
Lo spazzino porta una scopa.
The street cleaner carries a broom.

---

la spazzola   SPA-tzoh-la   noun (fem.)   brush

  la spazzola per capelli   noun (fem.)   hairbrush

  la spazzola da denti   noun (fem.)   toothbrush
La spazzola per capelli è più grande della
    spazzola da denti.
The hairbrush is larger than the toothbrush.

---

spazzolarsi   spa-tzo-LAR-see   verb   to brush oneself off
io mi spazzolo   noi ci spazzoliamo

tu ti spazzoli	voi vi spazzolate
Lei si spazzola	Loro si spazzolano

Lui si spazzola il vestito ogni giorno.
He brushes off his suit every day.

---

lo spazzolino   noun (masc.)   toothbrush
     spa-tzo-LEE-no

Lo spazzolino è bianco.
The toothbrush is white.

---

lo specchio   SPEH-kyo   noun (masc.)   mirror

Hai uno specchio?
Do you have a mirror?

---

specialmente   adverb   especially
     speh-chal-MEHN-te

Mi piace guardare la televisione, specialmente il
    sabato mattina.
I like to watch television, especially Saturday
    morning.

---

la specie   SPEH-che   noun (fem.)   kind

Che specie di carne è questa?
What kind of meat is this?

---

spegnere   SPEH-neh-re   verb   to turn off

io spengo	noi spegniamo
tu spegni	voi spegnete
Lei spegne	Loro spengono

Io spengo la luce.
I turn off the light.

---

spendere   SPEHN-deh-reh   verb   to spend (money)
    io spendo   noi spendiamo
    tu spendi   voi spendete
    Lei spende   Loro spendono
    Spendiamo troppo per il divertimento.
    We spend too much for entertainment.

---

sperare   speh-RA-reh   verb   to hope
    io spero   noi speriamo
    tu speri   voi sperate
    Lei spera   Loro sperano
    Io spero di ricevere un buon voto nella storia.
    I hope to receive a good grade in History.

---

spesso   SPEH-so   adverb   often
    Vado spesso in autobus.
    I often take the bus.

---

la spiaggia   spee-A-ja   noun (fem.)   beach
    Andiamo alla spiaggia in estate.
    We go to the beach in summer.

---

spiegare   spye-GA-reh   verb   to explain
    io spiego   noi spieghiamo
    tu spieghi   voi spiegate
    Lei spiega   Loro spiegano
    Giovanna, mi puoi spiegare questa frase?
    Joan, can you explain this sentence to me?

---

lo spillo   SPEE-lo   noun (masc.)   pin
    Il sarto usa molti spilli.
    The tailor uses many pins.

---

gli spinaci   noun (masc.), pl.   spinach
    spee-NA-chee

Gli spinaci sono verdi.
Spinach is green.

---

spingere   SPEEN-jeh-reh   verb   to push
                io spingo   noi spingiamo
                tu spingi   voi spingete
                Lei spinge   Loro spingono
                Lui mi spinge!
                He is pushing me!

---

sporco   SPOR-ko   adjective   dirty
              Le scarpe sono sporche.
              The shoes are dirty.

---

lo sport   SPORT   noun (masc.)   sport
                Qual'è il tuo sport preferito?
                What is your favorite sport?

---

sposare   spo-ZA-reh   verb   to marry
               io sposo   noi sposiamo
               tu sposi   voi sposate
               Lei sposa   Loro sposano
               Il principe sposa la principessa.
               The prince marries the princess.

---

la sprematura d'arancia   noun (fem.)   orange juice
    spreh-ma-TU-ra-da-RAN-cha

               Io bevo la sprematura d'arancia ogni mattina.
               I drink orange juice every morning.

---

lo spuntino   spun-TEE-no   noun (fem.)   snack
                   Ciao, mamma! Avete uno spuntino per noi?
                   Hello, Mother! Do you have a snack for us?

---

la squadra   SKWA-dra   noun (fem.)   team
                  Siamo tutti membri della stessa squadra.
                  We are all members of the same team.

---

squisito   skwee-ZEE-to   adjective   exquisite,
                                                 delicious

La torta è squisita.
The cake is delicious.

---

stanco   STAN-ko   adjective   tired
Dopo due ore di lavoro nel giardino sono stanco.
After two hours of work in the garden I am tired.

---

la stanza   STAN-za   noun (fem.)   room
Ci sono due stanze nel nostro appartamento.
There are two rooms in our apartment.

---

stare   STA-reh   verb   to stay, to be
io sto   noi stiamo
tu stai   voi state
Lei sta   Loro stanno
Mi dicono sempre, "Stai zitto."
They always tell me, "Be quiet."
Io vorrei stare alla casa della nonna.
I would like to stay at my grandmother's house.

---

stare in piedi   idiom   standing (to be)
STA-reh-een-PYEH-dee
Nella classe la maestra sta in piedi.
The teacher stands in the classroom.

---

lo stato   STA-to   noun (masc.)   state
Da quale stato viene Lei?
Which state do you come from?

---

la stazione   noun (fem.)   station
sta-ZEEOH-neh
Quante stazioni ci sono?
How many stations are there?

---

la stella   STEH-la   noun (fem.)   star
Quante stelle ci sono nel cielo?
How many stars are there in the sky?

---

stesso   STEH-so   adjective   same
La mia amica ed io portiamo lo stesso vestito.
My friend and I are wearing the same dress.

---

stirare   stee-RA-reh   verb   to iron, to press
io stiro   noi stiriamo
tu stiri   voi stirate
Lei stira   Loro stirano
Mia madre stira la camicia del babbo con un
   ferro.
My mother presses my father's shirt with an iron.

---

lo stivale   stee-VA-leh   noun (masc.)   boot
Quando nevica, mi metto gli stivali.
When it snows, I put my boots on.

---

stolto   STOL-to   adjective   foolish, stupid
Il ragazzo è stolto.
The boy is foolish.

---

la storia   STOH-reea   noun (fem.)   history, story
Ti piace studiare la storia?
Do you like to study history?

---

la strada   STRA-da   noun (fem.)   road, street
Come si chiama questa strada?
What is the name of this road?

---

lo straniero   noun (masc.)   stranger
stra-NYEH-ro

La mamma dice, "Non parlare agli stranieri."
Mother says, "Do not speak to strangers."

---

strano   STRA-no   adjective   odd, strange
Ecco un animale strano.
Here is a strange animal.

---

straordinario   adjective   extraordinary,
stra-or-dee-NA-reeo   great
Noi faremo un viaggio straordinario in un razzo.
We will take an extraordinary trip in a rocket.

---

stretto   STREH-to   adjective   narrow
La strada è stretta.
The road is narrow.

---

lo studente   stu-DEHN-te   noun (masc.) student
Mio cugino è studente all'università.
My cousin is a student at the university.

la studentessa   noun (fem.)   student
stu-dehn-TEH-sa
La studentessa è molto intelligente.
The student is very smart.

---

studiare   stu-DEEA-reh   verb   to study
io studio   noi studiamo
tu studi   voi studiate
Lei studia   Loro studiano
Devo studiare stasera.
I must study tonight.

---

la stufa   STU-fa   noun (fem.)   stove
La mamma cucina su una stufa nuova.
Mother cooks on a new stove.

---

stupido   STU-pee-do   adjective   stupid, foolish
L'elefante è stupido o intelligente?
Is the elephant stupid or intelligent?

169

---

stuzzicare stu-tzee-KA-reh   verb   to tease
           io stuzzico   noi stuzzichiamo
           tu stuzzichi   voi stuzzicate
           Lei stuzzica   Loro stuzzicano
           I ragazzi si stuzzicano.
           The boys tease one another.

---

su   SU   preposition   on
           La riga è sulla scrivania.
           The ruler is on the desk.

---

subito   SU-bee-to   adverb   immediately,
                                              quickly
           Vieni qua, subito.
           Come here, quickly.

---

succede   su-CHEH-deh   idiom   happens
           Che succede?
           What is happening?

---

il sud   SUD   noun (masc.)   south
           Napoli è nel sud dell'Italia.
           Naples is in the south of Italy.

---

il sugo   SU-go   noun (masc.)   juice, sauce

   sugo di mela   apple juice

   sprematura d'arancia   orange juice
           Mi piace la sprematura d'arancia.
           I like orange juice.
           Il sugo è rosso.
           The juice is red.

---

suo, Suo   adjective (masc.), sing.   his, your
       SU-o
   suoi, Suoi   adjective (masc.), pl.   his, your
       SUO-ee
sua, Sua   adjective (fem.), sing.   her, your
       SU-a

sue, Sue   adjective (fem.), pl.   her, your
    SU-eh

        Dov'è il Suo registratore?
        Where is your tape recorder?
        I Suoi libri sono qui.
        Your books are here.
        La Sua casa è nuova.
        Your house is new.
        Le sue scarpe sono belle.
        Her shoes are pretty.

---

suonare   su-o-NA-reh   verb   to play (an
                                      instrument)

    io suono   noi suoniamo
    tu suoni   voi suonate
    Lei suona   Loro suonano

    Il mio amico suona il pianoforte.
    My friend plays the piano.

suonare   verb   to ring

    Il telefono suona.
    The telephone rings.

---

il supermercato   noun (masc.)   supermarket
    su-pehr-mehr-KA-to
        Il supermercato è un gran mercato.
        The supermarket is a large market.

---

la sveglia   SVEH-lya   noun (fem.)   clock
La sveglia suona troppo forte.
The clock rings too loudly.

---

svegliarsi   sveh-LYAR-see   verb   to wake up
io mi sveglio   noi ci svegliamo
tu ti svegli   voi vi svegliate
Lei si sveglia   Loro si svegliano
Noi ci svegliamo presto.
We wake up early.

---

svelto   SVEHL-to   adverb   quickly, fast
Mio fratello cammina troppo svelto.
My brother walks too fast.

T

il tacchino   ta-KEE-no   noun (masc.)   turkey
Ti piace mangiare il tacchino?
Do you like to eat turkey?

---

tagliare   ta-LYA-reh   verb   to cut
io taglio   noi tagliamo
tu tagli   voi tagliate
Lei taglia   Loro tagliano
Il babbo taglia il pane con un coltello.
Father cuts the bread with a knife.

---

il tamburo   tam-BU-ro   noun (masc.)   drum
Faccio chiasso quando suono il tamburo.
I make noise when I play the drum.

---

tanto   TAN-to   adverb   so much
Tanto lavoro!
So much work!

---

tanti   TAN-tee   adjective   so many
Tanti libri!
So many books!

---

il tappetto   ta-PEH-to   noun (masc.)   rug
Il tappetto è sul pavimento.
The rug is on the floor.

---

tardi   TAR-dee   adjective   late
Lui è arrivato tardi.
He arrived late.

essere in ritardo   (personal)   to be late
Sono in ritardo. Devo affrettarmi.
I am late. I must hurry.

essere tardi   (impersonal)   to be late
È tardi. Affrettiamoci.
It is late. Let's hurry.

---

la tartaruga   noun (fem.)   tortoise, turtle
tar-ta-RU-ga
La tartaruga cammina lentamente.
The turtle walks slowly.

---

la tasca   TAS-ka   noun (fem.)   pocket
Ho della moneta in tasca.
I have some money in my pocket.

---

il tassì   ta-SEE   noun (masc.)   taxi
Mìo fratello porta un tassì.
My brother drives a taxi.

---

la tavola   TA-vo-la   noun (fem.)   table
Il piatto è sulla tavola.
The dish is on the table.

---

la tazza   TA-tza   noun (fem.)   cup
Io metto la tazza sul piattino.
I put the cup on the saucer.

---

il tazzone   ta-TZOH-neh   noun (masc.)   bowl
Il tazzone è giallo.
The bowl is yellow.

---

il tè   TAY   noun (masc.)   tea
Lei vuole il tè o il caffè?
Would you like tea or coffee?

---

il teatro   teh-A-tro   noun (masc.)   theatre
Il teatro è grande.
The theatre is large.

---

il telefono   noun (masc.)   telephone
teh-LEH-fo-no
Mi piace parlare al telefono.
I like to talk on the telephone.

---

la televisione   noun (fem.)   television
teh-leh-vee-ZEEO-neh
Mio fratello e io guardiamo la televisione.
My brother and I watch television.

l'antenna   an-TE-na   noun (fem.)   TV antenna
Le antenne delle televisioni sono sul tetto dell'
   edificio.
The TV antennas are on the roof of the building.

---

il televisore   noun (masc.)   TV set
teh-leh-vee-SOH-reh
Il televisore non funziona.
The TV set does not work.

---

il temperino   noun (masc.)   pocketknife
      tem-peh-REE-no
            Hai un temperino?
            Do you have a pocketknife?

---

la tempesta   tehm-PEHS-ta   noun (fem.)   storm
            Non ci sono classi a causa della tempesta.
            There are no classes because of the storm.

---

il tempo   TEHM-po   noun (masc.)   weather
            Che tempo fa? Il sole splende.
            What is the weather? The sun is shining.

---

la tenda   TEHN-da   noun (fem.)   tent
            Quando vado in campeggio, io dormo in una
                  tenda.
            When I go camping, I sleep in a tent.

---

la tendina   tehn-DEE-na   noun (fem.)   curtain
            Le tendine nella mia camera sono troppo lunghe.
            The curtains in my room are too long.

---

tenero   TEH-neh-ro   adjective   soft, tender
            La carne è tenera.
            The meat is tender.

---

la terra   TEH-ra   noun (fem.)   earth, dirt, soil
            Quando l'astronauta è sulla luna, lui vede la
                  terra.
            When the astronaut is on the moon, he sees the
                  earth.

---

terribile   teh-REE-bee-leh   adjective   dreadful, terrible
            Ho un cattivo voto. Terribile!
            I have a bad grade. Dreadful!

---

la testa   TEH-sta   noun (fem.)   head
            Il soldato gira la testa.
            The soldier turns his head.

---

il tetto TEH-to noun (masc.) roof
Io guardo la città dal tetto della casa.
I look at the city from the roof of the house.

---

ti TEE pronoun you
Ti do un po' di latte.
I give you a little milk.

---

la tigre TEE-greh noun (fem.) tiger
La tigre è svelta.
The tiger is swift.

---

il tipo TEE-po noun (masc.) type, kind
Mi piace questo tipo di macchina.
I like this type of car.

---

tirare tee-RA-reh verb to pull
io tiro   noi tiriamo
tu tiri   voi tirate
Lei tira   Loro tirano
Lei tira un sacco di patate.
You pull a sack of potatoes.

---

toccare to-KA-reh verb to touch
io tocco   noi tocchiamo
tu tocchi   voi toccate
Lei tocca   Loro toccano
"Vietato Toccare le Pitture."
"Do Not Touch the Paintings."

---

togliersi   to-LYER-see   verb   to remove
io mi tolgo   noi ci togliamo
tu ti togli   voi vi togliete
Lei si toglie   Loro si tolgono
Lui si toglie il cappello in casa.
He removes his hat in the house.

---

tondo   TON-do   adjective   round
Il piatto è tondo.
The plate is round.

---

il topo   TOH-po   noun (masc.)   mouse
Ci sono dei topi in questo campo.
There are mice in this field.

---

la torre   TOH-reh   noun (fem.)   tower
La Torre Pendente di Pisa è bella.
The Leaning Tower of Pisa is beautiful.

---

la torta   TOR-ta   noun (fem.)   cake, pie
Ti piace la torta di mele?
Do you like apple pie?

---

torto   TOR-to   adjective   wrong

  avere torto   idiom   to be wrong
Voi dite che fa bel tempo? Avete torto, piove.
You say it's nice weather? You're wrong, it's
raining.

---

tossire   to-SEE-reh   verb   to cough

io tossisco   noi tossiamo
tu tossisci   voi tossite
Lei tossisce   Loro tossiscono
Il ragazzo tossisce. Ha un raffreddore.
The boy is coughing. He has a cold.

---

la tovaglia   to-VA-lya   noun (fem.)   tablecloth
Mia zia mette la tovaglia sulla tavola.
My aunt puts the tablecloth on the table.

---

il tovagliolo   noun (masc.)   napkin
to-va-LYO-lo
Ci sono quattro tovaglioli sul tavolo.
There are four napkins on the table.

---

il traffico   TRA-fee-ko   noun (masc.)   traffic
Il traffico si ferma per il segnale rosso.
Traffic stops for the red light.

---

tramontare   tra-mon-TA-reh   verb   to set (sun)
io tramonto   noi tramontiamo
tu tramonti   voi tramontate
Lei tramonta   Loro tramontano
Il sole tramonta presto d'inverno.
The sun sets early in winter.

---

tranquillo   tran-KWEE-lo   adjective   tranquil, quiet,
                                                calm
Mi piace andare a pescare quando l'acqua è
   tranquilla.
I like to go fishing when the water is calm.

---

il transatlantico   noun (masc.)   ocean liner
tran-zat-LAN-tee-ko
Il transatlantico non funziona più.
The ocean liner does not run anymore.

---

tra poco   tra-PO-ko   adverb   soon
Il postino arriverà tra poco.

The mailman will arrive soon.

---

trascinare tras-chee-NA-reh   verb   to drag
io trascino   noi trasciniamo
tu trascini   voi trascinate
Lei trascina   Loro trascinano
Lui trascina un sacco di patate.
He drags a sack of potatoes.

---

tre TREH   adjective   three
Ci sono tre bicchieri sulla tavola.
There are three glasses on the table.

---

tredici TREH-dee-chee   adjective   thirteen
Ci sono tredici scalini nella scala.
There are thirteen steps in the stairs.

---

il treno TREH-no   noun (masc.)   train
Giochiamo con il mio treno elettrico.
Let's play with my electric train.

---

trenta TREHN-ta   adjective   thirty
Quali mesi hanno trenta giorni?
Which months have thirty days?

---

triste TREE-steh   adjective   sad
Perchè sei triste?
Why are you sad?

---

troppo TROH-po   adverb   too much, too
many
La ragazza dice, "Questo è troppo per me."
The girl says, "This is too much for me."

---

trovare tro-VA-reh   verb   to find
io trovo   noi troviamo
tu trovi   voi trovate
Lei trova   Loro trovano
Dov'è l'altro guanto? Non lo posso trovare.
Where is the other glove? I cannot find it.

---

tuo   TU-oh   adjective (masc.), sing.   your

     tuoi   TUO-ee   adjective (masc.), pl.   your

tua   TU-ah   adjective (fem.), sing.   your

     tue   TU-eh   adjective (fem.), pl.   your

                Tuo cugino è arrivato.
                Your cousin has arrived.
                Tua cugina è alta.
                Your cousin is tall.
                I tuoi cugini sono pronti.
                Your cousins are ready.
                Le tue cugine sono belle.
                Your cousins are pretty.

---

il tuono   TUOH-no   noun (masc.)   thunder
                Dopo il fulmine si sente il tuono.
                After the lightning, we hear the thunder.

---

tutti   TU-tee   pronoun   everybody
                Tutti sono arrivati.
                Everybody has arrived.

tutto   TU-to   pronoun   everything
                Tutto è pronto.
                Everything is ready.

U

ubbidire   u-bee-DEE-reh   verb   to obey
                io ubbidisco   noi ubbidiamo
                tu ubbidisci   voi ubbidite
                Lei ubbidisce   Loro ubbidiscono
                Quando sono beneducato, ubbidisco ai miei
                    genitori.
                When I am well-behaved, I obey my parents.

---

l'uccello   u-CHEH-lo   noun (masc.)   bird
                L'uccello canta molto bello.
                The bird sings very beautifully.

uccidere	u-CHEE-deh-reh	verb	to kill

io uccido   noi uccidiamo
tu uccidi   voi uccidete
Lei uccide   Loro uccidono
La mamma uccide la mosca.
Mother kills the fly.

---

l'ufficio	u-FEE-cho	noun (masc.)	office

Ecco l'ufficio di una grande ditta.
Here is the office of a large company.

---

l'ufficio postale	noun (masc.)	post office

Tu vai all'ufficio postale per spedire un pacco.
You go to the post office to mail a package.

---

uguale	u-GWA-leh	adjective	equal

Queste due cose sono uguali.
These two things are equal.

---

ultimo	UL-tee-mo	adjective	last

Paolo è l'ultimo a sedersi al tavolo.
Paul is the last one to sit down at the table.

---

umido	U-mee-do	adjective	humid, damp

Il mio costume da bagno è umido.
My bathing suit is damp.

---

un	UN	indefinite article	(masc.)	a, an
un'	UN	indefinite article		a, an

uno	U-no	indefinite article		a, an

una	U-na	indefinite article	(fem.)	a, an

Un gatto è nell'albero.
A cat is in the tree.
Io porto una cravatta.
I am wearing a tie.

---

uno	U-no	adjective	(masc.)	

una	U-na	adjective	(fem.)	one

C'è soltanto una scimmia sull'albero.
There is only one monkey in the tree..

---

un'altra volta adverb once again
u-NAL-tra-VOHL-ta

Vado al cinema un'altra volta.
I go to the movies once again.

---

undici UN-dee-chee adjective eleven
Il contadino ha undici galline.
The farmer has eleven chickens.

---

l'unghia UN-gya noun (fem.) nail (finger)
Le mie unghie sono sporche.
My fingernails are dirty.

---

unito u-NEE-to adjective united
Queste due nazioni sono unite.
These two countries are united.

Le Nazioni Unite noun (fem.), pl. United Nations
na-ZEEOH-nee-u-NEE-teh

Il palazzo delle Nazioni Unite è a New York.
The United Nations building is in New York.

Gli Stati Uniti noun (masc.), pl. United States
STA-tee-u-NEE-tee

Io sono cittadino degli Stati Uniti.
I am a citizen of the United States.

---

l'università   noun (fem.)   university
    u-nee-vehr-see-TA
              Quest' università è grande.
              This university is large.

---

l'uomo   UO-mo   noun (masc.), sing.   man

  gli uomini   noun (masc.), pl.   men
      UO-mee-nee
              L'uomo viene ad aggiustare il televisore.
              The man comes to fix the TV set.

---

l'uovo   UO-vo   noun (masc.), sing.   egg
              L'uovo è bianco.
              The egg is white.

  le uova   UO-va   noun (fem.), pl.   eggs
              Le uova sono rotte.
              The eggs are broken.

---

usare   u-SA-reh   verb   to use
              io uso   noi usiamo
              tu usi   voi usate
              Lei usa   Loro usano
              Io uso questo libro ogni giorno.
              I use this book every day.

---

utile   U-tee-leh   adjective   useful
              Alcuni insetti sono utili.
              Some insects are useful.

---

l'uva   U-va   noun (fem.)   grapes

Abbiamo l'uva.
We have grapes.

V

va bene   va-BEH-neh   idiom   all right
Vuoi giocare con me? Va bene.
Do you want to play with me? All right.

---

le vacanze   va-KAN-zeh   noun (fem.), pl.   vacation

vacanze estive   noun (fem.), pl.   summer vacation
Dove vai durante le vacanze estive?
Where do you go during summer vacation?

---

la vacca   VA-ka   noun (fem.)   cow
La vacca è nel campo.
The cow is in the field.

---

vaccinare   va-chee-NA-reh   verb   to vaccinate
io vaccino   noi vacciniamo
tu vaccini   voi vaccinate
Lei vaccina   Loro vaccinano
Io ho paura quando il dottore mi vaccina.
I am afraid when the doctor vaccinates me.

---

il vagone   va-GOH-neh   noun (masc.)   wagon, car (train)
Questo treno ha cinque vagoni.
This train has five cars.

---

la valigia   va-LEE-ja   noun (fem.)   suitcase
Io metto i panni nella valigia.
I put my clothes in the suitcase.

---

la valle   VA-leh   noun (fem.)   valley
Ci sono molti fiori nella valle.
There are many flowers in the valley.

---

vaniglia   va-NEE-lya   adjective   vanilla
Mi piace il gelato vaniglia.

I like vanilla ice cream.

---

vecchio   VEH-kyo   adjective   old
         Il libro è vecchio e la penna anche è vecchia.
         The book is old and the pen, too, is old.

---

vedere   veh-DEH-reh   verb   to see
         io vedo   noi vediamo
         tu vedi   voi vedete
         Lei vede   Loro vedono
         Io vedo l'aeroplano nel cielo.
         I see the plane in the sky.

---

veloce   veh-LOH-cheh   adjective   fast
         Il cane è veloce quando corre appresso a un
            gatto.
         The dog is fast when it runs after a cat.

---

vendere   VEHN-deh-reh   verb   to sell
         io vendo   noi vendiamo
         tu vendi   voi vendete
         Lei vende   Loro vendono
         Vendono medicine in questo negozio.
         They sell medicine in this store.

---

venerdì   veh-nehr-DEE   noun (masc.)   Friday
         Cosa mangiamo il venerdì? Il pesce!
         What do we eat on Friday? Fish!

---

venire   veh-NEE-reh   verb   to come
         io vengo   noi veniamo
         tu vieni   voi venite
         Lei viene   Loro vengono
         Mio padre viene dal lavoro alle sei.
         My father comes home from work at 6 o'clock.

---

venti   VEHN-tee   noun   twenty
         Dieci più dieci fanno venti.
         Ten and ten are twenty.

---

il ventilatore   noun (masc.)   fan
vehn-tee-la-TOH-reh
Quando fa caldo usiamo il ventilatore.
When it is warm we use the fan.

---

il vento   VEHN-to   noun (masc.)   wind
Tira vento e io perdo il cappello.
The wind is blowing and I lose my hat.

---

verde   VEHR-deh   adjective   green
Quando la banana non è matura, è verde.
When the banana is not ripe, it is green.

---

la verdura   vehr-DU-ra   noun (fem.)   vegetables
La verdura è squisita con la carne.
Vegetables are delicious with meat.

---

il verme   VEHR-meh   noun (masc.)   worm
C'è un verme nella mela.
There is a worm in the apple.

---

verniciare   vehr-nee-CHA-reh   verb   to paint (walls of a
                                                      home)

io vernicio   noi verniciamo
tu vernici   voi verniciate
Lei vernicia   Loro verniciano

Mio padre vernicia la cucina.
My father paints the kitchen.

---

vero   VEH-ro   adjective   true
È una storia vera.
It's a true story.

---

versare   vehr-SA-reh   verb   to pour
io verso   noi versiamo
tu versi   voi versate
Lei versa   Loro versano
Margherita versa il caffè in una tazza.
Marguerite pours coffee in a cup.

---

verso   VEHR-so   preposition   toward
Noi andiamo verso l'albergo.
We go toward the hotel.

---

vestirsi   vehs-TEER-see   verb   to dress
io mi vesto   noi ci vestiamo
tu ti vesti   voi vi vestite
Lei si veste   Loro si vestono
Io mi alzo, io mi vesto, io vado a scuola.
I get up, I dress, I go to school.

---

il vestito   vehs-TEE-to   noun (masc.)   dress
Il vestito della mia bambola è sporco.
My doll's dress is dirty.

---

la vetrina   veh-TREE-na   noun (fem.)   store window
Andiamo a vedere le cose nella vetrina.
Let's go and look at the things in the store
   window.

---

il vetro   VEH-tro   noun (masc.)   glass
Il vetro è rotto.
The glass is broken.

---

la via   VEE-a   noun (fem.)   street, road, way
La Via Appia Nuova è a Roma.
The New Appian Way is in Rome.

---

via aerea   idiom   airmail
     VEE-a-AEH-reea
        La lettera fu spedita via aerea.
        The letter was sent by airmail.

---

viaggiare   veea-JA-reh   verb   to travel
        io viaggio   noi viaggiamo
        tu viaggi   voi viaggiate
        Lei viaggia   Loro viaggiano
        Tu viaggi in automobile o in apparecchio?
        Do you travel by car or by plane?

---

il viaggiatore   noun (masc.)   traveler
     veea-ja-TOH-reh
        Il viaggiatore è stanco.
        The traveler is tired.

---

il viaggio   VEEA-jo   noun (masc.)   trip
        Noi facciamo un viaggio al castello.
        We take a trip to the castle.

---

   il giro   noun (masc.)   trip
        Io vorrei fare un giro del mondo.
        I would like to take a trip around the world.

---

il viale   VEEA-leh   noun (masc.)   boulevard
        A Firenze, si va a passeggio a Viale
           Michelangelo.
        In Florence, one goes strolling on Michelangelo
           Boulevard.

---

il vicino   vee-CHEE-no   noun (masc.)   neighbor
        Il mio vicino Bernardo abita vicino a me.
        My neighbor Bernard lives near me.

---

vicino a   adjective   near
     vee-CHEE-no-a
        Milano non è vicino al mare.
        Milan is not near the sea.

è vietato   idiom   it is forbidden
    EH-vyeh-TA-to
        È vietato passare qui.
        It is forbidden to pass here.

Vietato Entrare   idiom   no admittance
    vyeh-TA-to-ehn-TRA-reh
        "Vietato Entrare." Non possiamo entrare.
        "No Admittance." We cannot enter.

Vietato Fumare   idiom   no smoking
    vyeh-TA-to-fu-MA-reh
        Vietato fumare a scuola.
        No smoking in school.

---

il vigile del fuoco   noun (masc.)   fireman
    VEE-jee-leh-dehl-FUO-ko
        I vigili del fuoco sono arrivati.
        The firemen have arrived.

---

il villaggio   vee-LA-jo   noun (masc.)   village
        Mio cugino abita in un villaggio in campagna.
        My cousin lives in a village in the country.

---

vincere   VEEN-cheh-reh   verb   to win
        io vinco   noi vinciamo
        tu vinci   voi vincete
        Lei vince   Loro vincono
        La nostra squadra vince.
        Our team wins.

---

il vino   VEE-no   noun (masc.)   wine
        Il cameriere porta il vino.
        The waiter brings the wine.

---

la violetta   noun (fem.)   violet
    vee-o-LEH-ta
        La violetta è un bel fiore.

The violet is a pretty flower.

---

il violino   noun (masc.)   violin
            vee-o-LEE-no
                    Il musicista suona il violino.
                    The musician plays the violin.

---

visitare   vee-zee-TA-reh   verb   to visit
                    io visito   noi visitiamo
                    tu visiti   voi visitate
                    Lei visita   Loro visitano
                    I miei genitori visitano la mia scuola.
                    My parents visit my school.

---

la vita   VEE-ta   noun (fem.)   waist
                    Lei ha una bella cinta alla vita.
                    You have a nice belt around your waist.

---

la vita   VEE-ta   noun (fem.)   life
                    La vita è bella.
                    Life is beautiful.

---

vivere   VEE-veh-reh   verb   to live
                    io vivo   noi viviamo
                    tu vivi   voi vivete
                    Lei vive   Loro vivono
                    Viviamo bene in America.
                    We live well in America.

---

il vocabolario   noun (masc.)   dictionary,
                                                        vocabulary
            vo-ka-bo-LA-reeo
                    Questo vocabolario è nuovo.
                    This dictionary is new.

---

la voce   VO-cheh   noun (fem.)   voice
                    La voce di mia zia è dolce.
                    My aunt's voice is sweet.

ad alta voce   idiom   aloud, in a loud voice

Il ragazzo legge ad alta voce.
The boy reads aloud.

a bassa voce   idiom   softly, in a low voice

Il giudice parla a bassa voce.
The judge speaks softly.

---

volare   vo-LA-reh   verb   to fly

io volo	noi voliamo
tu voli	voi volate
Lei vola	Loro volano

Il pilota vola nell'apparecchio.
The pilot flies in the plane.

---

volere   vo-LEH-reh   verb   to want

io voglio	noi vogliamo
tu vuoi	voi volete
Lei vuole	Loro vogliono

Il bambino piange perchè vuole il suo giocattolo.
The child cries because it wants its toy.

---

volere dire   verb   to mean
vo-LEH-reh-DEE-reh

Che vuol dire questa parola?
What does this word mean?

---

la volpe   VOHL-peh   noun (masc.)   fox

La volpe corre velocemente.
The fox runs quickly.

---

la volta   VOHL-ta   noun (fem.)   time
Bussano alla porta tre volte.
They knock on the door three times.

---

vorrei   vo-REH-ee   verb   I would like
Io vorrei fare una passeggiata.
I would like to take a stroll.

vorrebbe   vo-REH-beh   verb   he, she, you would
                                                              like

Vorrebbe Lei venire con me?
Would you like to come with me?

vorrebbero   vo-REH-beh-ro   verb   they would like
Vorrebbero Loro provare questo?
Would they like to try this?

---

il voto   VO-to   noun (masc.)   mark (in school)
Tu hai buoni voti?
Do you have good grades?

---

il vulcano   vul-KA-no   noun (masc.)   volcano
L'Italia ha vari vulcani.
Italy has several volcanoes.

---

vuoto   VUO-to   adjective   empty
Il cassetto è vuoto.
The drawer is empty.

Z

la zampa   ZAM-pa   noun (fem.)   paw
Il cane ha quattro zampe.
The dog has four paws.

---

la zanzara   zan-ZA-ra   noun (fem.)   mosquito
La zanzara mi ha punto.
The mosquito has bitten me.

---

la zebra   ZEH-bra   noun (fem.)   zebra
La zebra è una bell'animale.
The zebra is a beautiful animal.

---

lo zero   ZEH-ro   noun (masc.)   zero
C'è uno zero nel numero dieci.
There is a zero in the number ten.

---

la zia   ZEE-a   noun (fem.)   aunt
Mia zia è commessa.
My aunt is a saleslady.

---

lo zio   ZEE-o   noun (masc.)   uncle
Mio zio è il fratello di mia madre.
My uncle is my mother's brother.

---

lo zoo   ZOH   noun (masc.)   zoo
Ai ragazzi piace lo zoo.
Children like the zoo.
  il giardino zoologico   zoo   noun (masc.)
Mi piace guardare le tigri al giardino zoologico.
I like to look at the tigers at the zoo.

---

la zucca   ZU-ka   noun (fem.)   pumpkin
Questa è una grande zucca.
This is a large pumpkin.

---

lo zucchero   ZU-keh-ro   noun (masc.)   sugar
La mamma serve lo zucchero con il tè.
Mother serves sugar with the tea.

ITALIAN
BILINGUAL
DICTIONARY

A BEGINNER'S GUIDE IN WORDS AND PICTURES

English-Italian
(Inglese-Italiano)

Fish

Pesce

CHIAVE ALLA PRONUNCIA INGLESE
(per quelli che parlano italiano)

NOTE
1. Ci sono alcuni suoni in inglese che non esistono in italiano.
2. Generalmente, i vocali in inglese son molto brevi.
3. Quando si indica che un suono inglese suona un po' come un suono italiano, è una approssimazione . . . non è esatto.

VOCALI

L'ortografia inglese	Esempio in inglese	Simbolo fonemico	Suona un po' come la parola italiana
a e u	but	ø	
a	cat	a	
a o	cot	a	anche
a ay	play	ei	bei
a ah	father	ah	casa
ai	air	ehr	
e	get	e	gente
ee ea	feet	i	
i	hit	i	di
i uy	buy	ai	dai
o oa ow oo	boat	oh	bocca
u ou	boot	u	duro
oy	boy	oi	poi
au, ough, o, augh	order	aw	buono
ur	curtain	ur	
ow, ou, ough	how	ow	causa
u, oo	book	auh	

CONSONANTI

L'ortografia inglese	Simbolo fonemico	Suona un po' la parola italiana
b	b	burro
k	c	casa
ch	ch, tch	ciao
d	d	dente
f	f	freddo
g	g	gallo
h	h, wh	—
dj	j, dge	gelo
k	k	casa
l	l	lavoro
m	m	madre
n	n	nota
ng	ng	—
p	p	padre
kw	qu	—
r	r	ricco
s	s	scala
sh	sh, tion	scienza
t	t	tre
v	v	valle
w	w	—
wh, h	wh	—
ks, gs	x	—
y	y	aiutare
z	z, s	rosa
th	th	
th	th (voiced)	

A

a	Æ	articolo	un (masc.)

A cat is in the tree.
Un gatto è nell'albero.

articolo   una (fem.)
I am wearing a tie.
Io porto una cravatta.

---

above all ø-bøv-AWL   avverbio   soprattutto
I like to read above all.
Mi piace leggere soprattutto.

---

absent AB-sønt   aggettivo   assente
George is absent today.
Giorgio è assente oggi.

---

according to   preposizione   secondo
ø-KAWR-ding tu
According to my brother, it is going to snow
tomorrow.
Secondo mio fratello, nevicherà domani.

---

actor AK-ter   nome   l'attore (masc.)
The actor is handsome.
L'attore è bello.

actress   l'attrice (fem.)

The actress is beautiful
L'attrice è bella.

---

addition ø-DI-shøn   nome   l'addizione
Addition is easy.
L'addizione è facile.

---

address ø-DRES   nome   l'indirizzo
What is your address?
Qual'è il vostro indirizzo?

---

adventure   ad-VEN-chør   nome   l'avventura
I like to read the adventures of Don Juan.
Mi piace leggere le avventure di Don Giovanni.

---

aerial EHR-i-øl   nome   l'antenna della
                                            televisione
Television aerials are on the roof of the building.
Le antenne della televisione sono sul tetto dell'
    edificio.

---

to be afraid of   expressione   avere paura di
   ø-freid   idiomatica
Are you afraid of the lion?
Ha paura del leone?

---

after AF-tør   avverbio   dopo
September is the month after August.
Settembre è il mese dopo agosto.

---

afternoon AF-tør-NUN   nome   il pomeriggio

It is 2:00 o'clock in the afternoon.
Sono le due del pomeriggio.

---

again ø-GEN   avverbio   ancora
Read the letter once again.
Leggi la lettera ancora una volta.

---

against ø-GENST   preposizione   contra, contro
Henry puts the mirror against the wall.

Enrico mette lo specchio contra il muro.

---

age   EIDJ   nome   età

How old are you? I am eight years old.
Quanti anni ha Lei? Io ho otto anni.
He is big for his age.
È grande per la sua età.

Don't you agree?   expressione   non è vero?
  dohnt-yu-e-GRI   idiomatica

She is pretty, don't you agree?
Lei è bella, non è vero?

    agreed   e-grid   interj.   d'accordo

We shall go together, agreed?
Andiamo insieme, d'accordo?

---

aid   EID   verbo   aiutare

John helps his sister carry the books.
Giovanni aiuta la sorella a portare i libri.

---

air   EHR   nome   l'aria

The air is clean today.
L'aria è pulita oggi.

---

airplane   EHR-PLEIN   nome   l'apparecchio,
                                       l'aeroplano

The airplane is new.
L'apparecchio è nuovo.

   airplane pilot   nome   il pilota
      PAI-løt

My cousin is an airplane pilot.
Mio cugino è pilota.

   airport   EHR-pawrt   nome   l'aeroporto
There are so many airplanes at the airport!
Ci sono tanti apparecchi all'aeroporto!

   by airplane   in apparecchio

I go to Italy by airplane.
Io vado in Italia in apparecchio.

---

alarm clock   nome   la sveglia
ø-LAHRM KLAK
The alarm clock rings too loudly.
La sveglia suona troppo forte.

Alas! What a pity!   expressione   Che peccato!
A-LAS WAT ei PI-ti   idiomatica

---

alike ø-LAIK   aggettivo   simile
(similar)
Our ties are alike.
Le nostre cravatte sono simili.

---

all AWL   aggettivo   tutto (masc.), tutta
                                                            (fem.)
It is all finished.
È tutto finito.

all over (everywhere)   avverbio   dappertutto
I look everywhere for my watch.
Cerco il mio orlogio dappertutto.

all right (O.K.)   avverbio   va bene
Do you want to play with me? All right (O.K.)
Vuoi giocare con me? Va bene!

---

almost AWL-mohst   avverbio   quasi
It is almost six o'clock.
Sono quasi le sei.

---

alone ø-LOHN   aggettivo   solo (masc.), sola
                                                (fem.)
I am alone in the living room.
Sono solo nel salone.

---

alphabet AL-fa-bet   nome   l'alfabeto
Are there twenty-one letters in the Italian
        alphabet?

Ci sono ventun lettere nell'alfabeto italiano?

---

already   awl-RE-di   avverbio   già
He has already arrived.
Lui è già arrivato.

---

also (too)   AWL-soh   avverbio   anche
I want some candy too!
Anch'io voglio dei dolci!

---

always   AWL-weiz   avverbio   sempre
The leaves always fall in autumn.
Le foglie cadono sempre in autunno.

---

ambulance   AM-biu-lans   nome   l'ambulanza
The ambulance is going to the hospital.
L'ambulanza va all'ospedale.

American   e-MER-i-køn   aggettivo   americano
                                            (masc.),
                                            americana
                                            (fem.)
It's an American airplane.
È un apparecchio americano.

---

an   AN   articolo   un (masc.), una
                                            (fem.)
I am wearing an old tie.
Io porto una vecchia cravatta.

---

and   AND   congiunzione   e
Andrew and his friend are playing together.
Andrea e il suo amico giocano insieme.

---

angry   ANG-gri   aggettivo   arrabbiato
                                            (masc.),
                                            arrabbiata (fem.)
She is angry.
Lei è arrabbiata.

---

animal   AN-i̯-mᴓl   nome   la bestia
The animals are in the forest.
Gli animali sono nella foresta.

---

anniversary (birthday)   nome   il compleanno
an-i̯-VUR-sᴓr-i
Happy birthday!
Buon compleanno!

---

to annoy   ᴓ-NOI   verbo   annoiare
I annoy my mother when I make too much noise.
Annoio mia madre quando faccio troppo
   chiasso.

---

another   ᴓ-NⱸTH-ᴓr   aggettivo   un altro (masc.),
                                            un'altra (fem.)

Here is another pencil.
Ecco un'altra matita.

other   ᴓ-TH-er   aggettivo   l'altro (masc.),
                                            l'altra (fem.)

---

answer   AN-sᴓr   nome   la risposta
I write the correct answer in my notebook.
Io scrivo la risposta corretta nel quaderno.

---

to answer   AN-sᴓr   verbo   rispondere
The little girl cannot answer the question.

La piccola ragazza non può rispondere alla
domanda.

---

ant   ANT   nome   la formica
The ant is very small.
La formica è molto piccola.

---

any   EN-i   pronome   qualche, di
anything   EN-i-th-i-ng   pronome   qualche cosa
Do you want anything?
Vuole qualche cosa?

---

apartment   ø-PART-mønt   nome   l'appartamento
My apartment is on the third floor.
Il mio appartamento è al terzo plano.

---

appearance (look)   nome   l'apparenza
e-PIR-øns
From his appearance, he seems calm.
Dall'apparenza, sembra calmo.

---

appetite   AP-ø-tait   nome   l'appetito
Hearty appetite!
Buon appetito!

---

apple   AP-øl   nome   la mela
I eat an apple every day.
Io mangio una mela ogni giorno.

---

apricot A-pri-kat   nome   l'albicocca
The apricot is sweet.
L'albicocca è dolce.

April El-prøl   nome   aprile
It rains a lot in April.
Piove molto in aprile.

---

apron El-prøn   nome   il grembiule
Martha wears an apron at school.
Marta porta un grembiule a scuola.

---

aquarium (fish tank)   nome   la peschiera
ø-KWEHR-i-øm
There are some fish in the aquarium.
Ci sono dei pesci nella peschiera.

---

arm AHRM   nome   il braccio
The man has a sore arm.
All'uomo (gli) duole il braccio.

---

armchair AHRM-chehr   nome   la poltrona
I like to use the red armchair.
Mi piace usare la poltrona rossa.

---

army AHR-mi   nome   l'esercito
Soldiers are in the army.
I soldati sono nell'esercito.

---

around ø-ROWND   preposizione   intorno
He puts it around the package.
Lui la mette intorno al pacco.

---

to arrange e-REINDJ   verbo   mettere in ordine
The teacher arranges his papers.
Il professore mette in ordine le carte.

---

to arrest ø-REST   verbo   arrestare
The policeman arrests the man.
Il poliziotto arresta l'uomo.

---

to arrive   ø-R<u>AI</u>V   verbo   arrivare
The postman arrives at 10 o'clock.
Il postino arriva alle dieci.

---

artist   AHR-t<u>i</u>st   nome   l'artista
My brother is an artist.
Mio fratello è artista.

---

as   AZ   avverbio   come
As it happens, I will explain it.
Come succede, io lo spiegherò.

---

to be ashamed   expressione   avere vergogna
  ø-SHEIMD   idiomatico

I am ashamed of Mary.
Io ho vergogna di Maria.

---

to ask   ASK   verbo   domandare
I ask Dad, "May I go to the fair?"
Io domando al Papa, "Posso andare alla fiera?"

---

astronaut   AS-trø-n<u>aw</u>t   nome   l'astronauta
The astronaut walks on the moon.
L'astronauta cammina sulla luna.

at AT   preposizione   a, di

At what time are you coming?
A che ora vieni?

at night   di notte

At night you can sée the stars.
Di notte si possono vedere le stelle.

---

to attend (to go) ø-TEND verbo   assistere

We attend a soccer game.
Noi assistiamo a una partita di calcio.

---

at the side of   preposizione   al lato di

It is at the side of that table.
Si trova al lato di quel tavolo.

August AW-gøst nome   agosto

In August it is hot.
In agosto fa caldo.

---

aunt ANT   nome   la zia

My aunt is a salesperson.
Mia zia è commessa.

---

auto(mobile) (car)   nome   l'automobile
   AW-toh

The automobile goes along the road.
L'automobile va per la strada.

---

autumn AW-tøm nome autunno
In autumn it is cool.
In autunno fa fresco.

---

avenue (way) AV-ø-nyu nome la via
The New Appian Way is in Rome.
La Via Appia Nuova è a Roma.

B

---

baby BEI-bi nome il bambino
Mary plays with the baby.
Maria gioca con il bambino.

---

baby carriage bei-bi-KA-rig nome la carrozzina
The baby carriage is blue.
La carrozzina è azzurra.

---

back BAK nome la schiena
Is it Robert? I don't know. I see only his back.
È Roberto? Non lo so. Vedo solamente la
schiena.

---

to give back GI-v-bak verbo restituire
He gives back the money.
Lui restituisee il denaro.

---

bad BAD aggettivo cattivo (masc.),
cattiva (fem.)

The weather is bad today.
Fa cattivo tempo oggi.

---

bag BAG nome la borsa

The bag is new.
La borsa è nuova.

---

baggage BAG-idj nome il bagaglio
The baggage is ready for the trip.

Il bagaglio è pronto per il viaggio.

---

baker   BEC-kør   nome   il panettiere
The baker makes bread.
Il panettiere fa il pane.

---

bakery   nome   la panetteria

You go to the bakery to buy bread.
Si va alla panetteria per comprare il pane.

---

ball   BAWL   nome   la palla
The ball is round.
La palla è tonda.

to play ball   verbo   giocare alla palla
He wants to play ball.
Lui vuole giocare alla palla.

---

balloon   bø-LUN   nome   il pallone
The girl's balloon is red.
Il pallone della ragazza è rosso.

---

ballpoint pen   nome   la penna a sfera
       BAWL-point PEN
The ballpoint pen is useful.
La penna a sfera è utile.

---

banana   bø-NAN-ø   nome   la banana
The banana is ripe when it is yellow.
La banana è matura quando è gialla.

---

bank   BANK   nome   la banca
Do you have any money in the bank?
Ha denaro in banca?

---

baseball   BEIS-b<u>aw</u>l   nome   il "baseball"
My cousin plays baseball.
Mio cugino gioca al baseball.

---

basement   BEIS-m<u>e</u>nt   nome   lo scantinato
There are several packages in the basement.
Ci sono alcuni pacchi nello scantinato.

---

basket   BAS-k<u>it</u>   nome   cestino
There is much paper in the basket.
C'è molta carta nel cestino.

---

basketball   BAS-kit-b<u>aw</u>l   nome   la pallacanestro
My friend plays basketball.
Il mio amico gioca alla pallacanestro.

---

bath   BATH   nome   il bagno
Mother is giving the baby a bath.
La mamma fa il bagno al bambino.

---

bathroom   BATH-rum   nome   la sala da bagno
The bathroom sink is in the bathroom.
Il bacino (lavandino) si trova nella sala da bagno.

---

  sunbath   SUN-bath   nome   bagno di sole
I take a sunbath.
Mi faccio un bagno di sole.

---

  bathing suit   BA-th-i-ng-sut   nome   costume da bagno
Do you like my new bathing suit?
Ti piace il mio nuovo costume da bagno?

---

to be   BI   verbo   essere
Dad, where are we?
Papà, dove siamo?

---

to be able   bi-EI-b<u>e</u>l   verbo   potere

211

I am not able to do my homework.
Non posso fare il compito.

---

beach   BICH   nome   la spiaggia

In summer we go to the beach.
Andiamo alla spiaggia in estate.

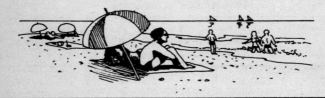

---

to be acquainted with   verbo   conoscere
ø-KEINT-ød-with

Do you know (are you acquainted with) my
teacher?
Conosci il mio maestro?

---

to be afraid of   verbo   avere paura di
ø-FREID-øv

Are you afraid of the storm?
Hai paura della tempesta?

---

beak   BIK   nome   il becco

The bird has a yellow beak.
L'uccello ha il becco giallo.

---

bear   BEHR   nome   l'orso

Bears are dangerous animals.
Gli orsi sonno animali pericolosi.

---

beard   Bɪ-e-rd   nome   la barba

My brother has a beard.
Mio fratello ha la barba.

---

to be ashamed   verbo   avere vergogna
ø-SHEIMD

He is ashamed because he is naughty.
Ha vergogna perche è cattivo.

---

beast (animal)   BIST   nome   la bestia
The lion is a wild animal.
Il leone è una bestia selvaggia.

---

beautiful   BYU-tø-føl   aggettivo   bello (masc.), bella
                                                       (fem.)
The flower is beautiful.
Il fiore è bello.

---

to be called (name is . . .)   verbo   chiamarsi
What is your name? My name is Henry.
Come tì chiami? Mi chiamo Enrico.

---

be careful   KEHR-føl   expressione   attenzione
                                  idiomatica
Be careful or you will hurt yourself.
Attenzione o ti fai male.

---

because   bi-KAWZ   congiunzione   perchè
I am not going to the movies because I do not
     have any money.
Non vado al cinema perchè non ho soldi.

    because of   expressione   a causa di
                             idiomatica
I have to stay home because of the snow.
Devo restare a casa a causa della neve.

---

to become   bi-KEM   verbo   divenire
She would like to become a doctor.
Vorrebbe divenire medico.

---

bed   BED   nome   il letto
The cat is on my bed.
Il gatto è sul mio letto.

    to go to bed   verbo   andare a letto

I go to bed at nine o'clock.
Io vado a letto alle nove.

bedroom   BED-rum   nome   camera da letto
This apartment has three bedrooms.
Questo appartamento ha tre camere da letto.

---

bee   BI   nome   l'ape
The bee likes the flower.
All'ape piace il fiore.

---

beefsteak (steak)   nome   la bistecca
BIF-steik
The steak is good.
La bistecca è buona.

---

before   bi-FAWR   avverbio   prima di
The teacher arrives before the students.
Il professore arriva prima degli studenti.

---

to be frightened   verbo   avere paura
FRAI-tend
She is frightened to be alone.
Lei ha paura di stare sola.

---

to begin   bi-gin   verbo   cominciare
The Italian class begins at 9 o'clock.
La classe d'italiano comincia alle nove.

---

to behave   bi-HEIV   verbo   comportarsi
The children are not behaving well.
I ragazzi non si comportano bene.

---

behind   bi-HAIND   preposizione   dietro a
One boy is behind the others.
Un ragazzo è dietro agli altri.

---

to be hungry   verbo   avere fame
HÆNG-ri
Are you hungry? Yes, I'm hungry.

Ha fame Lei? Si, ho fame.

---

to believe   bi-LIV   verbo   credere
I believe I can go to the movies.
Credo di potere andare al cinema.

---

bell   BEL   nome   la campana
The bell rings at noon.
La campana suona a mezzogiorno.

doorbell   DAWR-bel   nome   il campanello
The doorbell does not ring.
Il campanello non suona.

---

belt   BELT   nome   la cintura
The man has a blue belt.
L'uomo ha una cintura azzurra.

lifebelt   nome   cintura di
                                                    salvataggio
The lifebelt is red.
La cintura di salvataggio è rossa.

---

to be quiet   KWAI-øt   verbo   stare zitto
They always tell me, "Be quiet!"
Mi dicono sempre, "Stai zitto!"

---

to be right   RAIT   verbo   avere ragione
Grandmother is always right.
La nonna ha sempre ragione.

---

to be sleepy   SLIP-i   verbo   avere sonno
Who is sleepy?
Chi ha sonno?

---

to be successful (to succeed)   verbo   riuscire
søk-SES-føl
He succeeds in catching a fish.
Lui riesce a prendere un pesce.

---

to be thirsty   THURS-ti   verbo   avere sete

215

Are you thirsty? Yes, I'm thirsty.
Ha sete Lei? Si, ho sete.

---

better   BET-ør   aggettivo   migliore
I think that cherries are better than strawberries.
Io credo che le ciliege sono migliori delle fragole.

---

between   bi-TWIN   preposizione   fra
What is the number between fourteen and
    sixteen?
Qual è il numero fra quattordici e sedici?

---

to be wrong   RAWG   verbo   avere torto
You say that the weather is good? You are
    wrong.
Voi dite che fa bel tempo? Avete torto.

---

bicycle (bike)   nome   la bicicletta
  BAI-sik-øl (BAIK)
When the weather is good Bernard rides his
    bicycle.
Quando fa bel tempo Bernardo va in bicicletta.

to ride a bicycle   verbo   andare in bicicletta
I ride a bicycle every day.
Io vado in bicicletta ogni giorno.

---

big   BIG   aggettivo   grande, grosso
                                           (masc.), grossa
                                         (fem.)

The house is big.
La casa è grande.

bigger   BIG/r   avverbio   più grande
He is bigger than I.
Lui è più grande di me.

---

bill (money)   BIL   nome   il biglietto
I am rich. I have a one-thousand lire note.
Sono ricco. Ho un biglietto da mille lire.

---

bird   BURD   nome   l'uccello
The bird sings beautifully.
L'uccello canta molto bello.

---

birthday   BURTH-dei   nome   la festa del
                                           compleanno
The birthday party is July eighteenth?
Il giorno della festa del compleanno è il diciotto
   luglio?

  Happy birthday   Buon compleanno
Happy birthday, John!
Buon compleanno, Giovanni!

---

to bite   BAIT   verbo   mordere
Cats do not bite.
I gatti non mordono.

---

to bite (insect)   verbo   pungere, pizzicare
The mosquitoes like to bite me.
Alle zanzare piace pizzicarmi.

---

black   BLAK   aggettivo   nero (masc.), nera
                                         (fem.)
I am wearing my black shoes.
Porto le scarpe nere.

---

blackboard (chalkboard)   nome   la lavagna
  BLAK-bawrd

The pupil writes on the blackboard.
L'alunno scrive alla lavagna.

---

blanket   BLANG-kit   nome   la coperta
In winter I like a warm blanket on my bed.
D'inverno mi piace una coperta calda sul letto.

---

blind   BLAIND   aggettivo   cieco
This man is blind.
Quest'uomo è cieco.

---

blonde   BLAND   aggettivo   biondo (masc.),
                                      bionda (fem.)
Do you have blond hair?
Avete voi i capelli biondi?

---

blood   BLÆD   nome   il sangue
My knee hurts. Look at the blood!
Mi fa male il ginocchio. Guarda il sangue!

---

blue   BLU   nome   azzurro (masc.),
                                      azzurra (fem.)
The sky is blue, isn't it?
Il cielo è azzurro, non è vero?

---

boat   BOHT   nome   la barca, la
                                      barchetta, il
                                      battello
I see a boat in the water.
Vedo una barca nell'acqua.

---

book   BAUHK   nome   il libro
We are looking for some interesting books.

Cerchiamo dei libri interessanti.

---

boot   BUT   nome   lo stivale

When it snows I put on my boots.
Quando nevica mi metto gli stivali.

---

born   BAWRN   aggettivo   nato (masc.), nata
                                                    (fem.)

I was born on March second.
Io sono nato il due marzo.

---

to borrow   BAR-oh   verbo   prestare

May I borrow the eraser?
Mi puoi prestare la gomma?

---

bottle   BAT-l   nome   la bottiglia

Be careful! The bottle is made of glass.
Attenzione! La bottiglia è di vetro.

---

bowl   BOHL   nome   il tazzone

Here is a bowl of soup.
Ecco un tazzone di minestra.

---

box   BAKS   nome   la scatola

There is candy in the box.
Ci sono dolci nella scatola.

  letter box   LE-tr-BAKS   nome   la buca per le
                                                     lettere

The letter box is white.
La buca per le lettere è bianca.

---

boy   BOI   nome   il ragazzo

The boy is playing with his sister.
Il ragazzo gioca con la sorella.

---

branch   BRANCH   nome   il ramo

The tree has many branches.
L'albero ha molti rami.

---

brave   BREIV   aggettivo   coraggioso (masc.), coraggiosa (fem.)

The policeman is brave.
Il poliziotto è coraggioso.

---

bread   BRED   nome   il pane
The bread is on the table.
Il pane è sulla tavola.

---

to break   BREIK   verbo   rompere
Be careful! Don't break the plate.
Attenzione! Non rompere il piatto.

---

breakfast   BREK-føst   nome   la piccola colazione
I have orange juice for breakfast.
Prendo succo d'arancia per la piccola colazione

---

bridge   BRIDJ   nome   il ponte
Where is the Bridge of Sighs?
Dov'è il Ponte dei Sospiri?

---

briefcase   BRIF-keis   nome   la borsa
John, don't forget your briefcase.
Giovanni, non dimenticare la borsa.

---

to bring   BRING   verbo   portare

They bring their luggage to the airport.
Portano le loro valige all'aeroporto.

---

broom   BRUM   nome   la scopa
The boy cleans the floor with the broom.
Il ragazzo pulisce il pavimento con la scopa.

---

brother   BRE<u>TH</u>-ør   nome   il fratello
I am little, but my brother is big.
Io sono piccolo, ma mio fratello è grande.

---

brown   BR<u>OW</u>N   aggettivo   marrone
The rug is brown.
Il tappeto è marrone.

---

brush   BRESH   nome   la spazzola

The brush is new.
La spazzola è nuova.

   to brush   verbo   spazzolarsi
He brushes his suit every day.
Lui si spazzola il vestito ogni giorno.

   hairbrush   HEHR-brøsh   nome   la spazzola per i
                                         capelli

The hairbrush is mine.
La spazzola per i capelli è mia.

   toothbrush   nome   lo spazzolino da
                                         denti

The toothbrush is blue.
Lo spazzolino da denti è azzurro.
The hairbrush is bigger than the toothbrush.
La spazzola per i capelli è più grande dello
     spazzolino da denti.

---

bucket   BEK-i<u>t</u>   nome   la secchia
The farmer fills the bucket with milk.
Il contadino riempie la secchia di latte.

---

building   B<u>I</u>L-ding   nome   l'edificio

The buildings are very tall in the city.
Gli edifici sono molto alti in città.

---

burglar   BUR-glør   nome   il ladro
They are looking for the burglar at the bank.
Cercano il ladro alla banca.

---

to burn   BURN   verbo   bruciare
We burn wood in the fireplace.
Noi bruciamo il legno nel focolare.

---

bus   BÆS   nome   l'autobus
The children go to school by bus.
I ragazzi vanno a scuola in autobus.

---

busy   BIZ-i   aggettivo   occupato (masc.),
                                               occupata (fem.)
My father is always busy.
Mio padre è sempre occupato.

---

but   BÆT   congiunzione   ma
I want to go to the park but Dad says "No."
Io voglio andare al parco ma il babbo dice "No."

---

butcher   BAUHCH-ør   nome   il macellaio
The butcher sells meat.
Il macellaio vende la carne.

---

butcher shop   nome   la macelleria
BAUHCH-ør-shop
The butcher shop is closed.
La macelleria è chiusa.

---

butter   BÆT-ør   nome   il burro
Pass the butter, please.
Passi il burro, per piacere.

---

button   BÆT-øn   nome   il bottone
This coat has only three buttons.
Questo soprabito ha solamente tre bottoni.

---

to buy   BAI   verbo   comprare
The man is buying an orange.
L'uomo compra una arancia.

---

by   BAI   preposizione   per

For dessert, she is having chocolate ice cream.
Per dolce, lei prende gelato di cioccolato.

by air	expressione idiomatica	in apparecchio
by airmail	expressione idiomatica	via aere
by car	expressione idiomatica	in automobile
by sea	expressione idiomatica	per mare

You travel by air.
Lei viaggia in apparecchio.
I send the letter by airmail.
Io mando la lettera via aerea.
You travel by car.
Lei viaggia in automobile.
You travel by sea.
Lei viaggia per mare.

C

cabbage	KAB-idj	nome	il cavolo

Do you prefer cabbage or carrots?
Preferisci il cavolo o le carote?

| **cafe** | ka-FEI | nome | il caffè |

Shall we stop at this cafe?
Ci fermiamo a questo caffè?

| **cake** | KEIK | nome | la torta |

Mom makes a pretty cake for me.
La mamma mi fa una bella torta.

| **cookies** | KAUHK-ie | nome | pasticcini |

| **calendar** | KAL-øn-dør | nome | il calendario |

According to the calendar, today is March
   twelfth.
Secondo il calendario, oggi è il dodici maggio.

| **to call** | KAWL | verbo | chiamare |

I call my friend.
Io chiamo il mio amico.

| **calm** | KAHM | aggettivo | calmo (masc.), calma (fem.) |

I like to go fishing when the sea is calm.
Mi piace andare a pescare quando il mare è
   calmo.

| **camera** | KAM-rø | nome | la macchina fotografica |

Look at my camera. It is new.
Guarda la mia macchina fotografica. È nuova.

| **camp** | KAMP | nome | le colonie |

My cousin spends eight weeks at camp.
Il mio cugino passa otto settimane alle colonie.

---

can (to be able to)   KAN   verbo   potere
> I am not able to do my homework. The lessons are too difficult.
> Non posso fare il compito. Le lezioni sono troppo difficili.

---

candy   KAN-di   nome   i dolci
> Children like candy.
> Ai ragazzi piacciono i dolci.

---

capital   KAP-i-tøl   nome   la capitale
> Do you know the name of the capital of Italy?
> Sai il nome della capitale d'Italia?

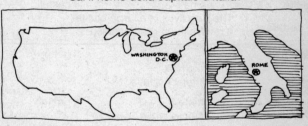

---

car   KAHR   nome   l'automobile
> The car goes along the road.
> L'automobile va per la strada.

nome   la macchina
> The car is in the garage.
> La macchina è nell'autorimessa.

car (railroad)   KAHR   nome   il vagone, la
>   carrozza
> This train has five cars.
> Questo treno ha cinque vagoni.

---

card   KAHRD   nome   la carta
> Do you know how to play cards?
> Sai giocare alle carte?

---

carefully KEHR-fø-li   avverbio   con cura,
                                            diligentemente
Paul pours water into the glass carefully.
Paolo versa l'acqua nel bicchiere con cura.

---

carrot KAR-øt   nome   la carota
Rabbits eat carrots.
I conigli mangiano le carote.

---

to carry KAR-i   verbo   portare
She is carrying the package.
Lei porta il pacchetto.

---

castle KAS-øl   nome   il castello
The king lives in a large castle.
Il re vive in un gran castello.

---

cat KAT   nome   il gatto
Cats like milk.
Ai gatti piace il latte.

kitten KI-ten   nome   il gattino
The kitten is white.
Il gattino è bianco.

---

to catch KACH   verbo   afferrare
Hurray, John catches the ball.
Bravo, Giovanni afferra la palla.

---

ceiling SI-ling   nome   il soffitto

The ceiling of the castle is very interesting.
Il soffitto del castello è molto interessante.

---

celery   SEL-ri   nome   il sedano
Mother makes a salad with celery.
La mamma fa un'insalata con il sedano.

---

cellar   SEL-ǝr   nome   lo scantinato
There are several packages in the cellar.
Ci sono alcuni pacchi nello scantinato.

---

certain (sure)   SUR-tǝn   aggettivo   certo (masc.),
                                              certa (fem.),
                                              sicuro (masc.),
                                              sicura (fem.)
I am certain the train will come soon.
Sono sicuro che il treno arriverà presto.

---

chair   CHEHR   nome   la sedia
This chair is too big for me.
Questa sedia è troppo grande per me.

---

chalk   CHAWK   nome   il gesso
The boy is writing on the blackboard with chalk.
Il ragazzo scrive alla lavagna con il gesso.

---

chalkboard   CHAWK-bawrd   nome   la lavagna
There is no chalkboard here.
Non c'è lavagna qui.

---

to change   CHEINDJ   verbo   cambiare
We have to change to another train.
Noi dobbiamo cambiare a un'altro treno.

---

cheap   CHIP   aggettivo   a buon mercato
Bread is cheap: it is not expensive.
Il pane si vende a buon mercato: non è caro.

---

to cheat, deceive   CHIT   verbo   imbrogliare
In the film, the robber deceives the policeman.
Nel film, il ladro imbroglia il poliziotto.

---

check (in restaurant)   CHEK   nome   il conto
> After dinner, Dad asks for the check.
> Dopo il pranzo, il babbo chiede il conto.

---

to play checkers   verbo   giocare a dama
> He plays checkers well.
> Lui gioca bene a dama.

---

cheerful   CHIR-føl   aggettivo   allegro (masc.),
                                       allegra (fem.)

> My sister is always cheerful.
> Mia sorella è sempre allegra.

---

cheese   CHIZ   nome   il formaggio
> My sister eats the cheese.
> Mia sorella mangia il formaggio.

---

cherry   CHER-i   nome   la ciliegia
> I am going to pick cherries.
> Vado a cogliere le ciliege.

---

to play chess   verbo   giocare a scacchi
> He plays chess well.
> Lui gioca bene a scacchi.

---

chicken   CHIK-øn   nome   il pollo

> What are we eating this evening? Chicken or
> fish?
> Che si mangia stasera? Pollo o pesce?

---

child   CHAILD   nome   il ragazzo
                            la ragazza

> The child is big.
> Il ragazzo è grande.

children   CHIL-drøn   nome   i ragazzi
                                            le ragazze
                 The children are in bed.
                 I ragazzi sono a letto.

chimney   CHIM-ni   nome   il camino
                 The shoes are near the chimney.
                 Le scarpe sono vicino al camino.

chin   CHIN   nome   il mento
                 Here is the doll's chin.
                 Ecco il mento della bambola.

chocolate   CHAW-klit   nome   il cioccolato
                 What? You don't like chocolates?
                 Come? Non ti piacciono i cioccolatini?

to choose   CHUZ   verbo   scegliere
                 In the examination, choose the correct answer.
                 Nell'esame, scegliete la risposta corretta.

chop   CHAP   nome   la cotoletta
                 Do you prefer a veal cutlet or a lamb chop?
                 Preferisce Lei una cotoletta di vitello o di
                     agnello?

church   CHURCH   nome   la chiesa
                 There is a big church in the city.
                 C'è una grande chiesa in città.

cigarette   sig-ø-RET   nome   la sigaretta
                 Does your uncle smoke cigarettes?
                 Fuma le sigarette tuo zio?

circle   SUR-køl   nome   il circolo
                 The boys form a circle to play.
                 I ragazzi formano un circolo per giocare.

circus   SUR-køs   nome   il circo
                 There are many animals at the circus.

Ci sono molti animali al circo.

city   SIT-i   nome   la città
The city of Rome is big.
La città di Roma è grande.

class   KLAS   nome   la classe
The class is large.
La classe è grande.

classroom   KLAS-rum   nome   l'aula
We are in the classroom.
Siamo nell'aula.

to clean   KLIN   verbo   pulire
Do you help your mother clean the house?
Aiuti tu tua madre a pulire la casa?

clean   KLIN   aggettivo   pulito (masc.),
                                             pulita (fem.)

My hands are clean.
Le mie mani sono pulite.

cleaning woman   nome   la cameriera
The cleaning woman cleans the house.
La cameriera pulisce la casa.

streetcleaner   nome   lo spazzino
The street cleaner is old.
Lo spazzino è vecchio.

clear   KLIR   aggettivo   chiaro (masc.),
                                             chiara (fem.)

What a beautiful clear day!
Che bella giornata chiara!

---

clever   KLEV-ør   aggettivo   intelligente
He is clever.
Lui è intelligente.

---

to climb   KLAIM   verbo   arrampicarsi
The cat climbs the tree.
Il gatto si arrampica sull'albero.

---

clock   KLAK   nome   l'orologio
The clock strikes twice. It is 2 o'clock.
L'orologio suona due volte. Sono le due.

---

to close   KLOHZ   verbo   chiudere
Please close the window.
Chiudete la finestra, per piacere.

---

close friend   KLOHS-frend   nome   amico intimo
My close friend and I are going to the park to
     play.
Il mio amico intimo ed io andiamo al parco a
     giocare.

---

close to (near)   preposizione   vicino a
   KLOHS-tø
Milan is not close to the sea.
Milano non è vicino al mare.

---

closet   KLAHZ-it   nome   l'armadio
The closet is closed.
L'armadio è chiuso.

---

clothes   KLOHZ   nome   abiti, vestiti
My clothes are on the bed.
I miei vestiti suono sul letto.

---

cloud   KLOWD   nome   la nuvola
The sun is behind a cloud.

Il sole è dietro a una nuvola.

---

clown   KL<u>OW</u>N   nome   il buffone
When I am at the circus, I say "Hello" to the
clown.
Quando io sono al circo, dico "Buon giorno" al
buffone.

---

coat   K<u>OH</u>T   nome   il soprabito
She wears a warm coat in winter.
Lei porta un soprabito caldo nell'inverno.

---

coffee   K<u>AW</u>F-i   nome   il caffè
Do you want some coffee?
Vuole del caffè Lei?

---

cold   K<u>OH</u>LD   nome   il freddo
When the cold comes, I no longer go out.
Quando arriva il freddo, non esco più.

cold (illness)   nome   il raffredore
I have a terrible cold.
Ho un terribile raffredore.

to be cold   expressione   avere freddo
idiomatica
When it is cold in winter, I feel cold.
Quando fa freddo d'inverno, io ho freddo.

It is cold   expressione   fa freddo
idiomatica

---

color   KEL-ør   nome   il colore
What color is the banana?
Di che colore è la banana?

---

comb   KOHM   nome   il pettine
Where is my comb?
Dov'è il mio pettine?

---

to comb (one's hair)   KOHM   verbo   pettinarsi
I comb my hair before leaving the house.
Prima di partire dalla casa, mi pettino.

---

to come   KEM   verbo   arrivare
The postman comes at 10 o'clock.
Il postino arriva alle dieci.

                  verbo   venire
My father comes from work at 6 o'clock.
Mio padre viene dal lavoro alle sei.

---

to come into   verbo   entrare
They come into the house.
Loro entrano nella casa.

---

comfortable   aggettivo   comodo
    KEM-før-tø-bøl

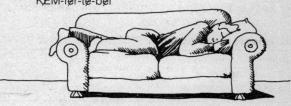

My couch is very comfortable.
Il mio divano è molto comodo.

---

to command   kø-MAND   verbo   comandare
In the army, the general commands.
Nell'esercito, il generale comanda.

---

company   KEM-pø-ni   nome   la compagnia
The Marotti company is located on the corner of the street.
La compagnia Marotti si trova all'angolo della strada.

---

to complain   verbo riflessivo   lamentarsi
køm-PLEIN
My friend says that I always complain.
(La mia amica) Il mio amico dice che io mi lamento sempre.

---

completely   køm-PLIT-li   avverbio   completamente
The wound is completely healed.
La ferita è completamente guarita.

---

to continue   køn-TIN-yu   verbo   continuare
I will continue to play the piano until 5 o'clock.
Io continuerò a suonare il pianoforte fino alle cinque.

---

to cook   KAUHK   verbo   cucinare
I do not cook well.
Io non cucino bene.

---

cookie   KAUHK-i   nome   il pasticcino
The cookie is good.
Il pasticcino è buono.

---

cool   KUL   aggettivo   fresco
It is cool.
Fa fresco.

---

to copy   KAP-i   verbo   copiare
We have to copy the sentences that are on the blackboard.
Dobbiamo copiare le frasi che sono alla lavagna.

---

corn   KAWRN   nome   il granturco

MMM, the corn is good.
MMM, il granturco è buono.

---

corner   KAWR-nør   nome   l'angolo
You must cross the street at the corner.
Si deve attraversare la strada all'angolo.

---

correct   kø-REKT   aggettivo   corretto
The teacher says, "Write the correct answer."
La maestra dice, "Scrivete la risposta corretta."

---

to cost   KAWST   verbo   costare
How much does this comb cost?
Quanto costa questo pettine?

---

cotton   KAT-øn   nome   il cotone
He is wearing a cotton shirt.
Lui porta una camicia di cotone.

---

to cough   KAWF   verbo   tossire

The woman is coughing.
La donna tossisce.

---

to count   KOWNT   verbo   contare
He knows how to count from five to one: five,
     four, three, two, one.
Lui sa contare da cinque a uno: cinque, quattro,
     tre, due, uno.

---

country   KEN-tri   nome   il paese

What is the name of the country to the east of
   Italy?
Come si chiama il paese all' est d'Italia?

---

countryside   KEN-tri-said   nome   la campagna
It's nice weather. Let's go to the country!
Fa bel tempo. Andiamo in campagna!

---

courageous   kø-REI-djøs   aggettivo   corraggioso
                                                (masc.),
                                                corraggiosa
                                                (fem.)

She is courageous.
Lei è corraggiosa.

---

cousin   KEZ-øn   nome   il cugino (masc.),
                                              la cugina (fem.)
My cousin Paul is ten years old and my cousin
   Mary is eighteen.
Mio cugino Paolo ha dieci anni e mia cugina
   Maria ha diciotto anni.

---

cover   KEV-ør   nome   la coperta
In the winter I like a cover on the bed.
D'inverno mi piace una coperta sul letto.

to cover   KEV-er   verbo   coprire
He wants to cover the box.
Lui vuole coprire la scatola.

covered   KEV-ørd   aggettivo   coperto
The tree is covered with snow.
L'albero è coperto di neve.

---

cow   KOW   nome   la vacca
The cow is in the field.
La vacca è nel campo.

---

cradle   KREID-l   nome   la culla
The cradle is new.
La culla è nuova.

---

crazy   KREI-zi   aggettivo   matto, pazzo, folle, matta, pazza
The man is crazy.
L'uomo è matto.

---

to cross   KRAWS   verbo   attraversare
Can we cross the lake?
Possiamo attraversare il lago?

---

to cry   KRAI   verbo   piangere
I cry when somebody teases me.
Io piango quando qualcuno mi fa dispetti.

---

cunning   KEN-ing   aggettivo   furbo (masc.), furba (fem.)
The thief is cunning; he climbs a tree.
Il ladro è furbo; sale su un albero.

---

cup   KEP   nome   la tazza
I put the cup on the saucer.
Io metto la tazza sul piattino.

---

cupboard   KEB-ørd   nome   la credenza
There are plates in the cupboard.
Ci sono piatti nella credenza.

---

curious   KYUR-yøs   aggettivo   curioso (masc.), curiosa (fem.)

She is curious. She would like to open the
    package.
È curiosa. Vorrebbe aprire il pacco.

---

curtain   KUR-tøn   nome   la tendina
The curtains in my room are too long.
Le tendine nella mia camera sono troppo lunghe.

---

to cut   KET   verbo   tagliare
Dad cuts the bread with a knife.
Il babbo taglia il pane con un coltello.

---

cute   KYUT   aggettivo   attraente, grazioso
                                           (masc.),
                                           graziosa (fem.)
She is cute.
Lei è attraente.

---

cutlet   KET-løt   nome   la cotoletta
Do you prefer a veal cutlet or a lamb chop?
Preferisce Lei una cotoletta di vitello o una di
    agnello?

D

dad, daddy   DAD, DAD-i   nome   il papà, il babbo
Daddy, I'm afraid!
Babbo, ho paura!

---

damp   DAMP   aggettivo   umido (masc.),
                                           umida (fem.)
My bathing suit is damp.
Il mio costume da bagno è umido.

---

to dance   DANS   verbo   ballare
My sister likes to dance.
A mia sorella piace ballare.

---

dangerous   DEIN-djer-øs   aggettivo   pericoloso, pericolosa
It is dangerous to run into the street.
È pericoloso correre nella strada.

---

dark   DAHRK   aggettivo   scuro, scura
She is wearing a dark blue dress.
Ella porta un vestito azzurro scuro.

---

darling   DAHR-ling   aggettivo   caro, cara
The baby is darling.
Il bambino è caro.

---

date   DEIT   nome   la data
What is the date?
Qual'è la data?

---

daughter   DAW-tø   nome   la figlia
I would like to present my daughter, Mary.
Vorrei presentare mia figlia, Maria.

---

day   DEI   nome   la giornata
I am going to spend the day at my house.
Passerò la giornata a mia casa.

---

day   DEI   nome   il giorno
What day of the week is it?
Che giorno della settimana è?

---

    day off   nome   giorno di riposo
Thursday is a day off for French students.
Giovedì è un giorno di riposo per gli studenti francesi.

Il primo gennaio è Capo d'Anno.

every day		adverb	ogni giorno

I read every day.
Io leggo ogni giorno.

---

dead	DED	aggettivo	morto, morta

You're crying? Yes, my turtle is dead.
Lei piange? Sì, la mia tartaruga è morta.

---

dear	DIR	aggettivo	caro, cara

She is my dear friend.
Lei è mia cara amica.

dear (expensive)		aggettivo	caro, cara

The dress is very expensive.
Il vestito è molto caro.

---

to deceive	di-SIV	verbo	ingannare

The boy deceives the teacher.
Il ragazzo inganna il maestro.

December	di-SEM-bør	nome	dicembre

It is cold in December.
Fa freddo in dicembre.

---

to decorate	DEK-oh-reit	verbo	decorare

He is decorating his room.
Lui decora la sua camera.

---

deep	DIP	aggettivo	profondo, profonda

Is the pool deep?
È profonda la piscina?

---

delicious	di-LISH-øs	aggettivo	delizioso, squisito; deliziosa, squisita

The cake is delicious.
La torta è deliziosa.

---

delighted (happy)   aggettivo   incantato
   di-LAI-tød   incantata
                                                            contento
                                                            contenta
     Everyone is happy at a party.
     Ognuno è contento a una festa.

---

dentist DEN-tist   nome   il dentista
     She dreams of being a dentist.
     Lei sogna di essere dentista.

---

desert DEZ-ørt   nome   il deserto
     The desert is very dry.
     Il deserto è molto secco.

---

to desire (to want)   verbo   desiderare
   dø-ZAIR
     I want to see the new film.
     Io desidero vedere il nuovo film.

---

desk DESK   nome   la scrivania
     The teacher's desk is big.
     La scrivania della maestra è grande.

---

dessert di-ZURT   nome   il dolce
                         expressione   "alla frutta"
                         idiomatica
     I would like to have a strawberry tart for dessert.
     Vorrei una torta di fragole come dolce.

---

to detest di-TEST verbo   detestare, odiare
      He detests spinach.
      Lui detesta gli spinaci.

---

dictionary DIK-shøn-ehr-i nome   il dizionario
                                          il vocabolario
      The dictionary is very heavy.
      Il dizionario è molto pesante.

---

different DIF-rønt aggettivo   differente
                                          diverso
                                          diversa
      These loaves of bread are different.
      Questi pani sono differenti.

---

difficult DIF-ø-kølt aggettivo   difficile
      It is difficult to read this letter.
      È difficile leggere questa lettera.

---

dining room DAIN-ing-rum nome la sala da pranzo
      The dining room is crowded.
      La sala da pranzo è affollata.

---

dinner DIN-ør nome   il pranzo
      We eat dinner at 8 o'clock.
      Facciamo pranzo alle otto.

---

to direct   di-REKT   verbo   dirigere
                My brother is directing the game.
                Mio fratello dirige la partita.

---

dirty   DUR-ti   aggettivo   sporco
                                             sporca
                My shirt is dirty.
                La mia camicia è sporca.

---

dish   DISH   nome   il piatto
                Do you wash the dishes at your house?
                Lavi tu i piatti a casa tua?

---

dishwasher   DISH-wa-sher   nome   la lavastoviglie
                The dishwasher does not work.
                La lavastoviglie non funziona.

---

displeased (angry)   aggettivo   dispiaciuto
      dis-PLIZD   annoiato
                                                offeso
                                               dispiaciuta
                                               offesa
                                               annoiata
                Mom is displeased with me.
                La mamma è annoiata con me.

---

distant   DIS-tent   aggettivo   distante
                                             lontano
                                             lontana
                The river is at a distance.
                Il fiume è lontano.

---

to do   DU   verbo   fare
                He does his homework.
                Lui fa i compiti.

---

doctor   DAK-ter   nome   il medico
                                             (il dottore)
                The doctor treats the illness.

Il medico tratta la malattia.

---

dog DAWG	nome	il cane

Do you have a dog?
Hai un cane?

puppy	nome	il cagnolino

The puppy is white.
Il cagnolino è bianco.

---

doll DAL	nome	la bambola

My doll's name is Sylvia.
La mia bambola si chiama Silvia.

doll's house	nome	la casa di bambola

The doll's house is made of wood.
La casa di bambola è di legno.

---

dollar DAL-ør	nome	il dollaro

Here is a dollar for you.
Ecco un dollaro per te.

---

dominoes DAM-ø-nohz	nome	il domino

My cousin plays dominoes well.
Mio cugino gioca bene ai domini.

---

donkey DÆNG-ki	nome	l'asino

The donkey has two long ears.
L'asino ha due lunghe orecchie.

---

door DAWR	nome	la porta

Please close the door.
Per piacere, chiuda la porta.

---

doorbell DAWR-bel	nome	il campanello

Here we are at Jean's house. Where is the
    doorbell?
Eccoci alla casa di Gina. Dov'è il campanello?

---

doorknob DAWR-nob	nome	il pomo

The doorknob is made of glass.
Il pomo è di vetro.

---

dozen   DĬE-zøn   nome   la dozzina

She is buying a dozen eggs.
Lei compra una dozzina di uova.

---

to drag   DRAG   verbo   trascinare
He is dragging a bag of potatoes.
Lui trascina un sacco di patate.

---

to draw   DRAW   verbo   disegnare
She goes to the blackboard and draws a house.
Lei va alla lavagna e disegna una casa.

---

drawer   DRAWR   nome   il cassetto
I put the camera in the drawer.
Io metto la macchina fotografica nel cassetto.

---

dreadful   DRED-føl   aggettivo   terribile
I have a bad mark. Dreadful!
Ho un cattivo voto. Terribile!

---

to dream   DRIM   verbo   sognare
I dream of going to the moon.
Io sogno di andare alla luna.

---

to dress   DRES   verbo riflessivo   vestirsi
I get up, I get dressed, I go to school.
Io mi alzo, io mi vesto, io vado a scuola.

---

dress DRES nome   il vestito
My doll's dress is dirty.
Il vestito della mia bambola è sporco.

---

to drink DRINGK verbo   bere
The child is drinking milk.
Il ragazzo beve il latte.

---

to drive DRAIV verbo   guidare
Too bad. I am too young to drive the car.
Peccato. Sono troppo giovane per guidare la
macchina.

---

driver DRAI-vør nome   l'autista
The driver stops when the light is red.
L'autista si ferma quando il semaforo è rosso.

---

drugstore DREG-stawr nome   la farmacia
The drugstore is located close to the park.
La farmacia si trova vicino al parco.

---

drum DREM nome   il tamburo
I make noise when I play the drum.
Faccio chiasso quando suono il tamburo.

---

dry DRAI aggettivo   asciutto
                                                  asciutta
Is the floor dry, Mom?
È asciutto il pavimento, Mamma?

---

duck DEK nome   l'anitra
There are some ducks on the lake.
Ci sono delle anitre nel lago.

---

during DUR-ing preposizione   durante
I sleep during the night.
Io dormo durante la notte.

E

each ICH　　aggettivo　　　　　　　　　　ogni
I put a fork at each place.
Io metto una forchetta a ogni posto.

each one ICH-wøn　　pronome　　　　ciascuno
Here are five girls: each one has a flower.
Ecco cinque ragazze: ciascuna ha un fiore.

ear IR　　nome　　　　　　　　　　　l'orecchio
The wolf's ears are long.
Le orecchie del lupo sono lunghe.

early <u>UR</u>-li　　avverbio　　　　　　　presto
We get up early to go to the city.
Noi ci alziamo presto per andare in città.

to earn <u>URN</u>　　verbo　　　　　　guadagnare
He earns a lot of money.
Lui guadagna molto denaro.

earth <u>URTH</u>　　nome　　　　　　　　la terra
When the astronaut is on the moon, he sees the
earth.
Quando l'astronauta è sulla luna, vede la terra.

east IST　　nome　　　　　　　　　　　l'est
When I go from Milan to Venice, I go toward the
east.
Quando vado da Milano a Venezia, vado verso
l'est.

easy I-zi　　aggettivo　　　　　　　　facile

It is easy to do my homework.
È facile fare i miei compiti.

---

to eat   IT   verbo   mangiare
On Sundays we eat Turkey.
La domenica noi mangiamo il tacchino.

---

edge   EDJ   nome   il bordo
                                       l'orlo
                                       il margine
The edge (border) of the handkerchief is torn.
L'orlo del fazzoletto è stracciato.

---

egg   EG   nome   l'uovo
The egg is broken.
L'uovo è rotto.

---

eight   EIT   aggettivo   otto
Here are eight buttons.
Ecco otto bottoni.

---

eighteen   ei-TIN   aggettivo   diciotto
She is eighteen years old.
Lei ha diciotto anni.

---

eighty   EI-ti   aggettivo   ottanta
I have eighty books.
Io ho ottanta libri.

---

electric   i-LEK-trik   aggettivo   elettrico
                                       elettrica
Look! They sell electric typewriters.
Guarda! Loro vendono macchine da scrivere
    elettriche.

---

elephant   EL-ø-fønt   nome   l'elefante
There is a big elephant in the zoo.
C'è un grand'elefante nel giardino zoologico.

---

eleven   i-LEV-øn   aggettivo   undici

The farmer has eleven chickens.
Il contadino ha undici galline.

---

empty   EMP-ti   aggettivo   vuoto
                                              vuota

The drawer is empty.
Il cassetto è vuoto.

---

end   END   nome   la fine
It is the end of the lesson.
È la fine della lezione.

---

engineer   en-dji-NIR   nome   l'ingegnere
I would like to be an engineer.
Vorrei essere ingegnere.

English   IN-glish   nome   l'inglese
English is spoken in the United States.
Si parla inglese negli Stati Uniti.

---

enough   i-NÆF   aggettivo   abbastanza
Did you have enough wine?
Hai avuto abbastanza vino?

---

to enter   EN-tør   verbo   entrare
They enter the house.
Loro entrano nella casa.

---

envelope   EN-vø-lohp   nome   la busta
The mailman gives me an envelope.
Il postino mi dà una busta.

---

equal   I-kwøl   aggettivo   uguale
These boxes are equal.
Queste scatole sono uguali.

---

to erase   i-REIS   verbo   raschiare
                                              cancellare

Oh, a mistake! I have to erase this word.
Ah, uno sbaglio! Devo cancellare questa parola.

---

eraser   i-REI-sør   nome   la gomma
I have to erase this sentence with the eraser.
Devo cancellare questa frase con la gomma.

---

error   ER-ør   nome   lo sbaglio
I make errors when I write in Italian.
Faccio degli sbagli quando scrivo in italiano.

---

especially   es-PESH-ø-li   avverbio   specialmente
I like to watch TV, especially on Saturday
    mornings.
Mi piace guardare la televisione, specialmente il
    sabato mattina.

---

even   I-vøn   avverbio   anche
She cries even when she is happy.
Lei piange anche quando è contenta.

---

evening   IV-ning   nome   la sera
I listen to music in the evening.
La sera io ascolto la musica.

Good evening   expressione   Buona sera
                       idiomatica
Good evening, John.
Buona sera, Giovanni.

---

every   EV-ri   aggettivo   ogni
             Every child is here.
             Ogni ragazzo è qui.

everyday   EV-ri-dai   aggettivo   ogni giorno
             I go to school every day.
             Vado a scuola ogni giorno.

everybody   Ev-ri-bodi   pronome   ognuno
                                                tutti
             Everybody likes Saturday night.
             Ognuno ama il sabato sera.

everyone   Ev-ri-won   pronome   ognuno
                                                tutti
             Everyone is here.
             Tutti sono qui.

everywhere   Ev-ri-wair   avverbio   ovunque
                                              dappertutto
             I look everywhere for my watch.
             Cerco dappertutto il mio orologio.
             Everywhere I look, I see books.
             Ovunque guardo, vedo libri.

---

examination   eg-zam-i-NEI-shøn   nome   l'esame
             Do you have a good mark on the examination?
             Hai un buon voto all'esame?

---

excellent   EK-søl-lønt   aggettivo   eccellente
             The teacher says, "This work is excellent."
             Il maestro dice, "Questo lavoro è eccellente."

---

excuse me   expressione   scusi
   ek-SKYUZ-mi   idiomatica   permesso
             Excuse me! May I enter?
             Permesso! Posso entrare?
             Excuse me! It's your pocketbook, isn't it?
             Scusi! È la sua borsa, non è vero?

---

expensive ek-SPEN-siv aggettivo caro
costoso
cara
costosa

This bicycle is too expensive.
Questa bicicletta è troppo cara.

---

to explain ek-SPLEIN verbo spiegare
Joan, can you explain this sentence to me?
Giovanna, mi puoi spiegare questa frase?

---

extraordinary aggettivo straordinario
ek-STRAWR-di-ner-i straordinaria
We are going to take an extraordinary trip in a
rocket ship.
Noi faremo un viaggio straordinario in un razzo.

---

eye AI nome l'occhio
What color are your eyes?
Di che colore sono i tuoi occhi?

F

---

face FEIS nome la faccia
She is washing her face.
Lei si lava la faccia.

---

factory FAK-tø-ri nome la fabbrica
My father works in the factory.
Mio padre lavora nella fabbrica.

---

fair FEHR aggettivo giusto
giusta

But it's my turn. It isn't fair.
Ma è il mio turno. Non è giusto.

---

fair FEHR nome la fiera
We are going to the fair to have a good time.

Noi andiamo alla fiera per divertirci.

---

fairy   FEHR-i   nome   la fata
The fairy appears in dreams.
La fata appare nei sogni.

fairytale   nome   la fiaba
Read me this fairytale.
Leggimi questa fiaba.

---

fall (autumn)   F<u>A</u>WL   nome   l'autunno

In the fall it is cool.
Fa fresco nell'autunno.

---

to fall   F<u>A</u>WL   verbo   cadere
I fall when I skate.
Io cado quando pattino.

---

false   F<u>A</u>WLS   aggettivo   falso
                                                            falsa
He is six years old, true or false?
Lui ha sei anni, vero o falso?

---

family   FAM-ø-li   nome   la famiglia
How many people are there in your family?
Quante persone ci sono nella tua famiglia?

---

famous   FEI-møs   aggettivo   celebre
                                                            famoso
                                                            famosa

The President of the United States is famous.
Il presidente degli Stati Uniti è famoso.

---

fan   FAN   nome   il ventilatore
We use the fan when it is hot.
Usiamo il ventilatore quando fa caldo.

---

far   FAHR   aggettivo   lontano
                                      lontana
Is Rome far from Washington?
Roma è lontano da Washington?

---

farm   FAHRM   nome   la masseria
There are cows and horses on the farm.
Ci sono delle vacche e dei cavalli alla masseria.

---

farmer   FAHR-mør   nome   l'agricoltore
My grandfather is a farmer.
Il mio nonno è agricoltore.

---

fast   FAST   aggettivo   veloce
                                      rapido
                                      rapida
The dog is fast when he runs after a cat.
Il cane è veloce quando corre appresso a un
gatto.

---

fast   FAST   avverbio   svelto
My brother walks too fast.
Mio fratello cammina troppo svelto.

---

fat   FAT   aggettivo   grasso
                                      grassa
                                      grande
The pig is fat.
Il maiale è grasso.

---

father   FAH-thør   nome   il padre
My father is a mailman.
Mio padre è postino.

---

favorite   FEI-vør-it   aggettivo   preferito
                                                    preferita
              What is your favorite toy?
              Qual'è il tuo giocattolo preferito?

---

fear   FIR   nome   la paura
           Fear is terrible.
           La paura è terribile.

  to be afraid   verbo   avere paura
              Are you afraid of the storm?
              Ha paura della tempesta?

February   FEB-ru-er-i   nome   febbraio
              How many days are there in February?
              Quanti giorni ci sono in febbraio?

---

to feel   FIL   verbo riflessivo   sentirsi
              I do not feel well.
              Io non mi sento bene.

---

ferocious   fø-ROH-shøs   aggettivo   feroce
              Who is afraid of a ferocious tiger?
              Chi ha paura di una tigre feroce?

---

fever   FI-vør   nome   la febbre
           I have to stay in bed. I have a fever.
           Devo stare a letto. Ho la febbre.

---

field   FILD   nome   il campo
           It is a field of wheat, isn't it?
           È un campo di frumento, non è vero?

---

fierce   FIRS   aggettivo   feroce
            Who is afraid of a ferocious tiger?
            Chi ha paura di una tigre feroce?

---

fifteen   fif-TIN   aggettivo   quindici
             There are fifteen students here.
             Ci sono quindici studenti qui.

---

fifty   FIF-ti   aggettivo   cinquanta
There are fifty states in the United States.
Ci sono cinquanta stati negli Stati Uniti.

---

to fill   FIL   verbo   riempire
Stephen fills the box with paper.
Stefano riempie la scatola di carta.

---

film   FILM   nome   il "film"
                                                 la pellicola
They made a new film in Hollywood.
Hanno girato un nuovo film a Hollywood.
The film is beautiful.
La pellicola è bella.

---

finally   FAI-nøl-i   avverbio   finalmente
It is good weather, finally!
Fa bel tempo, finalmente!

---

to find   FAIND   verbo   trovare
I like to find shells.
Mi piace trovare le conchiglie.

---

finger   FIN-gør   nome   il dito
The baby has ten little fingers.
Il bambino ha dieci piccole dita.

     fingernail   nome   l'unghia
I am ashamed. My fingernails are dirty.
Mi vergogno. Le mie unghie sono sporche.

---

to finish   FIN-ish   verbo   finire
I finish my work before going out.
Finisco il mio lavoro prima di uscire.

---

fire   FAIR   nome   il fuoco
The fire is hot.
Il fuoco è caldo.

fireman   nome   il vigile del fuoco
The fireman is very strong.
Il vigile del fuoco è molto forte.

fireplace   nome   il focolare
The fire burns in the fireplace.
Il fuoco brucia nel focolare.

fire truck   nome   la pompa
                                            antincendio
The fire truck makes a lot of noise.
La pompa antincendio fa molto rumore.

---

first   FURST   aggettivo   primo
                                            prima
Breakfast is the first meal of the day.
La piccola colazione è il primo pasto del giorno.

---

fish   FISH   nome   il pesce
There are many fish in this lake.
Ci sono molti pesci in questo lago.

fish tank   nome   la vasca da pesci
There are some goldfish in the fish tank.
Ci sono alcuni pesci rossi nella vasca da pesci.

goldfish   nome   pesce rosso
I have five goldfish.
Io ho cinque pesci rossi.

to go fishing   verbo   andare a pescare
We are going fishing.
Noi andiamo a pescare.

---

five   F<u>AI</u>V   aggettivo   cinque
I have five books.
Io ho cinque libri.

---

to fix   F<u>I</u>KS   verbo   riparare
My brother is fixing the phonograph.
Mio fratello ripara il giradischi.

---

flag   FLAG   nome   la bandiera
There are two flags in the classroom.
Ci sono due bandiere nella classe.

---

flat   FLAT   aggettivo   piano
                                     piana

The field is flat.
Il campo è piano.

---

floor   FL<u>AW</u>R   nome   il pavimento
The pen falls on the clean floor.
La penna cade sul pavimento pulito.

floor of a building   nome   il piano
On what floor is your apartment?
A che piano è il vostro apartamento?

---

flower   FL<u>OW</u>-ør   nome   il fiore
We have many flowers in the garden.
Noi abbiamo molti fiori nel giardino.

---

fly   FL<u>AI</u>   nome   la mosca
There are flies in the kitchen.

Ci sono delle mosche nella cucina.

---

to fly   FL<u>AI</u>   verbo   volare
The pilot flies in the airplane.
Il pilota vola nell'apparecchio.

---

fog   F<u>A</u>G   nome   la nebbia
It is difficult to see because of the fog.
È difficile vedere a causa della nebbia.

---

to follow   F<u>A</u>L-<u>oh</u>   verbo   seguire
The pupils in the class follow the teacher.
Gli studenti nella classe seguono la maestra.

---

foolish   FU-lish   aggettivo   sciocco
                                              stolto
                                              stupido
                                              sciocca
                                              stolta
                                              stupida
He did a foolish thing.
Ha fatto una cosa sciocca.

---

foot   FAUGHT   nome   il piede
My foot hurts.
Mi duole il piede.

   to walk (to go on foot)   verbo   andare a piedi
We walk to the museum.
Noi andiamo al museo a piedi.

---

for   fawr   preposizione   per
For dessert she has chocolate ice cream.
Per dolce lei prende gelato di cioccolato.

---

forest   F<u>A</u>R-<u>i</u>st   nome   il bosco
                                              la foresta.
There are a hundred trees in the forest.
Ci sono cento alberi nella foresta.

forever   f<u>a</u>wr-EV-ør   avverbio   per sempre
He said "good-bye" forever.
Lui disse "addio" per sempre.

to forget   f<u>a</u>wr-GET   verbo   dimenticare
She always forgets her ticket.
Lei dimentica sempre il suo biglietto.

fork   F<u>A</u>WRK   nome   la forchetta
I eat meat with a fork.
Io mangio la carne con una forchetta.

to form   F<u>A</u>WRM   verbo   formare
I form a club at school.
Io formo un circolo a scuola.

forty   F<u>A</u>WR-ti   aggettivo   quaranta
Do you know the story of the forty thieves?
Conosce Lei il racconto dei quaranta briganti?

four   F<u>A</u>WR   aggettivo   quattro
There are four people in my family.
Ci sono quattro persone nella mia famiglia.

fourteen   f<u>a</u>wr-TIN   aggettivo   quattordici
I have fourteen dollars.
Io ho quattordici dollari.

fox   F<u>A</u>KS   nome   la volpe
The fox runs very fast.
La volpe corre velocemente.

France	FRANS	nome	la Francia

Here is a map of France.
Ecco una carta geografica della Francia.

French	FRENCH	aggettivo	francese

I am reading a French book.
Io leggo un libro francese.

fresh	FRESH	aggettivo	fresco, fresca

The bread is fresh.
Il pane è fresco.

Friday	FRAI-dei	nome	il venerdì

What do we eat on Friday? Fish!
Cosa mangiamo il venerdì? Il pesce!

friend	FREND	nome	l'amico
			l'amica

I am your friend.
Io sono il tuo amico.

frightening		aggettivo	spaventevole
	FRAIT-ning		

The snake is frightening.
La serpe è spaventevole.

frog	FRAG	nome	la rana

The frog is green.
La rana è verde.

from	FR<u>A</u>M	preposizione	da

He has come from school.
Lui è venuto da scuola.

fruit	FRUT	nome	la frutta

Here is some fruit.
Ecco della frutta.

full	F<u>AUH</u>L	aggettivo	pieno (masc.) piena (fem.)

The suitcase is full of clothes.
La valigia è piena di panni.

funny	FÆN-i	aggettivo	comico comica

The clown is funny.
Il buffone è comico.

future	FYU-chør	nome	il futuro

In the future I am going to visit Italy.
In futuro visiterò l'Italia.

G

game	GEIM	nome	il giuoco

Which game do you prefer?
Quale giuoco preferisce Lei?

garage	gø-RAHZH	nome	l'autorimessa

Where is the car? It isn't in the garage.
Dov'è la macchina? Non è nell'autorimessa.

garden	GAHR-døn	nome	il giardino

The garden is full of flowers in June.
Il giardino è pieno di fiori in giugno.

gas	GAS	nome	il gas

You have a gas stove? We have an electric stove!

Voi avete un fornello a gas? Noi abbiamo un
fornello elettrico!

---

gasoline   gas-ø-LIN   nome   la benzina
Daddy says, "We don't have enough gasoline."
Il babbo dice, "Non abbiamo abbastanza
benzina."

---

to gather   GA-thør   verbo   cogliere
He is going to gather some apples.
Lui va a cogliere delle mele.

---

gay   GEI   aggettivo   allegro (masc.)
allegra (fem.)
The music is gay.
La musica è allegra.

---

gentle   DJEN-tøl   aggettivo   gentile
The mother is gentle with her baby.
La mamma è gentile con il suo bambino.

---

gently   DJENT-lee   avverbio   piano
gentilmente
Walk gently. Mother has a headache.
Cammina piano. La mamma ha dolor di testa.

---

geography   nome   la geografia
dji-AG-rø-fi
I like to study geography.
Mi piace studiare la geografia.

---

to get   GET   verbo   ricevere
I receive a postcard from my sister.
Io ricevo una cartolina da mia sorella.

---

to get dressed   verbo riflessivo   vestirsi
get-DREST
I get up, I get dressed, I go to school.
Io mi alzo, io mi vesto, io vado a scuola.

to get up   verbo riflessivo   alzarsi
      get-ÆP

          Get up, John. You're late.
          Alzati, Giovanni. Sei in ritardo.

---

giant   DJAI-ent   nome   il gigante
          Read me the story about a giant.
          Leggimi la storia di un gigante.

---

girl   GURL   nome   la ragazza
                                      la ragazzina
          The little girl plays with her doll.
          La ragazzina gioca con la bambola.
          The girl wears black shoes.
          La ragazza porta le scarpe nere.

---

to give   GIV   verbo   dare
          Please give me the camera.
          Dammi la macchina fotografica, per piacere.

to give back   verbo   restituire
          He returns my roller skates.
          Mi restituisce i pattini a rotelle.

---

glad, happy   GLAD   aggettivo   contento (masc.)
                                          contenta (fem.)
                                        felice
          The little girl is not happy.
          La ragazzina non è contenta.

---

glass   GLAS   nome   il bicchiere
I put the glass on the table.
Io metto il bicchiere sul tavolo.

---

glasses (eyeglasses)   nome   gli occhiali
       GLAS-øs
               Be careful. You are going to break your glasses.
               Attenzione. Tu ti rompi gli occhiali.

---

glove   GLÆV   nome   il guanto

             She is wearing white gloves.
             Lei porta i guanti bianchi.

---

glue   GLU   nome   la colla
The bottle of glue is empty.
La bottiglia di colla è vuota.

   to glue   verbo   incollare
I glue a picture to a page of my notebook.
Io incollo una fotografia a una pagina del mio
      quaderno.

---

to go   G<u>O</u>H   verbo   partire
My aunt is leaving at five o'clock.
Mia zia parte alle cinque.

---

to go   G<u>O</u>H   verbo   andare
Where are you going? I'm going home.
Dove vai? Vado a casa.

---

to go back GOH-BAK   verbo   ritornare
He goes to the blackboard and then returns to
his seat.
Lui va alla lavagna e poi ritorna al suo posto.

to go down GOH-DAWN   verbo   scendere
I go down to buy the paper.
Io scendo per comprare il giornale.
The man goes down the stairs.
L'uomo scende le scale.

to go into GOH in-tu   verbo   entrare
They go into the house.
Loro entrano in casa.

to go to bed GOH tu-bed   verbo   andare a letto
I do not like to go to bed early.
Non mi piace andare a letto presto.

to go up GOH-up   verbo   salire
The kite goes up to the sky.
L'aquilone sale al cielo.

goat GOHT   nome   la capra
The farmer has a goat.
L'agricoltore ha una capra.

gold GOHLD   nome   l'oro
I would like to have a gold ring.
Vorrei avere un anello di oro.

good GAUHD   aggettivo   buono
                                buona
It is an interesting book; it is a good book.
È un libro interessante; è un buon libro.

Good afternoon   expressione   Buon
                    idiomatica   pomeriggio
"Good afternoon children," says the teacher.
"Buon pomeriggio ragazzi," dice la maestra.

Good-bye   expressione   Arrivederci
                 idiomatica

In the morning father says "Good-bye" to his family.

La mattina il padre dice "Arrivederci" alla famiglia.

Good evening   expressione   Buona sera
                 idiomatica

When father returns home at 9 o'clock, he says "Good evening."

Quando il padre ritorna a casa alle nove, dice "Buona sera."

Good luck   expressione   Buona fortuna
                 idiomatica

Good luck, John.

Buona fortuna, Giovanni.

Good morning   expressione   Buon giorno
                 idiomatica

"Good morning children," says mother.

"Buon giorno ragazzi," dice la mamma.

---

granddaughter   nome   la nipote
GRAND-daw-tər

Carl's granddaughter is five years old.

La nipote di Carlo ha cinque anni.

---

grandfather   nome   il nonno
GRAND-fah-thər

My grandfather likes to drive the car.

Al mio nonno piace guidare la macchina.

---

grandmother   nome   la nonna
GRAND-məth-ər

We are going to my grandmother's house on Sunday.

Andiamo dalla nonna domenica.

---

grandson   GRAND-sen   nome   il nipote
My grandson is tall.
Mio nipote è alto.

grape   GREIP   nome   l'uva
We have grapes.
Abbiamo l'uva.

grapefruit   GREIP-frut   nome   il pompelmo
The grapefruit is not sweet.
Il pompelmo non è dolce.

grass   GRAS   nome   l'erba
Grass is green.
L'erba è verde.

grasshopper   nome   la cicogna
GRAS-hap-er
The boy tries to catch the grasshopper.
Il ragazzo tenta di prendere la cicogna.

gray   GREI   aggettivo   grigio
grigia
The mouse is gray.
Il topo è grigio.

great   GREIT   aggettivo   fantastico
meraviglioso
straordinario
fantastica
meravigliosa
straordinaria
You're going to the circus? Great!
Tu vai al circo? Fantastico!

great   GREIT   aggettivo   grande
Madame Curie was a great scientist.
Madama Curie era una grande scienziata.

---

green   GRIN   aggettivo   verde
When the banana is not ripe, it is green.
Quando la banana non è matura, è verde.

---

grocer   GR<u>OH</u>-sør   nome   il droghiere
The grocer sells jam.
Il droghiere vende la marmellata.

---

ground   GR<u>OW</u>ND   nome   la terra
The ground is soft.
La terra è morbida.

---

ground floor   nome   pianterreno
Our apartment is on the ground floor.
Il nostro appartamento è al pianterreno.

---

to grow   GR<u>OH</u>   verbo   crescere
The child grows fast.
Il ragazzo cresce rapidamente.

---

guard   GAHRD   nome   la guardia
The guard is at his post.
La guardia è al suo posto.

---

to guard   GAHRD   verbo   custodire
                                             proteggere
                                             difendere
He guards the money.
Lui custodisce i soldi.
The man guards (protects) the lady.
L'uomo protegge la donna.
The soldier guards (defends) his country.
Il soldato difende la patria.

---

to guess   GES   verbo   indovinare
Can you guess how much money I have?
Puoi indovinare quanti soldi ho?

---

guitar   gi-TAHR   nome   la chitarra
I know how to play the guitar.

Io so suonare la chitarra.

gun	GɛN	nome	la rivoltella

The policeman has a gun.
Il poliziotto ha una rivoltella.

H

hair	HEHR	nome	il capello

Students at the university like long hair.
Agli studenti universitari piacciono i capelli
   lunghi.

hairbrush	nome	la spazzola per capelli

The hairbrush is white.
La spazzola per capelli è bianca.

half	HAF	aggettivo	mezzo
			mezza

I have eaten half of the cake.
Io ho mangiato mezza la torta.

half an hour	nome	mezz'ora

I have been waiting for you for half an hour!
Ti aspetto da mezz'ora!

half	HAF	nome	la metà

Give me half of the pear, please.
Dammi la metà della pera, per piacere.

---

ham   HAM   nome   il prosciutto
Will you have some ham in your sandwich?
Vuole un po' di prosciutto nel suo panino?

---

hammer   HAM-ør   nome   il martello
Carlo is working with a hammer.
Carlo lavora con un martello.

---

hand   HAND   nome   la mano
My hands are dirty.
Ho le mani sporche.

   right hand   nome   la mano destra
My right hand hurts.
Mi duole la mano destra.

   left hand   nome   la mano sinistra

I write with my left hand.
Io scrivo con la mano sinistra.

---

handbag   HAND-bag   nome   la borsa
The handbag is leather.
La borsa è di cuoio.

---

handkerchief   nome   il fazzoletto
   HANG-kør-chif
This handkerchief is mine.
Questo fazzoletto è mio.

---

handsome   HAN-søm   aggettivo   bello (masc.)
                                            bella (fem.)

The artist is handsome.
L'artista è bello.

---

happen HAP-ǝn verbo   avviene, accade,
                                              succede

It happens every day.
Succede ogni giorno.

What is happening expressione   Che succede?
                       idiomatica

What is happening tonight, John?
Che succede stasera, Giovanni?

---

happy HAP-i aggettivo   contento, allegro,
                                            felice, contenta,
                                            allegra

He is happy to be here.
Lui è contento di essere qui.

Happy birthday   expressione   Buon Compleanno
HAP-i-BURTH-dei   idiomatica
                         Happy birthday, John.
                         Buon Compleanno, Giovanni.

---

hard HAHRD aggettivo   duro (masc.)
                                            dura (fem.)

This apple is too hard.
Questa mela è troppo dura.

---

hat HAT nome   il cappello
             What a pretty hat!
             Che bel cappello!

---

to hate HEIT verbo   odiare
             He hates spinach.
             Lui odia gli spinaci.

---

to have HAV verbo   avere
             She has a pencil.
             Lei ha una matita.

to have a good time	verbo riflessivo	divertirsi

I have a good time at the theater.
Io mi diverto al teatro.

to have a headache	expressione idiomatica	avere un dolor di testa

I am sick. I have a headache.
Sono malato. Ho un dolor di testa.

to have a stomachache	expressione idiomatica	avere un mal di stomaco

Do you have a stomachache?
Hai un mal di stomaco?

to have (food)	verbo	prendere

Mom has toast for breakfast.
La mamma prende il pane tostato per prima colazione.

to have to ("must")	verbo	dovere

I have to wash my hands.
Mi devo lavare le mani.

---

hay   HEI   nome   il fieno
                                            la paglia

The farmer gives hay to the horses.
L'agricoltore dà il fieno ai cavalli.

---

he   HI   pronome   lui

He has arrived.
Lui è arrivato.

---

head   HED   nome   la testa

The soldier turns his head.
Il soldato gira la testa.

---

health   HELTH   nome   la salute

Mother says, "Candy is not good for your health."
La mamma dice, "I dolci non sono buoni per la salute."

---

to hear   HIR   verbo   sentire
I hear the telephone ringing.
Io sento suonare il telefono.

---

heart   HAHRT   nome   il cuore
Look at all the hearts on the playing card!
Quanti cuori sulla carta!

---

heavy   HEV-i   aggettivo   pesante
The suitcase is very heavy.
La valigia è molto pesante.

---

helicopter   nome   l'elicottero
HEL-i-kap-tər
What is it? A helicopter.
Ch'è? Un elicottero.

Hello   he-LOH   expressione   Buon Giorno
idiomatica
"Hello, children," says the teacher.
"Buon giorno, ragazzi," dice la maestra.

---

to help   HELP   verbo   aiutare
John helps his sister carry the books.
Giovanni aiuta la sorella a portare i libri.

---

help   HELP   nome   l'aiuto
When I fall I cry, "Help!"
Quando io cado grido, "Aiuto!"

---

her HUR	adjective		suo sua

Her handbag is new.
La sua borsa è nuova.

here HIR	avverbio	qui presente

My friend Joan is here.
La mia amica Giovanna è presente.

here are   avverbio   ecco
Here are my toys!
Ecco i miei giocattoli!

here is   avverbio   ecco
Here is my toy!
Ecco il mio giocattolo!

herself hur-SELF   pronome   se
She came by herself.
Venne da se.

to hide HAID   verbo   nascondere
The boy is hiding the flowers behind him.
Il ragazzo nasconde i fiori dietro di se.

to play hide and seek   espressione   giocare a
HAID-n-SIK   idiomatica   rimpiattino

high (tall) HAI   aggettivo   alto (masc.)
alta (fem.)
The building is high.
L'edificio è alto.

highway HAI-wei   nome   l'autostrada

What is the name of this highway?
Come si chiama quest'autostrada?

---

him   HIM   pronome   lui
                                            lo

I like him.
Lui mi piace.
I see him.
Io lo vedo.

---

himself   him-SELF   pronome   se
He did it by himself.
Lui l'ha fatto da se.

---

history   HIS-tø-ri   nome   la storia
Do you like to study history?
Ti piace studiare la storia?

---

to hit   HIT   verbo   battere
He's hitting me!
Lui mi batte!

---

hole   HOHL   nome   il buco
I have a hole in my sock.
Io ho un buco nella calza.

---

holiday   HAL-i-dei   nome   la festa
I like holidays.
Mi piacciono le feste.

---

home   HOHM   nome   la casa
Here is my uncle's house.
Ecco la casa di mio zio.

---

homework   HOHM-wurk   nome   i compiti
We are going to do our homework together.
Noi facciamo i compiti insieme.

---

hoop   HUP   nome   il cerchio
The boy is rolling a big hoop.

Il ragazzo rotola un gran cerchio.

---

to hope   H<u>OH</u>P   verbo   sperare

I hope to get a good mark in history.
Io spero di ricevere un buon voto in istoria.

---

horse   H<u>AW</u>RS   nome   il cavallo

The horse is big.
Il cavallo è grande.

---

hospital   H<u>A</u>S-pi-tøl   nome   l'ospedale

The nurse works at the hospital.
L'infermiera lavora all'ospedale.

---

hot   H<u>A</u>T   aggettivo   caldo (masc.)
                                          calda (fem.)

It is hot.
Fa caldo.

    to be hot   expressione   avere caldo
                          idiomatica

The sun is shining and I am hot.
Il sole brilla ed io ho caldo.

---

hotel   h<u>oh</u>-TEL   nome   l'albergo

What is the name of this hotel?
Come si chiama quest'albergo?

---

hour   <u>OW</u>R   nome   l'ora

What time is it?

Che ora è?

---

house   H<u>OW</u>S   nome   la casa
Here is my uncle's house.
Ecco la casa di mio zio.

---

how   H<u>OW</u>   avverbio   come
How are you?
Come stai?

---

however   h<u>ow</u>-E-vør   avverbio   comunque
He will come; however, I will not come.
Lui viene; comunque, io no vengo.

---

how many   H<u>OW</u> MEN-i   aggettivo   quanti
How many toys do you have?
Quanti giocattoli hai?

---

how much   H<u>OW</u> MÆCH   aggettivo   quanto

How much work you have done!
Quanto lavoro la fatto!

---

humid   HYU-mịd   aggettivo   umido
                                          umida
It is very humid today.
È molto umido oggi.

---

to be hungry   HÆNG-ri   verbo   avere fame
I am hungry.
Io ho fame.

---

hunter   HÆN-tør   nome   il cacciatore
The hunter goes into the forest.
Il cacciatore va nella foresta.

---

hurray   hø-REI   interiezione   bravo
"Hurray," shout the spectators.
"Bravo," gridano gli spettatori.

---

to hurry   HÆ-ri   verbo   affrettarsi

They hurry because they are late.
Si affrettano perchè sono in ritardo.

---

hurt   HU̱RT   nome   la ferita
                                               il male
                                               il dolore
The hurt is serious.
La ferita è grave.

---

husband   HE̱Z-bənd   nome   il marito
My aunt's husband is my uncle.
Il marito di mia zia è mio zio.

I

I   A̱I   pronome   io
I am speaking to my friends.
Io parlo ai miei amici.

---

ice   A̱IS   nome   il ghiaccio
Let's go ice skating!
Andiamo a pattinare sul ghiaccio!

---

ice cream   A̱IS KRIM   nome   il gelato
Do you like vanilla ice cream?
Ti piace il gelato vaniglia?

---

to ice skate   verbo   pattinare sul
                                                     ghiaccio
I like to ice skate.
Mi piace pattinare sul ghiaccio.

---

ice skates   A̱IS-SKEITS   nome   i pattini a ghiaccio
The ice skates are new.
I pattini a ghiaccio sono nuovi.

---

idea   a̱i-DI-ø   nome   l'idea
What a good idea it is to go to the pool!
Che buona idea d'andare alla piscina!

---

if I̱F congiunzione   se
He comes, I'll take him with me.
Se viene, lo porto con me.

If he comes, I'll take him with me.
Se viene, lo porto con me.

---

immediately i-MI-di-i̱t-li avverbio   immediatamente
He did it immediately.
Lui lo ha fatto immediatamente.

---

important i̱m-PA̱WR-tənt aggettivo   importante
It is important to eat vegetables.
È importante mangiare la verdura.

---

impossible i̱m-PA̱S-i-bəl aggettivo   impossibile
It is impossible to roll this rock.
È impossibile rotolare questo macigno.

---

in I̱N preposizione   in
They go into town.
Vanno in città.

in front of   preposizione   davanti a
i̱n-FRE̱NT-øv
There is a table in front of the sofa.
C'è un tavolo davanti al divano.

in honor of   expressione   in onore di
i̱n-AHN-ør-øv   idiomatica
We are dining in a restaurant in honor of my
daughter.
Pranziamo al ristorante in onore di mia figlia.

in the middle of   expressione   in mezzo a
in-thø-MID-øl-øv   idiomatica

in order to   preposizione   per
in-A̱WD-ør-tu
She is going to the store (in order) to buy
stockings.
Va al negozio per comprare le calze.

Mom puts the candy in the middle of the table.
La mamma mette i dolci in mezzo al tavolo.

(in) this way   avverbio   così
   in <u>THIS</u>-WEI
        The little marionettes dance this way.
        Le piccole marionette ballano così.
        This way the road is longer.
        Così il camino è più lungo.

---

to indicate   IN-di-keit   verbo   indicare
        The policeman indicates that we must go by this
        road.
        Il poliziotto indica che dobbiamo andare per
        questa strada.

---

inexpensive   expressione   a buon mercato
  in-ik-SPEN-siv   idiomatica
        Bread is inexpensive; it does not cost much.
        Il pane si vende a buon mercato; non costa
        molto.

---

insect   IN-sekt   nome   l'insetto
        I dislike insects.
        Gli insetti non mi piacciono.

---

intelligent   in-TEL-i-djønt   aggettivo   intelligente
        The teacher says, "What an intelligent class!"
        La maestra dice, "Che classe intelligente!"

---

intentionally (on purpose)   avverbio   intenzionalmente
  in-TEN-shøn-øl-li
        My brother teases me intentionally.
        Mio fratello mi fa dispetti intenzionalmente.

---

interesting   IN-tør-øs-ting   aggettivo   interessante
        Do you think the film is interesting?
        Lei trova che il film è interessante?

---

into   IN-tu   preposizione   in
They go into the city.
Vanno in città.

---

to introduce   in-trø-DUS   verbo   presentare
I would like to introduce my grandson to you.
Ti vorrei presentare il mio nipote.

---

to invite   in-VAIT   verbo   invitare
My aunt invites me to her house.
Mia zia mi invita a casa sua.

---

to iron   AI-ørn   verbo   stirare
My mother irons Daddy's shirt with an iron.
Mia madre stira la camicia del babbo col ferro.

---

iron (appliance)   AI-ørn   nome   il ferro
The iron is not working. I can't iron this dress.
Il ferro non funziona. Non posso stirare questo
vestito.

---

iron (metal)   AI-ørn   nome   il ferro
This stove is made of iron.
Questa stufa è di ferro.

---

island   AI-lønd   nome   l'isola
Capri is an Italian island.
Capri è un'isola italiana.

Isn't that true?   expressione   non è vero?
   IZNT that-TRU   idiomatica

  Isn't that so?   IZNT that-SOH

  Don't you agree?   DONT u a-GREE
The weather is bad, isn't it?
Fa cattivo tempo, non è vero?
My teacher is handsome, don't you agree?
Il mio professore è bello, non è vero?

---

it IT   pronome   lo, li, la, le
    Here is the pencil! Do you want it?
    Ecco il lapis! Lo vuoi?
    I see her.
    Io la vedo.
    Do you want them?
    Li vuoi?
    Here they are!
    Eccole!

  it is forbidden to   expressione   è vietato, è proibito
                            idiomatica

    It is forbidden to enter this room.
    È proibito entrare in questa stanza.

  it is necessary   expressione   è necessario
                         idiomatica
    It is necessary to go to school.
    È necessario andare a scuola.

  it is raining   verb   piove

    It rains a lot in the month of April.
    Piove molto nel mese di aprile.

  it is snowing   verb   nevica
    Look out the window. It is snowing.
    Guarda dalla finestra. Nevica.

J

---

jacket   DJAK-it   nome   la giacca
    My grandfather wears pants and a jacket.
    Il mio nonno porta pantaloni e giacca.

---

jackknife   DJAK-naif   nome   il coltello a
                                                serramanico
    A jackknife is dangerous.

Un coltello a serramanico è pericoloso.

---

jam   DJAM   nome   la marmellata
Please give me a piece of bread with strawberry
   jam.
Per piacere mi dia una fetta di pane con
   marmellata di fragole.

January   DJAN-yu-er-i   nome   gennaio

January 6 is a holiday in Italy.
Il sei gennaio è festa in Italia.

---

jet plane   DJET-PLEIN   nome   l'aviogetto
The jet plane has arrived.
L'aviogetto è arrivato.

---

jewel   DJU-øl   nome   il gioiello
This jewel is magnificent.
Questo gioiello è magnifico.

jewelry   DJU-øl-ri   nome   i gioielli
There is a lot of jewelry in the trunk.
Ci sono molti gioielli nel baule.

---

juice   DJUS   nome   il sugo
                                                la spremuta
I like orange juice and apple juice.
Mi piacciono la spremuta d'arancia e il sugo di
   mela.

July   dju-LAI   nome   luglio
In July it is very hot in Italy.

Nel mese di luglio fa molto caldo in Italia.

---

to jump   DJÆMP   verbo   saltare
The boy jumps from the stairs.
Il ragazzo salta dalle scale.

June   DJUN   nome   giugno
How many days are there in June?
Quanti giorni ci sono nel mese di giugno?

K

---

kangaroo   kang-gø-RU   nome   il canguro
The kangaroo is a strange animal.
Il canguro è un animale strano.

---

to keep   KIP   verbo   conservare
I keep the list at home.
Io conservo l'elenco a casa.

---

key   KI   nome   la chiave
Where is my key?
Dov'è la mia chiave?

---

to kick   KIK   verbo   dare un calcio a
He kicked me.
Lui mi diede un calcio.

---

to kill   KIL   verbo   uccidere
Mother kills the fly.

285

　　　　　　　La mamma uccide la mosca.

---

kilometer　KIL-ø-mi-tør　　nome　　　　　　il chilometro
　　　　　　　I live five kilometers from the school.
　　　　　　　Io abito a cinque chilometri dalla scuola.

---

kind　KAIND　　aggettivo　　　　　　　　gentile
　　　　　　　The lady is kind.
　　　　　　　La donna è gentile.

---

kind　KAIND　　nome　　　　　　　　　il tipo
　　　　　　　　　　　　　　　　　　　la specie
　　　　　　　What kind of meat is this?
　　　　　　　Che specie di carne è questa?

---

king　KING　　nome　　　　　　　　　il re
　　　　　　　Is there a king in Italy? No, there is a president.
　　　　　　　C'è un re in Italia? No, c'è un presidente.

---

kiss　KIS　　nome　　　　　　　　　il bacio
　　　　　　　Mother is kissing the child.
　　　　　　　La mamma da un bacio al ragazzo.

---

kitchen　KICH-øn　　nome　　　　　　la cucina
　　　　　　　Mother prepares meals in the kitchen.
　　　　　　　La mamma prepara i pasti nella cucina.

---

kite　KAIT　　nome　　　　　　　　　l'aquilone
　　　　　　　Good, it's windy. Let's play with a kite.
　　　　　　　Bene, tira vento. Giochiamo con l'aquilone.

---

kitten　KIT-øn　　nome　　　　　　　il gattino
　　　　　　　The kitten is cute.
　　　　　　　Il gattino è carino.

---

knee　NI　　nome　　　　　　　　　il ginocchio
　　　　　　　You have a sore knee? That's too bad!
　　　　　　　Ti fa male il ginocchio? Che peccato!

---

knife　NAIF　　nome　　　　　　　　il coltello
　　　　　　　　　　　　　　　　　　　il temperino

He has a knife.
Lui ha un temperino.

---

to knit   N<u>I</u>T   verbo   lavorare a maglia
I am learning how to knit.
Sto imparando a lavorare a maglia.

to knit socks   verbo   fare la calza
I am knitting socks.
Faccio la calza.

---

knob   N<u>A</u>B   nome   il pomo
The knob is made of wood.
Il pomo è di legname.

---

to knock   N<u>A</u>K   verbo   bussare
Mommy, someone is knocking at the door.
Mamma, qualcuno bussa alla porta.

---

to know   N<u>OH</u>   verbo   conoscere
Do you know my teacher?
Conosci il mio maestro?

---

to know (how to)   N<u>OH</u>   verbo   sapere
I know how to ride a bicycle.
Io so andare in bicicletta.

L

---

lady   LEI-di   nome   la donna
Who is the lady?
Chi è la donna?

---

lake   LEIK   nome   il lago
I go fishing at the lake shore.
Io vado a pescare in riva al lago.

---

lamp   LAMP   nome   la lampada
The lamp is in the living room.
La lampada è nel salone.

---

large   lawyer

---

large LAHRDJ aggettivo   grande
              The house is large.
              La casa è grande.

last LAST aggettivo   ultimo (masc.)
                                                 ultima (fem.)
              Paul is the last one to sit down at the table.
              Paolo è l'ultimo a sedersi al tavolo.

---

late LEIT avverbio   tardi
              He arrived late.
              Lui è arrivato tardi.

  to be late   expressione   essere tardi
    (impersonale)   idiomatica
              It is late. Let's hurry.
              È tardi. Affrettiamoci.

  to be late   expressione   essere in ritardo
    (personale)   idiomatica
              I am late. I must hurry.
              Sono in ritardo. Devo affrettarmi.

---

to laugh LAF verbo   ridere

              She laughs when she looks at the clown.
              Lei ride quando guarda i buffone.

---

lawyer LAW-yer nome   l'avvocato
              My uncle is a lawyer.
              Mio zio è avvocato.

---

lazy LEI-zi aggettivo   pigro
                                                    pigra
    My teacher says I am lazy.
    Il mio maestro dice che io sono pigro.

---

to lead LID verbo   condurre
    He leads his dog outside.
    Lui conduce a spasso il suo cane.

---

leader LI-dør nome   il capo
    No! You're always playing the leader.
    No! Tu fai sempre da capo.

---

leaf LIF nome   la foglia
    The leaves are green in summer.
    Le foglie sono sempre verdi d'estate.

---

to leap LIP verbo   saltare
    I leap over the wall.
    Io salto il muro.

  to play expressione   giocare a
    leap-frog idiomatica   cavalletta
    The children play leap-frog.
    I ragazzi giocano a cavalletta.

---

to learn LURN verbo   imparare
    She likes to learn French.
    A lei piace imparare il francese.

---

leather LETH-ør nome   il cuoio
    My brother's jacket is made of leather.
    La giacca di mio fratello è di cuoio.

---

to leave LIV verbo   lasciare
    I often leave my books at Michael's house.
    Io lascio spesso i miei libri a casa di Michele.

to leave LIV verbo   partire
    My aunt is leaving at 5 o'clock.

Mia zia parte alle cinque.

---

left	LEFT	aggettivo	sinistra

I raise my left hand.
Io alzo la mano sinistra.

to the left		expressione idiomatica	a sinistra

The tree is to the left of the house.
L'albero è a sinistra della casa.

---

leg	LEG	nome	la gamba

Man has two legs; animals have four paws.
L'uomo ha due gambe; gli animali hanno quattro zampe.

---

lemon	LEM-øn	nome	il limone

Lemons are yellow.
I limoni sono gialli.

---

to lend	LEND	verbo	prestare

Can you lend me your bicycle?
Mi puoi prestare la (tua) bicicletta?

---

leopard	LEP-ørd	nome	il leopardo

The leopard is in the forest.
Il leopardo è nella foresta.

---

less	LES	avverbio	meno

You gave me less than you said.
Mi ha dato meno di quel che ha detto.

---

lesson   LES-ǿn   nome   la lezione
Today's lesson is difficult, isn't it?
La lezione di oggi è difficile, non è vero?

---

to let (allow)   LET   verbo   permettere
My brother lets me go with him.
Mio fratello mi permette di andare con lui.

---

letter   LET-ǿr   nome   la lettera
I put the letter in the envelope.
Io metto la lettera nella busta.

---

letter box   LET-ǿr-b<u>a</u>ks   nome   la buca delle
                                            lettere
The letter box is to the left of the door.
La buca delle lettere è a sinistra della porta.

---

lettuce   LET-<u>i</u>s   nome   la lattuga
Mom makes a salad with lettuce.
La mamma fa l'insalata con la lattuga.

---

library   L<u>AI</u>-brer-i   nome   la biblioteca
There are so many books in the library!
Ci sono tanti libri nella biblioteca!

---

lie   L<u>AI</u>   nome   la bugia
                                       la menzogna
He tells lies.
Lui dice bugie.

---

light   L<u>AI</u>T   nome   la luce
The moon does not give much light.
La luna non dà molta luce.

---

   light (traffic)   nome   il semaforo
You cross the street when you see the green
     traffic light.
Si attraversa la strada quando si vede il
     semaforo verde.

light switch	LAIT SWICH	nome	l'interruttore

The light switch is broken.
L'interruttore è rotto.

---

light	LAIT	aggettivo	leggiero (masc.)
			leggiera (fem.)

This box is light.
Questa scatola è leggiera.

---

lightning	LAIT-ning	nome	il fulmine

I am afraid of lightning.
Ho paura dei fulmini.

---

to like	LAIK	verbo	amare

A mother likes her children.
Una mamma ama i figli.

to like	LAIK	verbo	piacere
(to be pleasing to)			

The man likes wine. (The wine is pleasing to the man.)
All'uomo piace il vino.

---

lion	LAI-øn	nome	il leone

The lion is not a gentle animal.
Il leone non è un animale gentile.

---

lip	LIP	nome	il labbro

My lip hurts.
Mi duole il labbro.

---

to listen	LIS-ǝn	verbo	ascoltare

The boy is listening to the radio.
Il ragazzo ascolta la radio.

little	LIT-l	aggettivo	piccolo (masc.)
			piccola (fem.)

The boy is little.
Il ragazzo è piccolo.

little	LIT-l	nome	un poco
			un po'

Do you want any bread? A little, please.
Vuole del pane? Un po', per piacere.

to live	LIV	verbo	abitare

Where do you live?
Dove abita Lei?

to live	LIV	verbo	vivere

We live well in America.
Viviamo bene in America.

to live (reside)	LIV	verbo	risiedere

Where do you live?
Dove risiede Lei?

living room	LIV-ing rum	nome	il salotto

Who is in the living room?
Chi è nel salotto?

loaf (of bread)	LOHF	nome	il pane

You see many loaves of bread in the bakery.
Si vedono molti pani nella panetteria.

roll	ROHL	nome	il panino

A roll, please.
Un panino, per piacere.

.toast	TOHST	nome	il pane tostato

My sister prefers toast.

Mia sorella preferisce il pane tostato.

long	LAWNG	aggettivo	lungo (masc.)
			lunga (fem.)

She is wearing a long dress.
Porta un vestito lungo.

---

look (appearance)	LAUHK	nome	l'apparenza

The father has an angry look.
Il babbo ha un'apparenza irritata.

---

to look after	verbo	badare a
		sorvegliare

I look after the kittens.
Io bado ai gattini.

---

to look at	LAUHK	verbo	guardare

I like to watch television.
Mi piace guardare la televisione.

---

to look for	verbo	cercare

Father is always looking for his keys.
Il babbo cerca sempre le sue chiavi.

---

to lose	LUZ	verbo	perdere

John always loses his hat.
Giovanni perde sempre il cappello.

---

lot of (many)	LAT	aggettivo	molto
			molta

Mary has a lot of books.
Maria ha molti libri.

---

loud	LOWD	aggettivo	forte

He has a loud voice.
Lui ha una voce forte.

---

in a loud voice	expressione	ad alta voce
	idiomatica	

He speaks in a loud voice.

Lui parla ad alta voce.

---

loudly   avverbio   forte
He plays the drum loudly.
Lui suona il tamburo forte.

---

to love LƏV   verbo   amare
The mother loves her children.
La mamma ama i figli.

---

love LƏV   nome   l'amore
The boy has a great love for his family.
Il ragazzo ha un grande amore per la sua
famiglia.

---

to lower LOH-ør   verbo   abbassare
The sailor lowers the sail.
Il marinaio abbassa la vela.

---

luck LƏK   nome   la fortuna
Before the exam my friend says, "Good luck!"
Prima dell'esame il mio amico dice, "Buona
fortuna!"

   to be lucky   verbo   essere fortunato
The boy wins a prize. He is lucky.
Il ragazzo vince un premio. Lui è fortunato.

---

luggage LƏG-idj   nome   il bagaglio
The luggage is ready for the trip.
Il bagaglio è pronto per il viaggio.

---

lunch LƏNCH   nome   la colazione
I eat lunch at noon.
Io faccio colazione a mezzogiorno.

M

---

machine mø-SHIN   nome   la macchina
The machine does not work.
La macchina non funziona.

washing machine   nome   la lavatrice
Mother wants a washing machine.
La mamma vuole una lavatrice.

---

mad (crazy) MAD   aggettivo   matto
pazzo
matta, pazza

He is mad.
Lui è matto.

---

made of MEID-øv   expressione   di (fatto di)
idiomatica
The door is made of wood.
La porta è di legno.

---

maid MEID   nome   la cameriera
The maid is young.
La cameriera è giovane.

cleaning lady   nome   la donna di
servizio
The cleaning lady cleans the house.
La donna di servizio pulisce la casa.

---

to mail a letter   verbo   imbucare una
MEIL ø LET ør   lettera
I mail a letter every day.
Io imbuco una lettera ogni giorno.

---

mailbox MEIL-BAKS   nome   la buca delle
lettere
The mailbox is on the right.
La buca delle lettere è a destra.

---

mailman MEIL-man   nome   il postino
The mailman brings letters and packages.
Il postino porta le lettere e i pacchi.

---

to make MEIK   verbo   fare

He makes the trip in an hour.
Lui fa il viaggio in un'ora.

---

mama   MA-mø   nome   la mamma
Mama, where are my socks?
Mamma, dove sono le calze?

---

man   MAN   nome   l'uomo
The man comes to fix the TV set.
L'uomo viene ad aggiustare il televisore.

man   MAN   nome   signore
The man arrived at four o'clock.
Il signore è arrivato alle quattro.

---

many   MEN-i   aggettivo   molto
                                                 molta
There are many books in the library.
Ci sono molti libri alla biblioteca.

---

map   MAP   nome   la carta geografica
Do you have a map of Italy?
Ha Lei una carta geografica dell'Italia?

road map   ROHD MAP   nome   carta stradale
The road map is new.
La carta stradale è nuova.

March   MAHRCH   nome   marzo
It is windy in March.
Tira vento in marzo.

297

---

marionette   ma-ryan-ET   nome   la marionetta
The marionettes are funny.
Le marionette sono comiche.

---

mark (in school)   MAHRK   nome   il voto
Do you have good marks?
Tu hai buoni voti?

---

market   MAHR-kit   nome   il mercato
What do they sell at the market?
Che vendono al mercato?

---

to marry   MAR-i   verbo   sposare
My sister marries the teacher.
Mia sorella sposa il maestro.

---

marvelous   MAHR-vø-løs   aggettivo   meraviglioso
                                        meravigliosa
You are going to the circus? Marvelous!
Tu vai al circo? Meraviglioso!

---

match   MACH   nome   il fiammifero
Matches are dangerous for children.
I fiammiferi sono pericolosi per i ragazzi.

May   MEI   nome   maggio
There are 31 days in May.
Ci sono trentun giorni in maggio.

---

maybe   MEI-bi   avverbio   forse
                                    può darsi
Are we going horseback riding this morning?
   Maybe!
Andiamo a cavallo stamani? Può darsi!
Maybe we will come too.
Forse verremo anche noi.

---

me   MI   pronome   mi, io
He gives me some bread.
Lui mi dà del pane.

Who is knocking at the door? It's me, Michael.
Chi bussa alla porta? Sono io, Michele.

---

meal MIL nome il pasto
Which meal do you prefer?
Quale pasto preferisce Lei?

---

to mean MIN verbo volere dire
What does this word mean?
Che vuol dire questa parola?

---

meat MIT nome la carne
The woman goes to the butcher shop to buy meat.
La donna va alla macelleria per comprare la carne.

---

mechanic mø-KAN-ik nome il meccanico
I would like to become a mechanic.
Io vorrei diventare meccanico.

---

medicine MED-i-sin nome la medicina

The medicine is good for you.
La medicina è buona per tei.

---

to meet MIT verbo incontrare
We meet our friends at the park.
Noi incontriamo i nostri amici al parco.

299

---

member MEM-bɐr nome   il socio
                                              il membro
             He is a member of our team.
             Lui è membro della nostra squadra.

---

menu MEN-yu nome   la lista
             Every restaurant has a menu.
             Ogni ristorante ha una lista.

---

merry-go-round   nome   la giostra
     MER-i-goh-rownd   il carosello
             Look at the horses on the merry-go-round!
                Guarda i cavalli della giostra!

---

midnight MID-nait nome   la mezzanotte
             It is midnight. Why aren't you sleeping?
             È mezzanotte. Perchè non dormi?

---

mile MAIL nome   il miglio
             My friend lives one mile from here.
             Il mio amico abita a un miglio da qui.

---

milk MILK nome   il latte
             I drink milk and Daddy drinks coffee with milk.
             Io bevo il latte e il babbo beve il caffè con latte.

---

million MIL-yɐn nome   il milione
             How many records do you have? A million!
             Quanti dischi hai tu? Un milione!

---

minute MIN-it nome   il minuto
             How many minutes are there in an hour?
             Quanti minuti ci sono in un'ora?

---

mirror MIR-ɐr nome   lo specchio
             Do you have a mirror?
             Hai uno specchio?

---

miss   MIS   nome   la signorina
Miss Marino? She is a good teacher.
Signorina Marino? Lei è una buona maestra.

---

mistake   mis-TEIK   nome   lo sbaglio
I make mistakes when I write in Italian.
Faccio degli sbagli quando scrivo in italiano.

---

to mix   MIKS   verbo   mescolare
When you play cards, you mix the cards.
Quando si gioca alle carte, si mescolano.

---

moist   MOIST   aggettivo   umido
                                          umida
My bathing suit is damp.
Il mio costume da bagno è umido.

Mom, Mommy   MAM, MA-mi   nome   la mamma
Mom, where are my socks?
Mamma, dove sono le calze?

---

moment   MOH-mənt   nome   il momento
I am going into the post office for a moment.
Io entro nell'ufficio postale per un momento.

Monday   MEN-dei   nome   il lunedì
What do you do on Monday?
Che fai tu il lunedì?

---

money   MÆN-i   nome   il denaro
He doesn't have enough money.
Lui no ha abbastanza denaro.

---

monkey   MÆNG-ki   nome   la scimmia
The monkey is eating a banana.
La scimmia mangia una banana.

---

month   MÆNTH   nome   il mese
We have two months of vacation.
Abbiamo due mesi di vacanze.

---

moon   MUN   nome   la luna
The moon is bright.
La luna è chiara.

---

morning   MAWR-ning   nome   la mattina
What do you eat in the morning?
Che mangi tu la mattina?

   Good morning   expressione   Buon giorno
                          idiomatica

---

mosquito   møs-KI-toh   nome   la zanzara
A mosquito bit me.
Una zanzara mi ha punto.

---

mother   MÆTH-ør   nome   la madre
Today is my mother's birthday.
Oggi è il compleanno di mia madre.

---

mountain	MOWN-tøn	nome	la montagna

The mountains north of Italy are the Alps.
Le montagne al nord dell'Italia sono le Alpi.

mouse	MOWS	nome	il topo
mice	MAIS	nome	i topi

There are mice in this field.
Ci sono dei topi in questo campo.

mouth	MOWTH	nome	la bocca

The child opens his mouth when he cries.
Il bambino apre la bocca quando piange.

to move	MUV	verbo	muovere

She moves her fingers quickly when she plays
the piano.
Lei muove rapidamente le dita quando suona il
pianoforte.

movie	MU-vi	nome	il "film"
			la pellicola

They made a new film in Hollywood.
Hanno girato un nuovo "film" a Hollywood.
The film is new.
La pellicola è nuova.

movies		nome	il cinema

There is a good film at the movies.
C'è un buon "film" al cinema.

Mr.	MIS-tør	nome	il signore

"This way, please, sir."
"Di qua, per piacere, signore."

Mrs.	MIS-øs	nome	la signora

Say "Good Morning" to the lady.
Di "Buon giorno" alla signora.

much	MÆCH	aggettivo	molto
			molta

I have much to do.
Ho molto da fare.

---

mud   MED   nome   il fango
My hands are covered with mud.
Ho le mani coperte di fango.

---

museum   myu-ZI-øm   nome   il museo
The museum is open from 2 to 5.
Il museo è aperto dalle due alle cinque.

---

music   MYU-zik   nome   la musica
Do you know how to read musical notes?
Sai leggere le note musicali?

---

musician   myu-ZISH-øn   nome   il musicista
The boy wants to become a musician.
Il ragazzo vuole diventare musicista.

---

my   MAI   pronome   mio, miei
                                                mia, mie

My brother is handsome.
Mio fratello è bello.
My sister is pretty.
Mia sorella è bella.
My brothers are here.
I miei fratelli sono qui.
My sisters have gone out.
Le mie sorelle sono uscite.

---

myself   mai-SELF   pronome   me stesso
I made it myself.
Io l'ho fatto da me stesso.

N

---

nail (fingernail)   NEIL   nome   l'unghia
My fingernail is broken.
L'unghia è rotta.

nail (metal)   NAIL   nome   il chiodo

My brother plays with nails and a hammer.
Mio fratello gioca con chiodi e un martello.

---

name   NEIM   nome   il nome
What is the name of this thing?
Qual'è il nome di questa cosa?

. . . name is   verbo riflessivo   chiamarsi
What is your name? My name is Henry.
Come ti chiami? Io mi chiamo Enrico.

---

napkin   NAP-kin   nome   il tovagliolo
There are four napkins on the table.
Ci sono quattro tovaglioli sul tavolo.

---

narrow   NAR-oh   aggettivo   stretto
                                              stretta
The road is narrow.
La strada è stretta.

---

nation   NEI-shøn   nome   la nazione
This is a great nation.
Questa è una grande nazione.

---

national   NASH-øn-øl   aggettivo   nazionale
July 4 is the national holiday of the United States.
Il quattro luglio è la festa nazionale degli Stati
     Uniti.

---

naughty   NAW-ti   aggettivo   cattivo
                                              cattiva
Robert cannot go out. He is naughty.
Roberto non può uscire. È cattivo.

---

near   NIR   avverbio   vicino a
Milan is not close to the sea.
Milano non è vicino al mare.

---

neck   NEK   nome   il collo
My grandmother says, "My neck hurts."
La nonna dice, "Mi fa male il collo."

---

to need   NID   verbo   avere bisogno di
The fish needs water.
Il pesce ha bisogno d'acqua.

---

needle   NID-l   nome   l'ago
Here is a sewing needle.
Ecco un ago da cucire.

---

neighbor   NEI-bør   nome   il vicino
My neighbor Bernard lives near me.
Il mio vicino Bernardo abita vicino a me.

---

nephew   NEF-yu   nome   il nipote
He is Mr. Napoli's nephew.
Lui è il nipote del signor Napoli.

---

nest   NEST   nome   il nido

How many eggs do you see in the nest?
Quante uova vedi tu nel nido?

---

never   NEV-ør   avverbio   non . . . mai
I never want to play with you.
Non voglio mai giocare con te.

---

new   NU   aggettivo   nuovo (masc.)
                                             nuova (fem.)
My bicycle is new.
La mia bicicletta è nuova.

---

newspaper   NUZ-pei-pør   nome   il giornale
After dinner my uncle reads the newspaper.
Dopo pranzo mio zio legge il giornale.

---

next   NEKST   aggettivo   prossimo (masc.)
prossima (fem.)
The teacher says, "Next week we will have an examination."
La maestra dice, "La prossima settimana faremo un esame."

---

next to   avverbio   accanto a
At the restaurant Peter sits next to Caroline.
Al ristorante Pietro si siede accanto a Carolina.

---

nice   NAIS   aggettivo   piacevole
bello (masc.)
bella (fem.)
Spring is a nice season.
La primavera è una bella stagione.

---

niece   NIS   nome   la nipote
She is the lawyer's niece.
È la nipote dell'avvocato.

---

night   NAIT   nome   la notte
At night you can see the stars.
Di notte si possono vedere le stelle.

---

night (evening)   NAIT   nome   la sera
I watch television in the evening.
Io guardo la televisione di sera.

---

nine   NAIN   aggettivo   nove
There are nine children here.
Ci sono nove ragazzi qui.

---

nineteen   nain-TIN   aggettivo   diciannove
I have nineteen books.
Io ho diciannove libri.

307

---

ninety NAIN-ti   aggettivo   novanta
There are ninety people here.
Ci sono novanta persone qui.

---

no NOH   no
Get up! No, I don't want to get up.
Alzati! No, non voglio alzarmi.

no admittance   expressione   vietato entrare
NOH-ad-MIT-øns   idiomatica
No admittance. We cannot enter.
Vietato entrare. Non possiamo entrare.

no longer   avverbio   non . . . più
noh LAWNG-gør
My brother no longer goes to school.
Mio fratello non va più a scuola.

no matter   expressione   non importa
noh-MAT-ør   idiomatica
You don't have a pencil? No matter. Here is a
pen.
Non hai una matita? Non importa. Ecco una
penna.

No smoking   expressione   vietato fumare
NOH-SMOH-king   idiomatica
No smoking in school.
Vietato fumare a scuola.

---

noise NOIZ   nome   il rumore
Thunder makes a loud noise.
I tuoni fanno un gran rumore.

---

noon NUN   nome   il mezzogiorno
It is noon. It's time for lunch.
È mezzogiorno. È ora di colazione.

---

north NAWRTH   nome   il nord
When I go from Rome to Milan, I go toward the
north.

Quando vado da Roma a Milano, vado verso il nord.

---

nose   N<u>OH</u>Z   nome   il naso
My doll's nose is cute.
Il naso della mia bambola è carino.

---

not   N<u>A</u>T   avverbio   non
My grandfather does not go to work.
Il mio nonno non va a lavorare.

---

note   N<u>OH</u>T   nome   il biglietto
I am rich. I have a thousand lire note.
Son ricco. Ho un biglietto da mille lire.

note (musical)   N<u>OH</u>T   nome   la nota
I know the musical notes.
Io conosco le note musicali.

---

notebook   N<u>OH</u>T-b<u>auh</u>k   nome   il quaderno
She writes her homework in a notebook.
Lei fa i suoi compiti in un quaderno.

---

nothing   N<u>E</u>TH-<u>i</u>ng   nome   niente
                                                nulla
What do you have in your pocket? Nothing!
Che hai nella tasca? Nulla!
There is nothing to do.
Non c'è niente da fare.

November   n<u>oh</u>-VEM-b<u>ø</u>r   nome   novembre
November is not the last month of the year.

Novembre non è l'ultimo mese dell'anno.

---

now   N<u>OW</u>   avverbio   ora
                                                          adesso

You have to take a bath now!
Devi fare un bagno adesso!

---

number   N<u>E</u>M-b<u>o</u>r   nome   il numero

What is your telephone number?
Qual'è il suo numero di telefono?

---

nurse   N<u>U</u>RS   nome   l'infermiera

My neighbor is a nurse.
La mia vicina è infermiera.

---

nylon   N<u>AI</u>-l<u>a</u>n   nome   il nailon

A nylon rope is very strong.
Una fune di nailon è molto forte.

O

---

to obey   <u>oh</u>-BEI   verbo   ubbidire

When I am well-behaved, I obey my parents.
Quando sono ben educato, io ubbidisco ai miei
    genitori.

---

occupied (busy)   aggettivo   occupato
    <u>A</u>K-yu-p<u>ai</u>d   occupata

My brother is occupied now; he is doing his
    homework.
Mio fratello è occupato adesso; fa i suoi compiti.

---

ocean   <u>OH</u>-sh<u>e</u>n   nome   l'oceano

Is the Atlantic Ocean to the west of France?
L'Oceano Atlantico è all'ovest della Francia?

---

ocean liner   nome   il transatlantico

The ocean liner is no longer in service.
Il transatlantico non è più in servizio.

October   ak-TOH-bør   nome   ottobre
It is cool in October.
Fa fresco in ottobre.

---

odd   AD   aggettivo   strano
                                      strana
Here is an odd animal.
Ecco un animale strano.

---

office   A-fis   nome   l'ufficio
Here is the office of a large company.
Ecco l'ufficio di una grande ditta.

    post office   nome   l'ufficio postale
You go to the post office to mail a package.
Tu vai all'ufficio postale per spedire un pacco.

---

often   A-før   avverbio   spesso
I often go by bus.
Vado spesso in autobus.

---

oil   OIL   nome   l'olio
Mother, are you putting oil in the salad?
Mamma, tu metti l'olio nell'insalata?

---

okay   oh-KEI   expressione   d'accordo
                idiomatica   va bene
Do you want to play with me? Okay.
Tu vuoi giocare con me? D'accordo!

---

old   OHLD   aggettivo   vecchio (masc.)
                                  vecchia (fem.)
The book is old and the pen is old.
Il libro è vecchio e la penna è vecchia.

---

on   AN   preposizione   su
The ruler is on the desk.
La riga è sulla scrivania.

    on purpose   an-PUR-pøs   avverbio   di proposito

My brother teases me on purpose.
Mio fratello mi annoia di proposito.

---

once again wøns ø-GEN   avverbio   di nuovo
                                                    ancora
                                                    un'altra volta

He will do it once again.
Lui lo farà di nuovo.

---

one WEN   aggettivo   uno
                                                     un
                                                     una

One tree is small.
Un albero è piccolo.

---

one hundred   aggettivo   cento
  WEN HUN-dred

There are one hundred people at the fair!
Ci sono cento persone alla fiera!

---

one must WEN-MEST   expressione   si deve
                              idiomatica

One must go to school.
Si deve andare a scuola.

---

one that (who)   pronome   quello
  WEN <u>th</u>at (whu)   quella

Here is a red pen. My father's is yellow.
Ecco una penna rossa. Quella di mio padre è
    gialla.

---

onion EN-yøn   nòme   la cipolla

I am going to the store to buy some onions.
Vado al negozio a comprare delle cipolle.

---

only <u>OH</u>N-li   aggettivo   solo
                                                     sola

Only I am here.
Solo io sono qui.

---

only   OHN-li   avverbio   solamente
I have only one dollar.
Ho solamente un dollaro.

---

open   OH-pøn   aggettivo   aperto (masc.)
                                                aperta (fem.)
The window is open.
La finestra è aperta.

---

to open   OH-pøn   verbo   aprire
I open my desk to look for an eraser.
Io apro la mia scrivania per cercare una gomma.

---

to operate   A-pør-eit   verbo   funzionare
This lamp is not operating.
Questa lampada non funziona.

---

or   AWR   congiunzione   o
Would you like peaches or apples?
Vuole delle pesche o delle mele?

---

orange   AR-indj   nome   l'arancia
What color is the orange?
Di che colore è l'arancia?

orange (color)   aggettivo   arancio
                                                arancia
The orange dress is pretty.
Il vestito arancio è bello.

orange juice   nome   spremuta di
                                                arancia
I like orange juice.
La spremuta di arancia mi piace.

---

to order   AWR-dør   verbo   ordinare
In the restaurant Father orders dinner.
Nel ristorante il babbo ordina il pranzo.

to order (command)	verbo	commandare
	The general commands the troops.	
	Il generale comanda le truppe.	

in order to	preposizione	per
in AWR-dør tø		
	In order to win, we must hurry.	
	Per vincere, dobbiamo affrettarci.	

other ÆTH-ør	aggettivo	altro
	Where is the other pencil?	
	Dov'è l'altro lapis?	

our OWR	aggettivo possessivo	nostro (masc.)
		nostra (fem.)
	Our teacher is scolding us today.	
	La nostra maestra ci rimprovera oggi.	

out of OWT-øv	preposizione	per
		da
	My grandfather looks out of the window.	
	Il nonno guarda dalla finestra.	

outside owt-SAID	avverbio	fuori
	My friend is waiting for me outside.	
	Il mio amico mi aspetta fuori.	

over there oh-vør-THEHR	avverbio	là
	Do you see your brother over there at the station?	
	Vedi tuo fratello là alla stazione?	

---

to overturn   <u>oh</u>-vør-T<u>UR</u>N   verbo   rovesciare
The baby overturns the plate.
Il bambino rovescia il piatto.

---

owl   <u>OWL</u>   nome   il gufo
The owl is heard during the night.
Il gufo si sente di notte.

---

own   <u>OH</u>N   aggettivo   proprio
                                     propria
It is not my sister's book; it is my own book.
Non è il libro di mia sorella; è il mio proprio libro.

P

---

package   PAK-<u>i</u>dj   nome   il pacco
What's in the package?
Che c'è nel pacco?

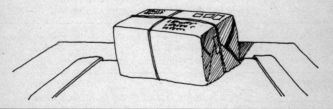

---

page   PEIDJ   nome   la pagina
The map of Italy is on page ten.
La carta geografica dell'Italia è a pagina dieci.

---

pail   PEIL   nome   il secchio
The pail is full of water.
Il secchio è pieno d'acqua.

---

to paint   PEINT   verbo   dipingere
My sister is an artist. She likes to paint.
Mia sorella è artista. Le piace dipingere.

---

to paint (walls of a house)   verbo   verniciare
     PEINT
         My father is painting the kitchen.
         Mio padre vernicia la cucina.

pair   PEHR   nome   il paio
         I would like to buy a pair of gloves.
         Io vorrei comprare un paio di guanti.

pajamas   pø-DJAH-møz   nome   i pigiama
         I put on my pajamas at 10 o'clock at night.
         Io mi metto i pigiama alle dieci di sera.

palace   PAL-is   nome   il palazzo
         The king arrives at the palace.
         Il re arriva al palazzo.

pants   PANTS   nome   i pantaloni
         The boy's pants are dirty.
         I pantaloni del ragazzo sono sporchi.

Papa   PA-pø   nome   il babbo
         Papa, I'm afraid!
         Babbo, ho paura!

paper   PEI-pør   nome   la carta
         There is some paper in my notebook.
         C'è della carta nel mio quaderno.

   sheet of paper   nome   il foglio di carta
         The sheet of paper is dirty.
         Il foglio di carta è sporco.

parachute   PAR-ø-shut   nome   il paracadute
         Is it dangerous to jump from a plane with a
           parachute?
         È pericoloso saltare da un apparecchio in
           paracadute?

parade   pø-REID   nome   la parata

We walk in the parade.
Noi marciamo nella parata.

---

parakeet   PAR-ø-kit   nome   il parrocchetto
We have two pretty parakeets.
Noi abbiamo due bei parrocchetti.

---

pardon me   expressione   scusa (familiare)
   PAHR-døn-MI   idiomatica   scusi (formale)
Pardon me! It's your pocketbook, isn't it?
Mi scusi! È Sua borsa, non è vero?

---

parents   PEHR-ønts   nome   i genitori
My parents go to work in the morning.
I miei genitori vanno al lavoro la mattina.

---

park   PAHRK   nome   il parco
The park is nearby.
Il parco è qui vicino.

---

parrot   PAR-øt   nome   il pappagallo
My pet is a parrot.
Un pappagallo è il mio animale favorito.

---

part (role)   PAHRT   nome   la parte
I want to play the part of the prince.
Voglio interpretare la parte del principe.

---

party   PAHR-ti   nome   la festa
The party is July 18th?
La festa è il diciotto luglio?

---

to pass   PAS   verbo   passare
He passed without speaking.
Lui è passato senza parlare.

---

to paste   PEIST   verbo   incollare
I paste a picture to a page of my notebook.
Io incollo un ritratto a una pagina del mio
      quaderno.

---

path	PATH	nome	il sentiero

The path leads to the bridge.
Il sentiero conduce al ponte.

paw	P<u>AW</u>	nome	la zampa

The lion has four paws.
Il leone ha quattro zampe.

to pay (to pay for)	PEI	verbo	pagare

Mother pays the butcher for the meat.
La mamma paga la carne al macellaio.

peach	PICH	nome	la pesca

Peaches are eaten in summer.
Le pesche si mangiano d'estate.

peanut	PI-nøt	nome	l'arachide

The elephant likes to eat peanuts.
All'elefante piace mangiare le arachidi.

pear	PEHR	nome	la pera

Is the pear ripe?
È matura la pera?

peas	PIZ	nome	i piselli

I like peas.
Mi piacciono i piselli.

pen	PEN	nome	la penna

I always leave my pen at home.
Io lascio sempre la penna a casa.

ballpoint pen   nome   la penna a sfera
I am writing with a ballpoint pen.
Io scrivo con una penna a sfera.

---

pencil PEN-sil   nome   la matita
                                                il lapis
Please give me a pencil.
Per piacere mi dia un lapis.
I do not like this pencil.
Non mi piace questa matita.

---

people PI-pøl   nome   la gente
Many people are in the store.
C'è molta gente nel negozio.

people (persons) PI-pøl   nome   la persona
There are seven people in my family.
Ci sono sette persone nella mia famiglia.

---

perhaps pør-HAPS   avverbio   può essere
                                             forse
Are we going horseback riding this morning?
 Perhaps.
Andiamo a cavallo questa mattina? Forse.
Perhaps he will come also.
Può essere che verrà anche lui.

---

permission pør-MISH-øn   nome   il permesso
Do you have permission to go to the country?
Hai il permesso di andare in campagna?

---

to permit (allow) pur-MIT   verbo   permettere
I permit you to pass.
Io ti permetto di passare.

---

person PUR-søn   nome   la persona
There are many persons in my school.

319

Ci sono molte persone nella mia scuola.

---

pet   PET   nome   l'animale favorito
The cat is my pet.
Il gatto è il mio animale favorito.

---

pharmacy   FAHR-mø-si   nome   la farmacia
The pharmacy is located close to the park.
La farmacia si trova vicino al parco.

---

phonograph   FOH-nø-graf   nome   il fonografo
I have a new phonograph.
Io ho un nuovo fonografo.

---

photograph   FOH-tø-graf   nome   la fotografia
Look at my photograph. It's funny, isn't it?
Guarda la mia fotografia. È comica, non è vero?

---

piano   PYA-n<u>oh</u>   nome   il pianoforte
Who plays the piano in your family?
Chi suona il pianoforte nella tua famiglia?

---

to pick   P<u>I</u>K   verbo   cogliere
I pick the apples.
Io colgo le mele.

---

picnic   P<u>I</u>K-n<u>i</u>k   nome   il "pic-nic"
We have a picnic in the country.
Noi facciamo un "pic-nic" in campagna.

---

picture (photograph)   PIK-chør   nome   la fotografia
I like the picture.
Mi piace la fotografia.

---

picture   PIK-chør   nome   il ritratto
There are many pictures in this book.
Ci sono molti ritratti in questo libro.

---

pie   PAI   nome   la torta
Do you like apple pie?

Ti piace la torta di mele?

---

piece PIS   nome   il pezzo
I want a piece of cheese.
Voglio un pezzo di formaggio.

---

pig PIG   nome   il maiale
The farmer has three pigs.
L'agricoltore ha tre maiali.

---

pillow PIL-<u>oh</u>   nome   il guanciale
The pillow is soft.
Il guanciale è morbido.

---

pilot (airplane) <u>PAI</u>-l<u>e</u>t   nome   il pilota
The pilot is intelligent.
Il pilota è intelligente.

---

pin PIN   nome   lo spillo
The tailor uses many pins.
Il sarto usa molti spilli.

---

pineapple P<u>AI</u>-na-p<u>e</u>l   nome   l'ananasso
The pineapple is big.
L'ananasso è grande.

---

pink PINGK   aggettivo   rosa
You look good in pink.
Il colore rosa ti sta bene.

---

place (at a table) PLEIS   nome   il posto
                                                                il coperto
My cousin puts a knife at each setting.
Mio cugino mette un coltello a ogni posto.
This is my place at the table.
Questo è il mio posto al tavolo.

---

planet PLAN-it   nome   il pianeta
Do you know the names of all the planets?
Conosci tu i nomi di tutti i pianeti?

321

---

plant   PLANT   nome   la pianta
There are five plants in the classroom.
Ci sono cinque piante nell'aula.

---

plate   PLEIT   nome   il piatto
The plate is on the table.
Il piatto è sulla tavola.

---

to play (a game)   PLEI   verbo   giocare
Let's play ball.
Giochiamo all palla.

---

to play (an instrument)   verbo   suonare
My friend plays the piano.
Il mio amico suona il pianoforte.

---

playing card   nome   la carta (da
                                                            giuoco)
Do you know how to play cards?
Sai giocare alle carte?

---

playground   nome   parco di
                                                            ricreazione
The playground is near my house.
Il parco di ricreazione é vicino a casa mia.

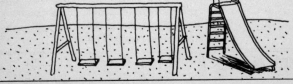

---

pleasant   PLEZ-ønt   aggettivo   gradevole

Spring is a pleasant season.
La primavera è una stagione gradevole.

---

please   PLIZ   expressione   per piacere
                    idiomatica
Please give me a pencil, Mr. Romano.
Per piacere mi dia un lapis, Signor Romano.

---

pleasure   PLEZH-ør   nome   il piacere
Are you coming with us? With pleasure!
Viene con noi? Con piacere!

---

pocket   PAK-it   nome   la tasca
I have some money in my pocket.
Ho della moneta in tasca.

---

pocketbook   PAK-it-bauhk   nome   la borsa
I am buying a pocketbook for Mother.
Io compro una borsa per la mamma.

---

pocketknife   PAK-it-naif   nome   il temperino
Do you have a pocketknife?
Hai tu un temperino?

---

to point to (out)   POINT-OWT   verbo   indicare
The policeman points out the road we must take.
Il poliziotto indica la strada che dobbiamo fare.

---

polite   pø-LAIT   aggettivo   cortese garbato
                                                gentile educato
Mother says, "A polite child does not speak with
   a full mouth."
La mamma dice, "Un ragazzo educato non parla
   con la bocca piena."

---

pool (swimming)   PUL   nome   la piscina
The pool is large.
La piscina è grande.

---

poor   PUR   aggettivo   povero
                                                     povera
This poor boy does not have much money.
Questo ragazzo povero non ha molto denaro.

---

postcard   POHST-kahrd   nome   la cartolina postale
He received a postcard.
Lui ha ricevuto una cartolina postale.

---

postman   POHST-man   nome   il postino
The postman brings letters and packages.
Il postino porta lettere e pacchi.

---

post office   POHST aw-fis   nome   l'ufficio postale
The post office is closed.
L'ufficio postale è chiuso.

---

potato   pø-TEI-toh   nome   la patata
Do you like potatoes?
Ti piacciono le patate?

---

to pour   PAWR   verbo   versare
Margaret pours coffee into a cup.
Margherita versa il caffè in una tazza.

---

to prefer   prø-FUR   verbo   preferire
Do you prefer the city or the country?
Preferisci la città o la campagna?

---

to prepare   prø-PEHR   verbo   preparare
My sister prepares the salad.
Mia sorella prepara l'insalata.

---

present   PREZ-ønt   nome   il regalo
Here is a birthday present.
Ecco un regalo per il tuo compleanno.

---

present   PREZ-ønt   aggettivo   presente
The boy is present.

Il ragazzo è presente.

---

president   PREZ-i-dønt   nome   il presidente
Who is the president of Italy?
Chi è il presidente d'Italia?

---

pretty   PRIT-i   aggettivo   bello
carino
bella, carina

The cat is pretty.
Il gatto è bello.
The little girl is pretty.
La ragazzina è carina.

---

prince   PRINS   nome   il principe

princess   PRIN-søs   nome   la principessa
The prince and the princess are in the garden.
Il principe e la principessa sono nel giardino.

---

to promise   PRAM-is   verbo   promettere
I promise to do my homework.
Io prometto di fare i miei compiti.

---

to pull   PAUHL   verbo   tirare
He is pulling a bag of potatoes.
Lui tira un sacco di patate.

---

pumpkin   PÆMP-kin   nome   la zucca
This is a big pumpkin.
Questa è una grande zucca.

---

to punish   PÆN-ish   verbo   punire
The teacher punishes the student.
La maestra punisce lo studente.

---

pupil   PYU-pil   nome   l'alunno
l'alunna
The pupils are in the classroom.
Gli alunni sono nell'aula.

---

puppy	PƐP-i	nome	il cucciolo
			il cagnolino

I like the puppy.
Mi piace il cucciolo.

---

purple	PUR-pøl	aggettivo	porporino

My favorite color is purple.
Il mio colore preferito è porporino.

---

purse	PURS	nome	il borsellino

The girl has a purse.
La ragazza ha un borsellino.

---

to push	PAUHSH	verbo	spingere

He's pushing me!
Lui mi spinge!

---

to put	PAUHT	verbo	mettere

I put the book on the table.
Io metto il libro sulla tavola.

---

to put down (lower)	verbo	abbassare

He lowers the blinds.
Lui abbassa le persiane.

---

to put on	verbo riflessivo	mettersi

My sister puts on her gloves.
Mia sorella si mette i guanti.

Q

quality	KWA-li-ti	nome	la qualità

This material is of good quality.
Questa stoffa è di buona qualità.

---

quantity	KWAN-ti-ti	nome	la quantità

He has a large quantity of books at home.
Lui ha una gran quantità di libri a casa.

---

to quarrel	KWAR-øl	verbo	litigare

My father sometimes has a quarrel with my
    mother.
Mio padre qualche volta litiga con mia madre.

---

quarter   KWAW-tør   nome   il quarto
          I have finished one quarter of the work.
          Ho finito un quarto del lavoro.

---

queen   KWIN   nome   la regina
          The queen is seated near the king.
          La regina è seduta vicino al re.

---

question   KEWSH-chøn   nome   la domanda
          The teacher asks, "Are there any questions?"
          La maestra chiede, "Ci sono domande?"

---

quickly   KWIK-li   avverbio   presto
                                            svelto
          My brother walks too quickly.
          Mio fratello cammina troppo svelto.

---

quiet   KWAI-øt   aggettivo   quieto
                                             quieta
                                           tranquillo
                                             tranquilla
          I like to go fishing when the water is quiet.
          Mi piace andare a pescare quando l'acqua è
            tranquilla.
          He is very quiet.
          Lui è molto quieto.

R

---

rabbit   RAB-it   nome   il coniglio
          The rabbit is fast.
          Il coniglio è svelto.

---

radio   REI-di-oh   nome   la radio
          The radio is not working.

La radio non funziona.

---

railroad   REIL-ro<u>h</u>d   nome   la ferrovia
To go from Milan to Rome, I use the railroad.
Per andare da Milano a Roma, io uso la ferrovia.

---

to rain   REIN   verbo   piovere
Do you think it's going to rain?
Crede Lei che pioverà?

It is raining   REI-n<u>i</u>ng   verbo   Piove.

---

rainbow   REIN-b<u>oh</u>   nome   l'arcobaleno
I like the colors of the rainbow.
Mi piacciono i colori dell'arcobaleno.

---

raincoat   REIN-k<u>oht</u>   nome   l'impermeabile

He is wearing his raincoat because it is raining.
Lui porta l'impermeabile perchè piove.

---

to raise   REIZ   verbo   alzare
The policeman raises his right hand.
Il poliziotto alza la mano destra.

---

rapid   RAP-<u>i</u>d   aggettivo   rapido
The train is very rapid.
Il treno è molto rapido.

---

rat   RAT   nome   il topo
I am afraid of rats.
Ho paura dei topi.

---

to read	RID	verbo	leggere

We are going to the library to read.
Noi andiamo a leggere nella biblioteca.

ready	RED-i	aggettivo	pronto
			pronta

Are you ready? We are late.
È pronto Lei? Noi siamo in ritardo.

to receive	ri-SIV	verbo	ricevere

I receive a postcard from my sister.
Io ricevo una cartolina postale da mia sorella.

record	REK-ørd	nome	il disco

We love this record.
Ci piace questo disco.

record player	nome	il giradischi
		il fonografo

My record player is working well.
Il mio giradischi funziona bene.

red	RED	aggettivo	rosso
			rossa

The cars stop when the light is red.
Le automobili se fermano quando il semaforo è
    rosso.

---

refrigerator   nome   il frigorifero
    ri-FRIDJ-ø-rei-tør
        The refrigerator is in the kitchen.
        Il frigorifero è nella cucina.

---

to remain   rø-MEIN   verbo   restare
        We remain at home today.
        Noi restiamo a casa oggi.

---

to remain   rø-MEIN   verbo   rimanere
        He remains at school until late.
        Lui rimane a scuola fino a tardi.

---

to remember   ri-MEM-bør   verbo   ricordare
        I cannot remember the name of this building.
        Io non posso ricordare il nome di quest'edificio.

---

to remove   rø-MUV   verbo riflessivo   togliersi
        He removes his hat in the house.
        Lui si toglie il cappello in casa.

---

to remove   rø-MUV.   verbo   rimuovere
        He removes the package.
        Lui rimuove il pacco.

---

to repair   rø-PEHR   verbo   riparare
        He is repairing the wall.
        Lui ripara il muro.

---

to repeat   ri-PIT   verbo   ripetere
        The teacher says, "Repeat the sentence."
        La maestra dice, "Ripetete la frase."

---

to reply (answer)   rø-PLAI   verbo   rispondere
        The little girl cannot reply to the question.
        La ragazzina non può rispondere alla domanda.

---

reply   rø-PLAI   nome   la risposta
        He gives the incorrect reply.
        Lui da la risposta sbagliata.

---

to represent   rep-ri-ZENT   verbo   rappresentare
He represents the government.
Lui rappresenta il governo.

---

to rescue   RES-kyu   verbo   salvare
My uncle rescues me when I fall in the water.
Lo zio mi salva quando io cado nell'acqua.

---

to rest   REST   verbo riflessivo   riposarsi
The child runs. He does not want to rest.
Il ragazzo corre. Lui non vuole riposarsi.

---

restaurant   RES-tør-ønt   nome   il ristorante
The waiter works in this restaurant.
Il cameriere lavora in questo ristorante.

---

to return   ri-TURN   verbo   ritornare
He goes to the blackboard and then returns to
his seat.
Lui va alla lavagna e poi ritorna al suo posto.

---

to return (give back)   verbo   restituire
   ri-TURN
He returns my book.
Lui mi restituisce il libro.

---

ribbon   RIB-øn   nome   il nastro
She is wearing a pretty ribbon in her hair.
Lei porta un bel nastro nei capelli.

---

rice   RAIS   nome   il riso
The rice is delicious.
Il riso è delizioso.

---

rich   RICH   aggettivo   ricco (masc.)
                                                    ricca (fem.)
The rich lady wears jewels.
La donna ricca porta i gioielli.

---

to ride   RAID   verbo   cavalcare

He has learned to ride a horse well.
Lui ha imparato a cavalcare bene.

---

right R<u>AI</u>T   aggettivo   giusto
                                                                corretto
                                                                guista
                                                                corretta

This is right.
Questo è giusto.

the right   aggettivo   la destra
I raise my right hand.
Io alzo la mano destra.

to the right   expressione   alla destra
                    idiomatica
Turn to the right at the corner.
Gira alla destra all'angolo.

---

ring R<u>I</u>NG   nome   l'anello

What a pretty ring!
Che bell'anello!

---

to ring R<u>I</u>NG   verbo   suonare
The telephone is ringing.
Il telefono suona.

---

ripe	R<u>AI</u>P	aggettivo	maturo (masc.) matura (fem.)

When the banana is yellow it is ripe.
Quando la banana è gialla è matura.

river	R<u>I</u>V-ør	nome	il fiume

How can we cross the river?
Come possiamo attraversare il fiume?

road	R<u>OH</u>D	nome	la strada

What is the name of this road?
Come si chiama questa strada?

roast beef	R<u>OH</u>ST-BIF	nome	manzo arrostito il rosbif (popular)

I would like a roll with roast beef, please.
Io vorrei un panino con rosbif, per piacere.

robber	R<u>A</u>B-ør	nome	il ladro

They are looking for the robber at the bank.
Cercano il ladro alla banca.

rock	R<u>A</u>K	nome	la pietra

What a big rock that is over there!
Che pietra grande lì!

rocket ship	R<u>A</u>K-it-ship	nome	il razzo

They go to the moon in a rocket ship.
Vanno alla luna in un razzo.

---

role   R<u>OH</u>L   nome   la parte
I want to play the role of the prince.
Voglio interpretare la parte del principe.

---

roll   R<u>OH</u>L   nome   il panino
The roll is hard.
Il panino è duro.

---

to roll   R<u>OH</u>L   verbo   rotolare
He rolls a barrel along the road.
Lui fa rotolare un barile lungo la strada.

---

roller skates   nome   i pattini a rotelle
      R<u>OH</u>L-ør-skeits
          I like roller skates.
          Mi piacciono i pattini a rotelle.

---

roof   RUF   nome   il tetto
I look at the city from the roof of the house.
Io guardo la città dal tetto della casa.

---

room   RUM   nome   la stanza
There are two rooms in our apartment.
Ci sono due stanze nel nostro appartamento.

     bathroom   nome   la sala da bagno
         The bathroom is large.
         La sala da bagno è grande.

     bedroom   nome   la camera da letto
         The bedroom is blue.
         La camera da letto è azzurra.

     classroom   nome   l'aula
         The classroom is small.
         L'aula è piccola.

     dining room   nome   la sala da pranzo
         The dining room is pretty.
         La sala da pranzo è bella.

living room	nome		il salone
			il salotto

The living room is dark.
Il salone è scuro.

---

rooster   RUS-tør   nome   il gallo
The rooster gets up early.
Il gallo si alza presto.

---

rope   ROHP   nome   la fune
The rope is not long enough.
La fune non è abbastanza lunga.

---

round   ROWND   aggettivo   tondo
                                      tonda
The plate is round.
Il piatto è tondo.

---

route   RUT   nome   la rotta
What route did Columbus take to reach the New
     World?
Che rotta fece Colombo per arrivare al Nuovo
     Mondo?

---

row   ROH   nome   la fila
There are four rows of seats in the room.
Ci sono quattro file di posti nella stanza.

---

rubbers (overshoes)   nome   le soprascarpe
   RÆB-ørs
It is raining. I have to put on my overshoes.
Piove. Devo mettermi le soprascarpe.

---

rug   RÆG   nome   il tappeto
The rug is on the floor.
Il tappeto è sul pavimento.

---

rule   RUL   nome   la regola
We must obey the rules.

Dobbiamo obbedire le regole.

---

ruler   RUL-ør   nome   la riga
The ruler is long.
La riga è lunga.

---

to run   RÆN   verbo   correre

They are running to the station because they are
   late.
Loro corrono alla stazione perchè sono in ritardo.

S

---

sack   SAK   nome   il sacco
The sack is full.
Il sacco è pieno.

---

sad   SAD   aggettivo   triste
Why are you sad?
Perchè sei triste?

---

safe and sound   aggettivo   sano e salvo
   SEIF-n-SOWND   sana e salva
   I come home safe.
   Io ritorno a casa sano e salvo.

---

salad   SAL-ød   nome   l'insalata
I like salad.
Mi piace l'insalata.

---

salesman   SEILZ-man   nome   il commesso

saleswoman	nome	la commessa

The salesman shows us some shoes.
Il commesso ci mostra delle scarpe.

---

salt   SAWLT   nome   il sale

Please pass me the salt.
Mi passi il sale, per piacere.

---

same   SEIM   aggettivo   stesso
                                              stessa

My friend and I are wearing the same dress.
La mia amica ed io portiamo lo stesso vestito.

---

sand   SAND   nome   la sabbia

At the beach, I sit on the sand.
Alla spiaggia, io mi siedo sulla sabbia.

---

sandwich   SAND-wich   nome   il panino
                                              il panino imbottito

I like a ham sandwich.
Mi piace un panino di prosciutto.

Saturday   SAT-ør-dei   nome   sabato

Let's have a picnic Saturday.
Facciamo un "pic-nic" sabato.

---

saucer   SAW-sør   nome   il piattino

The woman puts the cup on the saucer.
La donna mette la tazza sul piattino.

---

flying saucer   nome   il disco volante

I have never seen a flying saucer.
Io non ho mai visto un disco volante.

---

to save   SEIV   verbo   salvare

My uncle saves me when I fall into the water.
Mio zio mi salva quando io cado nell'acqua.

---

to say   SEI   verbo   dire

The teacher says, "Good morning" each
      morning.

La maestra dice, "Buon giorno" ogni mattina.

---

school   SKUL   nome   la scuola
We don't go to school on Thursdays.
Il giovedì non andiamo a scuola.

---

science   SAI-øns   nome   la scienza
I like to go to my science class.
Mi piace andare alla classe di scienza.

---

scientist   SAI-en-tist   nome   lo scienziato
                                               la scienziata
I would like to become a scientist.
Io vorrei diventare scienziato.

---

scissors   SIZ-ørz   nome   le forbici
I cut paper with scissors.
Io taglio la carta con le forbici.

---

scold   SKOHLD   verbo   rimproverare
He is ashamed because his mother is scolding
    him.
Lui si vergogna perchè la madre lo rimprovera.

---

scream, shout   SKRIM, SHOWT   verbo   gridare
Mom screams, "Come quickly!"
La mamma grida, "Vieni·subito!"

---

sea   SI   nome   il mare
Are there many fish in the sea?
Ci sono molti pesci nel mare?

---

season   SI-zøn   nome   la stagione
How many seasons are there?
Quante stagioni ci sono?

---

seat (place)   SIT   nome   il posto
I go to the blackboard and I return to my seat.
Io vado alla lavagna e io ritorno al mio posto.

seat   SIT   nome   il sedile

The seat is broken.
Il sedile è rotto.

---

seated SIT-ød   aggettivo   seduto
                                                    seduta

He is seated in an armchair.
Lui è seduto in una poltrona.

---

second SEK-ønd   aggettivo   secondo
                                                    seconda

What is the name of the second month of the
    year?
Come si chiama il secondo mese dell'anno?

---

secret SI-krit   nome   il secreto

Tell me the secret.
Dimmi il secreto.

---

secretary SEK-rø-ter-i   nome   la segretaria

There are three secretaries in this office.
Ci sono tre segretarie in quest'ufficio.

---

to see SI   verbo   vedere

I see the airplane in the sky.
Io vedo l'apparecchio nel cielo.

---

to see again SI-ø-GEN   verbo   rivedere

339

I want to see the film again.
Io voglio rivedere il film.

---

seesaw   SI-s<u>aw</u>   nome   l'altalena
In the park the children are having a good time
    on the seesaws.
Nel parco, i ragazzi si divertono sulle altalene.

---

to sell   SEL   verbo   vendere
They sell medicine in this store.
Vendono medicine in questo negozio.

---

to send   SEND   verbo   mandare
My uncle is going to send me a present.
Mio zio mi manda un regalo.

---

sentence   SEN-tøns   nome   la frase
I am writing a sentence in my notebook.
Io scrivo una frase nel mio quaderno.

September   sep-TEM-bør   nome   settembre
Do we go back to school on the first of
    September?
Noi ritorniamo a scuola il primo settembre?

---

serious   SIR-i-øs   aggettivo   serio
                                                        seria
There is a serious film at the movies.
C'è un film serio al cinema.

---

to serve   S<u>UR</u>V   verbo   servire
I serve the dog his dinner.
Io servo il pranzo al cane.

---

to set (the table)   SET   verbo   apparecchiare
My mother sets the table.
Mia madre apparecchia la tavola.

---

to set (put)   SET   verbo   mettere
I set the vase on the table.

Io metto il vaso sulla tavola.

to set (sun)   SET   verbo   tramontare
The sun sets early in winter.
Il sole tramonta presto d'inverno.

---

setting (table)   SET-ing   nome   il posto
My cousin puts a knife at each setting.
Mia cugina mette un coltello a ogni posto.

---

seven   SEV-øn   aggettivo   sette
There are seven apples.
Ci sono sette mele.

---

seventeen   sev-øn-TIN   aggettivo   diciassette
There are seventeen boys in the room.
Ci sono diciasette ragazzi nella stanza.

---

seventy   SEV-øn-ti   aggettivo   settanta
Seventy people came to the party.
Settanta persone vennero alla festa.

---

several   SEV-røl   aggettivo   alcuni
                                                alcune
There are several chairs in the living room.
Ci sono alcune sedie nel salotto.

several   SEV-røl   aggettivo   qualche
There are several chairs in the living room.
C'è qualche sedia nel salotto.

several   SEV-røl   aggettivo   parecchi
There are several cars on the road.
Ci sono parecchie macchine sulla strada.

---

to sew   SOH   verbo   cucire
My mother sews with a needle.
Mia madre cuce con un ago.

---

shadow   SHAD-oh   nome   l'ombra

My shadow dances with me.
La mia ombra balla con me.

---

to shake   SHEIK   verbo   scuotere
The teacher shakes her finger at the child.
La maestra scuote il dito verso il ragazzo.

---

to shake hands   verbo   dare la mano
John, shake hands with your cousin.
Giovanni, dai la mano a tuo cugino.

---

to share   SHEHR   verbo   dividere
                                spartire

Let's share the cake!
Dividiamo la torta!
Let's share the cake!
Spartiamo la torta!

---

she   SHI   pronome   lei
                                ella

She will come home.
Lei verrà a casa.

---

sheep   SHIP   nome   la pecora
The sheep is in the field.
La pecora è nel campo.

---

sheet (of paper)   nome   il foglio (di carta)
     SHIT-øv-PEI-pør
         Give me a sheet of paper, please.
         Dammi un foglio di carta, per piacere.

---

shell   SHEL   nome   la conchiglia
         I am looking for shells at the beach.
         Io cerco le conchiglie sulla spiaggia.

---

ship   SHIP   nome   la nave
         You cross the ocean by ship.
         Si attraversa l'oceano in nave.

---

shirt   SHURT   nome   la camicia
         The shirt is white.
         La camicia è bianca.

---

shoe   SHU   nome   la scarpa
         My shoes are wet.
         Le mie scarpe sono bagnate.

---

shop   SHAP   nome   la bottega
         Excuse me. Where is Mr. Napoli's shop?
         Mi scusi. Dov'è la bottega del Signor Napoli?

   to go shopping   verbo   andare a fare le
     SHAP-ing   spese
         We go shopping every day.
         Noi andiamo a fare le spese ogni giorno.

---

shore   SHAWR   nome   la spiaggia
         I go to the shore for my vacation.
         Io vado alla spiaggia per le vacanze.

---

short (length)   SHAWRT   aggettivo   corto (masc.)
                                             corta (fem.)
         One ruler is short, the other is long.
         Una riga è corta, l'altra è lunga.

---

short (height)   SHAWRT   aggettivo   basso (masc.)
                                             bassa (fem.)

The tree at the left is short; the tree on the right is
  tall.
L'albero a sinistra è basso; l'albero a destra è
  alto.

---

shoulder   SHOHL-dør   nome   la spalla
Carl's shoulder hurts.
A Carlo gli fa male la spalla.

---

to shout   SHOWT   verbo   gridare
Mom shouts, "Come quickly!"
La mamma grida, "Vieni subito!"

---

shovel   SHÆV-øl   nome   la pala
My brother plays with a shovel.
Mio fratello gioca con una pala.

---

to show   SHOH   verbo   mostrare
Show me your new pen.
Mostrami la tua nuova penna.

---

shower   SHOW-ør   nome   la doccia
I take a shower every morning.
Mi faccio una doccia ogni mattina.

---

sick   SIK   aggettivo   malato
                                                   malata
What's the matter? I am sick.
Che hai tu? Io sono malato.

---

sidewalk   SAID-wawk   nome   il marciapiede
The sidewalk is very narrow.
Il marciapiede è molto stretto.

---

silent   SAIL-ønt   aggettivo   silenzioso
                                                   silenziosa
The night is silent.
La notte è silenziosa.

---

silly   SIL-i   aggettivo   sciocco (masc.)
                                                   sciocca (fem.)

It is a silly story.
È una storia sciocca.

---

silver SIL-vør   nome   l'argento
Silver is a precious metal.
L'argento è un metallo prezioso.

---

similar SIM-i-lør   aggettivo   simile
These two things are similar.
Queste due cose sono simili.

---

to sing SING   verbo   cantare
I am singing and the birds are singing.
Io canto e gli uccelli cantano.

---

sink (bathroom) SINGK   nome   il lavandino
The sink is large.
Il lavandino è grande.

---

sister SIS-tør   nome   la sorella
My aunt is my mother's sister.
Mia zia è la sorella di mia madre.

---

to sit SIT   verbo riflessivo   sedersi
Grandmother sits on a chair.
La nonna si siede su una sedia.

---

six SIKS   aggettivo   sei

I have six cookies.
Io ho sei pasticcini.

---

sixteen siks-TIN   aggettivo   sedici
I have to read 16 pages this evening.

Devo leggere sedici pagine stasera.

---

sixty SIKS-ti aggettivo sessanta
There are 60 minutes in an hour.
Ci sono sessanta minuti in un'ora.

---

size SAIZ nome la misura
In a store I am asked, "What is your size?"
In un negozio mi domandano, "Che misura ha Lei?"

---

to skate SKEIT verbo pattinare
Let's go skating!
Andiamo a pattinare!

---

skates SKEITZ nome i pattini
The skates are new.
I pattini sono nuovi.

ice skates nome i pattini a ghiaccio
I have ice skates.
Io ho i pattini a ghiaccio.

roller skates nome i pattini a rotelle
Why don't you buy roller skates?
Perchè non compra i pattini a rotelle?

---

skin SKIN nome la pelle
The sun burns my skin when I take a sunbath.
Il sole mi brucia la pelle quando mi faccio un bagno di sole.

---

skinny SKIN-i aggettivo magro
magra
You are too thin. You must eat.
Sei troppo magra. Devi mangiare.

---

skirt SKURT nome la gonna
I can't choose. Which skirt do you prefer?
Non posso scegliere. Quale gonna preferisci tu?

---

sky   SK<u>AI</u>   nome   il cielo
I see the moon in the sky.
Vedo la luna nel cielo.

---

skyscraper   SK<u>AI</u>-skrei-per   nome   il grattacielo
New York City has many skyscrapers.
La città di New York ha molti grattacieli.

---

sled   SLED   nome   la slitta

He plays with the sled.
Lei gioca con la slitta.

---

to sleep   SLIP   verbo   dormire
Are you sleeping? I would like to talk to you.
Dormi tu? Ti vorrei parlare.

---

to slide, slip   SL<u>AI</u>D   verbo   scivolare
We slip on the ice in winter.
Noi scivoliamo sul ghiaccio d'inverno.

---

slow   SL<u>OH</u>   aggettivo   lento
                                                lenta
He walks at a slow pace.
Lui cammina a passo lento.

---

slowly   SL<u>OH</u>-li   avverbio   lentamente
Grandfather walks slowly.
Il nonno cammina lentamente.

---

small	SMAWL	aggettivo	piccolo
			piccola

The girl is small.
La ragazza è piccola.

---

to smell	SMEL	expressione idiomatica	avere buon odore (good)
		expressione idiomatica	avere cattivo odore (bad)

The cake smells good.
La torta ha un buon odore.

---

to smile	SMAIL	verbo	sorridere

You always smile when I give you a cookie.
Tu sorridi sempre quando ti do un pasticcino.

---

to smoke	SMOHK	verbo	fumare

Dad says that it is dangerous to smoke.
Il babbo dice ch'è pericoloso fumare.

no smoking NOH-SMOHK-ing	expressione idiomatica	vietato fumare

No smoking in the theatre.
Vietato fumare nel teatro.

---

snack	SNAK	nome	lo spuntino

Hello, Mother. Do you have a snack for us?
Ciao, Mamma. Avete uno spuntino per noi?

---

snake	SNEIK	nome	la serpe

Are there any snakes in Italy?
Ci sono serpi in Italia?

---

snow	SNOH	nome	la neve

I like to play in the snow.
Mi piace giocare nella neve.

---

to snow	SNOH	verbo	nevicare

It is snowing.

Nevica.

---

snowman   SNOH-man   nome   l'uomo di neve
The snowman is wearing a hat.
L'uomo di neve porta un cappello.

---

so   SOH   avverbio   così
The baby eats so slowly.
Il bambino mangia così lentamente.

---

soap   SOHP   nome   il sapone

Don't forget the soap!
Non dimenticare il sapone!

---

soccer   SAK-ør   nome   il calcio
Do you know how to play soccer?
Sai giocare al calcio?

---

sock   SAK   nome   la calza
I would like to buy a pair of socks.
Io vorrei comprare un paio di calze.

---

soda   SOH-dø   nome   la soda
I am drinking soda.
Io bevo la soda.

---

sofa   SOH-fø   nome   il divano
The sofa is very comfortable.
Il divano è molto comodo.

---

soft   SAWFT   aggettivo   molle
tenero

tenera
morbido
morbida

The meat is soft.
La carne è tenera.
The dough is soft.
La pasta è morbida.
The earth is soft.
La terra è molle.

---

softly   SAWFT-li   avverbio   pian piano
                                            adagio
Walk softly. Mother has a headache.
Cammina pian piano. La mamma ha un mal di
testa.

---

soldier   SOHL-djør   nome   il soldato
My cousin is a soldier.
Mio cugino è soldato.

---

so many, so much   aggettivo   tanto
soh-MEN-i   tanta
So many books!
Tanti libri!
So much work!
Tanto lavoro!

---

some   SEM   aggettivo, sing.   qualche
                 aggettivo, pl.   alcuni, alcune
                 aggettivo   di + def. art.
Some books are lost.
Qualche libro è perso.
Some boys have arrived.
Alcuni ragazzi sono arrivati.
There are some pencils on the table.
Ci sono delle matite sul tavolo.

---

somebody, someone   pronome   qualcuno
SEM-bad-i

Somebody is in the restaurant.
Qualcuno è nel ristorante.
Someone has arrived.
Qualcuno è arrivato.

---

something   SEM-thing   pronome   qualche cosa
Is there something in this drawer?
C'è qualche cosa in questo cassetto?

---

sometimes   SEM-taimz   avverbio   qualche volta
Sometimes, I am not well-behaved.
Qualche volta, sono cattivo.

---

son   SEN   nome   il figlio
I would like to introduce my son, Joseph.
Vorrei presentare mio figlio, Giuseppe.

---

song   SAWNG   nome   la canzone
Which song do you prefer?
Quale canzone preferisce Lei?

---

soon   SUN   avverbio   presto
                                                tra poco
The mailman will come soon.
Il postino arriverà tra poco.

See you soon   expressione   arrivederci
                   idiomatica
I am going shopping. See you soon!
Io vado a fare delle spese. Arrivederci!

---

sort   SAWRT   nome   la sorta
                                            il genere
What sort of thing is this?
Che genere di cosa è questo?

---

soup   SUP   nome   la minestra
My sister serves soup to my brother.
Mia sorella serve la minestra a mio fratello.

---

south   S<u>OW</u>TH   nome   il sud
> Naples is in the south of Italy.
> Napoli è nel sud dell'Italia.

---

space   SPEIS   nome   lo spazio
> The astronauts travel in space.
> Gli astronauti viaggiano nello spazio.

---

to speak   SPIK   verbo   parlare

> We are talking about the film on television.
> Noi parliamo del film alla televisione.

---

to spend (money)   SPEND   verbo   spendere
> We spend too much for entertainment.
> Spendiamo troppo per il divertimento.

to spend (time)   SPEND   verbo   passare
> She spends two weeks in the country.
> Lei passa due settimane in campagna.

---

spider   SP<u>AI</u>-dør   nome   il ragno
> Who's afraid of a spider?
> Chi ha paura di un ragno?

---

to spill   SP<u>I</u>L   verbo   rovesciare
> The baby overturns the plate.
> Il bambino rovescia il piatto.

---

spinach   SP<u>IN</u>-øch   nome   gli spinaci

Spinach is green.
Gli spinaci sono verdi.

---

spoon   SPUN   nome   il cucchiaio
I don't have a spoon.
Io non ho cucchiaio.

---

sport   SPAWRT   nome   lo sport
What is your favorite sport?
Qual'è il tuo sport preferito?

---

spot   SPAT   nome   la macchia
There is a stain on the rug.
C'è una macchia sul tappeto.

---

spotted   SPAT-ød   aggettivo   macchiato (masc.)
                                     macchiata (fem.)
My turtle is spotted.
La mia tartaruga è macchiata.

---

spring   SPRING   nome   la primavera
You see a lot of flowers in the spring.
Si vedono molti fiori di primavera.

---

square   SKWEHR   aggettivo   quadro (masc.)
                                    quadra (fem.)
The box is square.
La scatola è quadra.

---

square (plaza, place)   nome   la piazza
    SKWEHR
Navona square has three large fountains.
Piazza Navona ha tre grandi fontane.

---

stain   STEIN   nome   la macchia
There is a stain on the rug.
C'è una macchia sul tappeto.

---

staircase   STEHR-keis   nome   la scala
I like to jump over the last step of the staircase.

Mi piace saltare l'ultimo gradino della scala.

---

stamp (postage)   STAMP   nome   il francobollo
I put a stamp on the envelope.
Io metto un francobollo sulla busta.

---

to stand   STAND   espressione   stare in piedi
                       idiomatica
In the classroom the teacher is standing.
Nella classe la maestra sta in piedi.

---

star   STAHR   nome   la stella

How many stars are there in the sky?
Quante stelle ci sono nel cielo?

---

to start   STAHRT   verbo   cominciare
The Italian class begins at 9.
La classe d'italiano comincia alle nove.

---

state   STEIT   nome   lo stato
From which state do you come?
Da quale stato viene Lei?

---

station   STEI-shøn   nome   la stazione
The train is in the station.
Il treno è nella stazione.

---

to stay   STEI   verbo   stare
                                          rimanere

354

I would like to stay at my grandmother's house.
Io vorrei stare alla casa della nonna.
I would like to stay at my grandmother's house.
Io vorrei rimanere alla casa della nonna.

---

to steal   STIL   verbo   rubare
Who has stolen my pen?
Chi ha rubato la mia penna?

---

steamship   STIM-SHIP   nome   il piroscafo
The steamship crosses the Atlantic Ocean.
Il piroscafo attraversa l'Oceano Atlantico.

---

step   STEP   nome   il gradino
There are many steps in front of this building.
Ci sono molti gradini davanti a questo edificio.

---

stick   STIK   nome   il bastone
The policeman carries a stick.
Il poliziotto porta il bastone.

---

still   STIL   avverbio   ancora
Are you still at home?
Sei ancora a casa?

---

to sting   STING   verbo   pungere
The mosquitoes like to bite me.
Alle zanzare piace pungermi.

---

stocking   STAK-ing   nome   la calza
Women wear nylon stockings.
Le donne portano le calze di nailon.

---

stone   STOHN   nome   la pietra
There are many stones in the field.
Ci sono molte pietre nel campo.

---

stop   STAP   nome   la fermata
The bus stop is at the corner.
La fermata dell'autobus è all'angolo.

---

to stop   STA̲P   verbo   fermare
The policeman stops the cars.
Il poliziotto ferma le macchine.

---

to stop (oneself)   verbo riflessivo   fermarsi
     STA̲P
     He stops before entering the room.
     Lui si ferma prima di entrare nella stanza.

---

store   STA̲WR   nome   il negozio
I am going to the store with my friend.
Io vado al negozio con il mio amico.

---

store window   nome   la vetrina
    STA̲WR-WI̲N-doh
     We are going to look at the things in the store
        window.
     Andiamo a vedere le cose nella vetrina.

---

storm   STA̲WRM   nome   la tempesta

There are no classes because of the storm.
Non ci sono classi a causa della tempesta.

---

story   STA̲WR-i   nome   la storia
                                      il racconto
Read me the story of "The Three Little Kittens."
Leggimi il racconto di "I Tre Gattini."

---

stove   STO̲HV   nome   la stufa
Mother cooks on a new stove.
La mamma cucina su una stufa nuova.

---

strange	STREINDJ	aggettivo	strano strana

Here is a strange animal.
Ecco un animale strano.

---

stranger   STREIN-djør   nome   lo straniero

Mother says, "Don't speak to strangers."
La mamma dice, "Non parlare agli stranieri."

---

strawberry   STR<u>AW</u>-ber-i   nome   la fragola

Strawberries are red.
Le fragole sono rosse.

---

street   STRIT   nome   la strada

It is dangerous to play ball in the street.
È pericoloso giocare alla palla nella strada.

---

street cleaner   nome   lo spazzino

The street cleaner is carrying a broom.
Lo spazzino porta una scopa.

---

string   STRI̱NG   nome   la cordicella

I am looking for a string for my kite.
Cerco una cordicella per il mio aquilone.

---

string beans   nome   i fagiolini
STRI̱NG-binz

We have string beans for dinner.
Noi abbiamo i fagiolini per cena.

---

strong   STR<u>AW</u>NG   aggettivo   forte

My father is very strong.
Mio padre è molto forte.

---

student   STUD-ønt   nome   lo studente
la studentessa

My cousin is a student at the university.
Mio cugino è studente all'università.

---

to study   ST<u>Æ</u>D-i   verbo   studiare

I have to study this evening.
Devo studiare stasera.

---

stupid   STU-pid   aggettivo   stupido
                                                     stupida
Is the elephant intelligent or stupid?
L'elefante è intelligente o stupido?

---

subway   SÆB-wei   nome   la metropolitana
We take the subway to go to the museum.
Prendiamo la metropolitana per andare al
   museo.

---

to succeed   søk-SID   verbo   riuscire

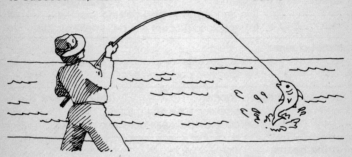

He succeeds in catching a fish.
Lui riesce a prendere un pesce.

---

suddenly   SÆD-øn-li   avverbio   ad un tratto
                                                 improvvisamente
Suddenly, it starts to rain.
Ad un tratto, incomincia a piovare.

---

sugar   SHAUHG-ør   nome   lo zucchero
Mother serves sugar with tea.
La mamma serve lo zucchero con il tè.

---

suit   SUT   nome   il vestito
                                                l'abito

Father wears a suit when he goes to work.
Il babbo porta un vestito quando va a lavorare.

| **bathing suit** | nome | il costume da bagno |

I like your new bathing suit.
Mi piace il tuo nuovo costume da bagno.

---

suitcase   SUT-keis   nome   la valigia
I put my clothes in the suitcase.
Io metto i panni nella valigia.

---

summer   SƐM-ǝr   nome   l'estate
Do you prefer summer or winter?
Tu preferisci l'estate o l'inverno?

---

sun   SƐN   nome   il sole
At what time does the sun rise?
A che ora sorge il sole?

sunbath   nome   il bagno di sole
I take a sunbath on the grass.
Io mi faccio un bagno di sole sull'erba.

It is sunny   espressione idiomatica   Il sole brilla

Today is a beautiful day, it is sunny.
Fa una bella giornata oggi, il sole brilla.

Sunday   SƐN-dei   nome   la domenica
We go to the park on Sunday.
Noi andiamo al parco la domenica.

---

supermarket   nome   il supermercato
SU-pǝr-mahr-kit
The supermarket sells many things.
Il supermercato vende molte cose.

---

sure   SHUR   aggettivo   sicuro
sicura

The girl is sure of what she does.
La ragazza è sicura di quel che fa.

---

surprise   sør-PRAIZ   nome   la sorpresa
A surprise for me?
Una sorpresa per me?

surprising   aggettivo   sorprendente
It is surprising to receive a letter from a stranger.
È sorprendente ricevere una lettera da uno
    straniero.

---

sweater   SWET-ør   nome   la maglia
I am wearing a sweater because it is cool.
Io porto una maglia perchè fa fresco.

---

sweet   SWIT   aggettivo   dolce
The cake is sweet.
La torta è dolce.

---

to swim   SWIM   verbo   nuotare
I go swimming in the summer.
Io vado a nuotare d'estate.

swimming pool   nome   la piscina
The swimming pool is large.
La piscina è grande.

---

swing   SWING   nome   l'altalena
In the park children have a good time on the
    swings.
Nel parco i ragazzi si divertono sull'altalena.

---

switch (electrical)   nome   l'interruttore
SWICH
The switch does not work.
L'interruttore non funziona.

T

table   TEI-bøl   nome   la tavola
The dish is on the table.
Il piatto è sulla tavola.

tablecloth   nome   la tovaglia
TEI-bøl-kla̱th
My aunt puts the tablecloth on the table.
Mia zia mette la tovaglia sulla tavola.

tail   TEIL   nome   la coda
My dog wags his tail when I return home.
Il mio cane mena la coda quando io ritorno a
casa.

tailor   TEI-lør   nome   il sarto
My neighbor is a tailor.
Il mio vicino è sarto.

to take   TEIK   verbo   prendere
My mother takes a roll for breakfast.
La mamma prende un panino per prima
colazione.

to take a bath	expressione idiomatica	farsi il bagno

I take a bath every day.
Mi faccio un bagno ogni giorno.

to take a trip	expressione idiomatica	fare un viaggio

We take a trip every summer.
Facciamo un viaggio ogni estate.

to take a walk	expressione idiomatica	fare una passeggiata

Dad takes a walk every evening after dinner.
Il babbo si fa una passeggiata ogni sera dopo cena.

Take care!	expressione idiomatica	Attenzione!

Take care, or you will get hurt!
Attenzione, o ti fai male!

to take off	verbo riflessivo	togliersi

Take off your hat in the house.
Togliti il cappello in casa.

---

tale	TEIL	nome	il racconto

I like to listen to these tales.
Mi piace ascoltare questi racconti.

fairy tale	nome	la fiaba
FEI-ri-teil		

He does not like fairy tales.
Non gli piacciono le fiabe.

---

to talk	TAWK	verbo	parlare

We are talking about the movie on television.
Noi parliamo del film alla televisione.

---

tall	TAWL	aggettivo	alto
			alta

He is tall.
Lui è alto.

---

tape recorder   nome   il registratore
        TEIP re-kawr-der

           The teacher uses a tape recorder in class.
           Il maestro usa un registratore in classe.

---

taxi   TAK-si   nome   il tassì
           My brother drives a taxi.
           Mio fratello porta un tassì.

---

tea   TI   nome   il tè
           Do you want tea or coffee?
           Lei vuole il tè o il caffè?

---

to teach   TICH   verbo   insegnare
           Who teaches music in this class?
           Chi insegna musica in questa classe?

---

teacher   TI-cher   nome   il maestro
                                    la maestra

           The teacher is kind.
           La maestra è gentile.

---

teacher   TI-cher   nome   il professore
                                    la professoressa
           The professor is in the classroom.
           Il professore è nella classe.

---

team   TIM   nome   la squadra
           We are all members of the same team.

Siamo tutti membri della stessa squadra.

---

tear   TIR   nome   la lacrima
Grandpa says, "Enough tears!"
Il nonno dice, "Basta con le lacrime!"

---

to tease   TIZ   expressione   fare dispetti a
                      idiomatica
                      verbo   stuzzicare
My brother always teases me.
Mio fratello mi fa sempre dispetti.
He is always teasing.
Lui sta sempre a stuzzicare.

---

telephone   TEL-ø-fohn   nome   il telefono
I like to talk on the telephone.
Mi piace parlare al telefono.

---

television   nome   la televisione
      TEL-ø-vizh-øn
My brother and I watch television.
Mio fratello e io guardiamo la televisione.

---

television antenna   nome   l'antenna
Television antennas are on the roof.
Le antenne delle televisioni sono sul tetto.

---

television (TV) set   nome   il televisore
The TV set is not working.
Il televisore non funziona.

---

to tell   TEL   verbo   raccontare
Tell me a story, Mom.
Raccontami una storia, Mamma.

---

ten   TEN   aggettivo   dieci
How many fingers do you have? Ten.
Quante dita hai tu? Dieci.

---

tent   TENT   nome   la tenda

When I go camping, I sleep in a tent.
Quando vado in campeggio, io dormo in una
   tenda.

---

test	TEST	nome	l'esame

The test is difficult.
L'esame è difficile.

---

thank you	THANGK-yu	expressione idiomatica	grazie

When my grandmother gives me a cookie I say,
   "Thank you."
Quando la nonna mi dà un pasticcino io dico,
   "Grazie."

---

that	THAT	pronome	che quale

That's too bad!
Che peccato!

that	THAT	pronome	quello quella

I don't like that one.
Non mi piace quello.

that	THAT	aggettivo	quello quella

That girl is pretty.
Quella ragazza è bella.

---

the	THE	articolo	il, lo, l' la, l' i, gli le, le

il libro	
lo stato	Masc. Sing.
l'anno	

la ragazza	
l'automobile	Fem. Sing.

i libri	
gli stati	Masc. Plu.
gli anni	
le ragazze	
le automobili	Fem. Plu.

---

theater THI-tǫr nome   il teatro
The theater is new.
Il teatro è nuovo.

---

their THEHR aggettivo   loro
Their teacher is here.
Il loro maestro è qui.

---

them THEM pronome   loro
Give them the tickets.
Dia loro i biglietti.

---

then THEN avverbio   allora
                                                     poi
I read the book, then I return it to the library.
Io leggo il libro, poi lo restituisco alla biblioteca.

---

there THEHR avverbio   là

there is   expressione   ci è (c'è)
thehr IZ   idiomatica

There is no one here.
Non c'è nessuno qui.

there are thehr AHR	expressione idiomatica	ci sono

There are three people in class.
Ci sono tre persone in classe.

---

they THEI	pronome	essi esse loro

They arrived early.
Essi sono arrivati presto.

---

thick THIK	aggettivo	grosso, grossa fitto, fitta spesso, spessa

The lemon's skin is thick.
La buccia del limone è grossa.

---

thief THIF	nome	il ladro

They are looking for the thief at the bank.
Cercano il ladro alla banca.

---

thin THIN	aggettivo	magro, magra snello, snella

You are too thin. You must eat.
Tu sei troppo snella. Devi mangiare.

---

thing THING	nome	la cosa

They sell all kinds of things in this store.
Vendono tutte specie di cose in questo negozio.

---

to think THINGK	verbo	pensare

I think I'll go to my friend's house. All right?
Io penso andare alla casa del mio amico. Va bene?

---

thirsty (to be) THURS-ti	verbo	avere sete

I am thirsty.

367

Io ho sete.

---

thirteen THUR-tin   aggettivo   tredici
There are 13 steps in the staircase.
Ci sono tredici scalini nella scala.

---

thirty THUR-ti   aggettivo   trenta
Which months have 30 days?
Quali mesi hanno trenta giorni?

---

this THIS   aggettivo   questo
questi
questa
queste

This little girl is well behaved.
Questa ragazzina è ben educata.
I do not like this boy.
Non mi piace questo ragazzo.
These boys are good.
Questi ragazzi sono bravi.
These girls are pretty.
Queste ragazze sono belle.

---

thousand THOW-zønd   aggettivo   mille
How much does this book cost? A thousand lire.
Quanto costa questo libro? Mille lire.

---

three THRI   aggettivo   tre
There are three glasses on the table.
Ci sono tre bicchieri sulla tavola.

---

throat THROHT   nome   la gola
The teacher says softly, "I have a sore throat."
La maestra dice pian piano, "Ho un mal di gola."

---

to throw THROH   verbo   gettare
scagliare
lanciare

He is throwing a pillow at me.
Lui mi scaglia un guanciale.

He throws the ball.
Lui lancia la palla.
He throws the paper on the floor.
Lui getta la carta sul pavimento.

---

thunder THEN-dør   nome   il tuono
After the lightning you hear the thunder.
Dopo il fulmine si sente il tuono.

Thursday THURZ-dei   nome   il giovedì
My birthday is Thursday.
Il mio compleanno è giovedì.

---

ticket TIK-it   nome   il biglietto

Here is the ticket.
Ecco il biglietto.

---

tie TAI   nome   la cravatta
Daddy's tie is too big for me.
La cravatta del babbo è troppo grande per me.

---

tiger TAI-gør   nome   la tigre
The tiger is ferocious.
La tigre è feroce.

---

tight TAIT   aggettivo   stretto
                                                     stretta
The hat is tight.

369

Il cappello è stretto.

---

time   TAIM   nome   la volta
They knock three times at the door.
Bussano tre volte alla porta.

---

time (o'clock)   TAIM   nome   l'ora
What time is it?
Che ora è?
It is dinner time. It is seven-thirty. (It is half past
   seven.)
È ora di pranzo. Sono le sette e trenta. (Sono le
   sette e mezzo.)

---

tip   TIP   nome   la mancia
The man leaves a tip for the waiter.
L'uomo lascia una mancia per il cameriere.

---

tired   TAIRD   aggettivo   stanco
                                              stanca
After two hours of work in the garden, I am tired.
Dopo due ore di lavoro nel giardino, sono
   stanco.

---

to   TU   preposizione   a
They are going to Rome.
Loro vanno a Roma.

---

toast   TOHST   nome   il pane tostato
I eat toast in the morning.
Io mangio il pane tostato di mattina.

---

today   tø-DEI   avverbio   oggi
Today is January 12.
Oggi è il dodici gennaio.

---

toe   TOH   nome   il dito del piede
The baby looks at his toes.
Il bambino guarda alle dita dei piedi.

---

together   tø-GE<u>TH</u>-ør   avverbio   insieme
We are going to the grocery store together.
Noi andiamo insieme alla drogheria.

---

tomato   tø-MEI-toh   nome   il pomodoro
The tomato is red when it is ripe.
Il pomodoro è rosso quando è maturo.

---

tomorrow   tø-M<u>A</u>R-<u>oh</u>   avverbio   domani
Tomorrow I am going to the countryside.
Domani vado in campagna.

---

tongue   T<u>Æ</u>NG   nome   la lingua

The dog's tongue is wet.
La lingua del cane è bagnata.

---

too   TU   avverbio   anche
I want some candy too!
Anch'io voglio dei dolci!

too (many) (much)   TU   aggettivo   troppo
troppa
The little girl says, "This is too much for me."
La ragazzina dice, "Questo è troppo per me."

---

tooth   TUTH   nome   il dente
I have a toothache.
Ho un mal di denti.

---

toothbrush   nome   lo spazzolino

I use a toothbrush and toothpaste every day.
Io uso lo spazzolino e il dentifricio ogni giorno.

---

toothpaste   nome   il dentifricio
Mom, I don't like this toothpaste.
Mamma, non mi piace questo dentifrice.

---

tortoise   TAWR-tis   nome   la tartaruga
The tortoise walks slowly.
La tartaruga cammina lentamente.

---

to touch   TÆCH   verbo   toccare
Do not touch the flowers.
Vietato toccare i fiori.

---

toward   TAWRD   preposizione   verso
We are going toward the hotel.
Noi andiamo verso l'albergo.

---

towel   TOW-øl   nome   l'asciugamano
My towel is in the bathroom.
Il mio asciugamano è nella sala da bagno.

---

tower   TOW-ør   nome   la torre
The Leaning Tower of Pisa is beautiful.
La Torre Pendente di Pisa è bella.

---

toy   TOI   nome   il gioccatolo
What kind of toys do you have?
Che tipo di gioccatoli hai tu?

---

traffic   TRAF-ik   nome   il traffico
The traffic stops for the red light.
Il traffico si ferma al segnale rosso.

---

train   TREIN   nome   il treno
See the electric train.
Vede il treno elettrico.

---

to travel   TRAV-øl   verbo   viaggiare
                     Are you traveling by car or by airplane?
                     Tu viaggi in automobile o in apparecchio?

---

traveller   TRAV-øl-ør   nome   il viaggiatore
                     The traveler is tired.
                     Il viaggiatore è stanco.

---

tree   TRI   nome   l'albero
                     The tree has many branches.
                     L'albero ha molti rami.

---

trip   TRIP   nome   il viaggio
                                               il giro
                     We are taking a trip to the castle.
                     Noi facciamo un viaggio al castello.
                     I would like to take a trip around the world.
                     Io vorrei fare un giro del mondo.

---

trousers   TROW-zørz   nome   i pantaloni
                     The boy's pants are dirty.
                     I pantaloni del ragazzo sono sporchi.

---

truck   TRØK   nome   il camion
                     The truck makes a lot of noise.
                     Il camion fa molto rumore.

---

true   TRU   aggettivo   vero (masc.)
                                                 vera (fem.)

It's a true story.
È una storia vera.

---

trunk   TRENGK   nome   il baule

It is difficult to carry this trunk.
È difficile portare questo baule.

---

to try   TRAI   verbo   provare
She tries to carry the heavy package.
Lei prova di portare il pacco pesante.

Tuesday   TUZ-dei   nome   martedì
Is Tuesday a day off?
Martedì è un giorno libero?

---

turkey   TUR-ki   nome   il tacchino
Do you like to eat turkey?
Ti piace mangiare il tacchino?

---

turn   TURN   nome   il turno
It is my turn.
È il mio turno.

---

to turn   TURN   verbo   girare
The stream turns to the left.
Il fiume gira a sinistra.

---

to turn off   TURN-AWF   verbo   spegnere
I turn off the light.
Io spengo la luce.

to turn on   TURN-AN   verbo   accendere
I turn on the radio.
Io accendo la radio.

---

turtle   TUR-tøl   nome   la tartaruga
The turtle walks slowly.
La tartaruga cammina lentamente.

---

twelve   TWELV   aggettivo   dodici
There are twelve bananas in a dozen.
Ci sono dodici banane in una dozzina.

---

twenty   TWEN-ti   aggettivo   venti
There are twenty people here.
Ci sono venti persone qui.

---

twice   TWAIS   avverbio   due volte
I have done this work twice.
Ho fatto questo lavoro due volte.

---

two   TU   aggettivo   due
I see two cats.
Io vedo due gatti.

---

typewriter   TAIP-rai-tør   nome   la macchina per
                                          scrivere
The typewriter is new.
La macchina per scrivere è nuova.

---

typist   TAIP-ist   nome   la dattilografa
The typist is fast.
La dattilografa è svelta.

U

---

ugly   ÆG-li   aggettivo   brutto
                                          brutta
I don't like this hat; it's ugly.
Non mi piace questo cappello; è brutto.

umbrella øm-BREL-ø   nome   l'ombrello

Don't forget your umbrella.
Non dimenticare il tuo ombrello.

uncle   ÆNG-køl   nome   lo zio
My uncle is my mother's brother.
Mio zio è il fratello di mia madre.

under   Æn-dør   preposizione   sotto
The carrot grows under the ground.
La carota cresce sotto la terra.

to understand   verbo   capire
     øn-dør-STAND
          Do you understand today's lesson?
          Tu capisci la lezione di oggi?

unhappy   øn-HAP-i   aggettivo   scontento
                                  scontenta
He is unhappy because he can't play ball.
Lui è scontento perchè non può giocare alla
palla.

united   u-NAIT-ød   aggettivo   unito
                                  unita
The boy lives in the United States.
Il ragazzo abita negli Stati Uniti.

United Nations   nome   Le Nazioni Unite
The United Nations building is in New York.
Il palazzo delle Nazioni Unite è a New York.

United States   nome   Gli Stati Uniti
The United States is my country.
Gli Stati Uniti sono la mia patria.

---

university   yu-ni-VUR-si-ti   nome   l'università
The university is famous.
L'università è famosa.

---

until   øn-TIL   preposizione   fino a
We are in school until 3.
Noi siamo a scuola fino alle tre.

---

unusual   aggettivo   straordinario
øn-YU-zhu-øl   straordinaria
He is unusual.
Lui è straordinario.

---

upstairs   øp-STEHRZ   avverbio   di sopra
al piano superiore
He went upstairs.
Lui è andato di sopra.

---

to use   YUZ   verbo   usare
She uses scissors to cut the ribbon.
Lei usa le forbici per tagliare il nastro.

---

useful   YUS-føl   aggettivo   utile
Some insects are useful.
Alcuni insetti sono utili.

V

---

vacation   vei-KEI-shøn   nome   le vacanze
Where are you going during the summer
vacation?
Dove vai durante le vacanze estive?

---

to vaccinate   VAK-sin-eit   verbo   vaccinare
I am afraid when the doctor vaccinates me.
Io ho paura quando il dottore mi vaccina.

---

vaccination   nome   la vaccinazione
vak-sin-A-shon
Vaccinations are important.
Le vaccinazioni sono importanti.

---

vacuum cleaner   nome   l'aspirapolvere

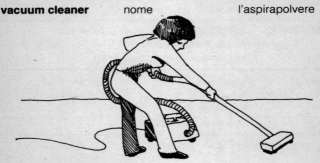

VAK-yu-øm kli-nør
Mother uses the vacuum cleaner to clean the
house.
La mamma usa l'aspirapolvere per pulire la
casa.

---

valise   va-LIS   nome   la valigia
I put my clothes in the valise.
Io metto i miei vestiti nella valigia.

---

valley   VAL-i   nome   la valle
There are many flowers in the valley.
Ci sono molti fiori nella valle.

---

vanilla   vø-NIL-ø   aggettivo   la vaniglia
I like vanilla ice cream.
Mi piace il gelato vaniglia.

---

vegetable	VEDJ-tø-bøl	nome	la verdura

Vegetables are delicious with meat.
La verdura è squisita con la carne.

very	VER-i	avverbio	molto

The castle is very big.
Il castello è molto grande.

village	VIL-idj	nome	il villaggio

My cousin lives in a village in the country.
Mio cugino abita in un villaggio in campagna.

violet	VAI-oh-let	nome	la violetta

The violet is pretty.
La violetta è bella.

violin	vai-oh-LIN	nome	il violino

The musician plays the violin.
Il musicista suona il violino.

to visit	VIZ-it	verbo	visitare

My parents visit my school.
I miei genitori visitano la mia scuola.

voice	VOIS	nome	la voce

My aunt's voice is sweet.
La voce di mia zia è dolce.

in a loud voice (aloud)	expressione idiomatica	ad alta voce

He speaks aloud.
Lui parla ad alta voce.

volcano	val-KEI-noh	nome	il vulcano

Italy has several volcanoes.
L'Italia ha vari vulcani.

W

waist	WEIST	nome	la vita
			la cintola

She has a beautiful belt around her waist.
Lei ha una bella cintura intorno alla vita.

---

to wait   WEIT   verbo   aspettare
Wait for me, I'm coming.
Aspettami, vengo.

---

waiter   WEI-ter   nome   il cameriere
The waiter works hard.
Il cameriere lavora molto.

waitress   WEI-tres   nome   la cameriera
The waitress is very pretty.
La cameriera è molto bella.

---

to wake up   WEIK-ÆP   verbo   svegliarsi
We wake up early.
Noi ci svegliamo presto.

---

to walk   WAWK   verbo   camminare
I walk three miles every day.
Io cammino tre miglia ogni giorno.

---

wall (of a house)   WAWL   nome   il muro
There is a hole in the wall.
Il muro è bucato.

wall (of a room)   nome   la parete
There is a picture of the "Mona Lisa" on the living
    room wall.
C'è un quadro della "Mona Lisa" sulla parete del
    salotto.

walls (of a city)   nome   le mura
The walls of the city are high.
Le mura della città sono alte.

---

to want   WAHNT   verbo   volere
The baby is crying because he wants his toy.
Il bambino piange perchè vuole il suo giocattolo.

---

war   WAWR   nome   la guerra
War is terrible.
La guerra è terrible.

---

warm   WAWRM   aggettivo   caldo (masc.)
                                                          calda (fem.)
It is warm today.
Fa caldo oggi.

---

to wash   WAHSH   verbo   lavare
We are washing the dog.
Noi laviamo il cane.

---

to wash (oneself)   verbo riflessivo   lavarsi
       WAHSH
I wash my hands before eating.
Io mi lavo le mani prima di mangiare.

---

washing machine   nome   la lavatrice
The washing machine is new.
La lavatrice è nuova.

---

washstand   nome   il lavandino
The washstand is in the bathroom.
Il lavandino è nella sala da bagno.

---

dishwasher   nome   la lavastoviglie
The dishwasher does not work.
La lavastoviglie non funziona.

---

watch   WACH   nome   l'orologio
What a shame, my watch doesn't work.
Che peccato, il mio orologio non funziona.

---

to watch   WACH   verbo   guardare
I watch television every day.
Io guardo la televisione ogni giorno.

---

to watch over   verbo   badare a
       WACH-OH-ver
The cat watches over the kittens.

Il gatto bada ai gattini.

to watch over   verbo   sorvegliare
He watches over me.
Lui mi sorveglia.

---

water   W<u>AW</u>-tør   nome   l'acqua
There is water in the swimming pool.
C'è acqua nella piscina.

---

watermelon   nome   il cocomero
           WAW-tør-mel-øn   il melone

Watermelon is a delicious fruit.
Il melone è una frutta squisita.

---

wave   WEIV   nome   l'onda
I see waves at the beach.
Io vedo le onde alla spiaggia.

---

we   WI   pronome   noi
We are here.
Noi siamo qui.

---

weak   WIK   aggettivo   debole
The poor boy is weak because he is sick.
Il povero ragazzo è debole perche è malato.

---

wealthy   WEL-thi   aggettivo   ricco (masc.)
                                                   ricca (fem.)
The rich lady wears jewels.
La donna ricca porta i gioielli.

---

to wear   WEHR   verbo   portare
           She is wearing a hat.
           Lei porta un cappello.

---

weather   WE<u>TH</u>-er   nome   il tempo
           What is the weather? The sun is shining.
           Che fa il tempo? Il sole splende.

Wednesday   WENZ-dei   nome   mercoledì
           Today is Wednesday—they are serving chicken.
           Oggi è mercoledì—servono il pollo.

---

week   WIK   nome   la settimana
           There are seven days in a week.
           Ci sono sette giorni in una settimana.

---

to weep   WIP   verbo   piangere
           I weep when somebody teases me.
           Io piango quando qualcuno mi fa dispetti.

(you're) welcome   yur-WEL-com   inter. prego
           Thank you for the help. You're welcome.
           Grazie per l'aiuto. Prego.

---

well   WEL   avverbio   bene
           I'm feeling very well, thank you.
           Mi sento molto bene, grazie.

---

well behaved   aggettivo   beneducato
       WEL-b<u>i</u>-HEIVD   beneducata
           Little girls are well behaved.
           Le ragazzine sono beneducate.

---

well done   WEL-D<u>E</u>N   interiezione   bravo
           Peter answers the questions well. "Well done!",
              says the teacher.
           Pietro risponde bene alle domande. "Bravo!",
              dice la maestra.

| **west** | WEST | nome | l'ovest |

When I go from Venice to Milan, I go toward the west.

Quando vado da Venezia a Milano, vado verso l'ovest.

| **wet** | WET | aggettivo | bagnato |
| | | | bagnata |

My clothes are wet from the rain.

Il mio vestito è bagnato a causa della pioggia.

My notebook has fallen into the water; it is wet.

Il mio quaderno è caduto nell'acqua; è bagnato.

| **what** | WH<u>A</u>T | interrogativo | che |
| | | | come |

What? Che?

What? Come?

What? You don't have the change for the bus?

Come? Non hai gli spiccioli per l'autobus?

What a beautiful dress!

Che bel vestito!

| **wheat** | WHIT | nome | il grano |

I see wheat in the fields.

Io vedo il grano nei campi.

| **wheel** | WHIL | nome | la ruota |

My uncle fixes the wheel of my bicycle.

Mio zio mi aggiusta la ruota della bicicletta.

| **when** | WHEN | congiunzione | quando |

I read a book when it rains.
Io leggo un libro quando piove.

where	WHEHR	avverbio	dove

Where are my glasses?
Dove sono i miei occhiali?

whether	WHE-ther	congiunzione	se

I want to know whether or not you are coming.
Voglio sapere se vieni o no.

which	WHICH	congiunzione	quale, che

I am looking for the pen which is on the rug.
Cerco la penna ch'è sul tappeto.

to whistle	WHIS-el	verbo	fischiare

When I whistle, my friend knows I'm at the door.
Quando io fischio, il mio amico sa che io sono
    alla porta.

white	WHAIT	aggettivo	bianco (masc.)
			bianca (fem.)

My shoes are white.
Le mie scarpe sono bianche.

who	HU	pronome	chi

Who is coming to visit us?
Chi ci viene a trovare?

whole	HOHL	aggettivo	intero (masc.)
			intera (fem.)

Of course I would like to eat the whole cake!
Certo che vorrei mangiare l'intera torta!

whom	HUM	pronome	che
			cui

The woman of whom I speak is my aunt.
La donna di cui parlo è mia zia.

why	WHAI	interrogativo	perchè

Why are you late?
Perchè sei in ritardo?

---

wide   WA̱ID   aggettivo   largo (masc.)
                                                     larga (fem.)
The boulevard is a wide street.
Il corso è una strada larga.

---

wife   WA̱IF   nome   la moglie
My wife is beautiful.
Mia moglie è bella.

---

wild   WA̱ILD   aggettivo   feroce
                                                     selvaggio
                                                     selvaggia
Who is afraid of a wild tiger?
Chi ha paura di una tigre feroce?
Wild animals live in the forest.
Gli animali selvaggi abitano nella foresta.

---

to win   WI̱N   verbo   vincere
Our team wins!
La nostra squadra vince!

---

wind   WI̱ND   nome   il vento
The wind is strong today.
Il vento è forte oggi.

---

window   WI̱N-doh   nome   la finestra
The dog likes to look out the window.
Al cane piace guardare dalla finestra.

store window   nome   la vetrina
The store window is broken.
La vetrina è rotta.

---

wine   WA̱IN   nome   il vino
The waiter brings the wine.
Il cameriere porta il vino.

---

wing	WING	nome	l'ala

The airplane has two wings.
L'apparecchio ha due ali.

winter	WIN-tør	nome	l'inverno

It is cold in winter.
Fa freddo d'inverno.

wise	WAIZ	aggettivo	saggio
			saggia

Grandfather is wise.
Il nonno è saggio.

to wish	WISH	verbo	desiderare
			volere

What do you wish, sir?
Cosa desidera, signore?
The baby is crying because he wants his toy.
Il bambino piange perchè vuole il giocattolo.

with	WITH	preposizione	con

Mary is at the beach with her friends.
Maria è alla spiaggia con le sue amiche.

with care		expressione idiomatica	con cura

Paul pours water into the glass with care.

Paolo versa l'acqua nel bicchiere con cura.

---

without   w<u>i</u>th-<u>OWT</u>   preposizione   senza
I am going to class without my friend.
Io vado in classe senza il mio amico.

---

wolf   W<u>AU</u>HLF   nome   il lupo
Who is afraid of the bad wolf?
Chi ha paura del cattivo lupo?

---

woman   W<u>AU</u>HM-ø̷n   nome   la donna
These two women are going shopping.
Queste due donne vanno a fare le spese.

---

wonderful   W<u>E</u>N-dø̷r-fø̷l   aggettivo   straordinario
                                                    meraviglioso
                                                    prodigioso
                                                    straordinaria
                                                    meravigliosa
                                                    prodigiosa

She is a wonderful person.
Lei è una persona meravigliosa.

---

wood   W<u>AU</u>HD   nome   il legno
The pencil is made of wood.
Il lapis è fatto di legno.

---

woods   W<u>AU</u>HDZ   nome   il bosco
                                                    la foresta

I am going into the woods.
Io vado nel bosco.

---

wool   W<u>AU</u>HL   nome   la lana
My coat is made of wool.
Il mio soprabito è fatto di lana.

---

word   W<u>U</u>RD   nome   la parola
I am thinking of a word that begins with the
    letter "A."

Io penso a una parola che comincia con la lettera "A."

---

work   WU<u>R</u>K   nome   il lavoro
Mother has a lot of work to do.
La mamma ha molto lavoro da fare.

---

to work   WU<u>R</u>K   verbo   lavorare
The farmer works outdoors.
L'agricoltore lavora all'aperto.

---

world   WU<u>R</u>LD   nome   il mondo
How many nations are there in the world?
Quante nazioni ci sono al mondo?

---

worm   WU<u>R</u>M   nome   il verme
There's a worm in the apple.
C'è un verme nella mela.

---

wound   WU<u>N</u>D   nome   la ferita
The wound is serious.
La ferita è grave.

---

to write   <u>R</u>AIT   verbo   scrivere
The teachers says, "Write the date on the blackboard."
La maestra dice, "Scrivi la data alla lavagna."

---

wrong (to be)   expressione   avere torto
    <u>R</u>AW<u>N</u>G   idiomatica
I admit that I am wrong.
Io ammetto che ho torto.

Y

---

year   YIR   nome   l'anno
There are 12 months in a year.
Ci sono dodici mesi in un anno.

---

yellow   YEL-<u>oh</u>   aggettivo   giallo
                                               gialla

Corn is yellow.
Il granturco è giallo.

---

yes   YES   avverbio   sì

Do you want some candy? Yes, of course!
Vuole dolci? Sì, certo!

---

yesterday   avverbio   ieri
    YES-ter-dei

Today is May 10; yesterday, May 9.
Oggi è il dieci maggio; ieri, il nove maggio.

---

you   YU   pronome (familiare)   ti
                   pronome (formale)   Le

I give you some milk.
Ti do un po' di latte.
I give you some milk.
Io Le do un po' di latte.

---

you have to   expressione   è necessario
   YU-HAV-tø   idiomatica

It is necessary to go to school.
È necessario andare a scuola.

---

you have to   expressione   si deve
                   idiomatica

You have to go to school.
Si deve andare a scuola.

---

young   YÆNG   aggettivo   giovane

They always say to me, "You are too young!"
Mi dicono sempre, "Sei troppo giovane!"

---

your   YAWR   aggettivo (familiare)   tuo
                                          tuoi
                                          tua
                                          tue

Your cousin has arrived.
Tuo cugino è arrivato.
Your neighbors are kind.

Le tue vicine sono gentili.
Your books are here.
I tuoi libri sono qui.
Your sister is ill.
Tua sorella è malata.

---

your   YAWR   aggettivo (formale)   Suo
                                              Suoi
                                              Sua
                                              Sue
Where is your tape recorder?
Dov'è il Suo registratore?
Your brothers are here.
I Suoi fratelli sono qui.
Your sister has arrived.
Sua sorella è arrivata.
Are your shoes new?
Sono nuòve le Sue scarpe?

Z

---

zebra   ZI-brø   nome   la zebra
Is it a zebra or a horse?
È una zebra o un cavallo?

---

zero   ZIR-oh   nome   lo zero
There is a zero in the number 10.
C'è uno zero nel numero dieci.

---

zoo   ZU   nome   il giardino
                                                zoologico
                                              lo zoo
I like to watch the animals at the zoo.
Mi piace guardare animali al giardino zoologico.

DAYS OF THE WEEK
I giorni della settimana

English Inglese	Italiano Italian
Monday	lunedì
Tuesday	martedì
Wednesday	mercoledì
Thursday	giovedì
Friday	venerdì
Saturday	sabato
Sunday	domenica

MONTHS OF THE YEAR
I mesi dell'anno

English — Italiano Inglese — Italian
January — gennaio
February — febbraio
March — marzo
April — aprile
May — maggio
June — giugno
July — luglio
August — agosto
September — settembre
October — ottobre
November — novembre
December — dicembre

PERSONAL NAMES
I Nomi

BOYS
I RAGAZZI

English Inglese	Italiano Italian
Albert	Alberto
Alexander	Alessandro
Andrew	Andrea
Anthony	Antonio
Armand	Armando
Arnold	Arnoldo
Arthur	Arturo
Benedict	Benedetto
Benjamin	Beniamino
Bernard	Bernardo
Caesar	Cesare
Charles	Carlo
Daniel	Daniele
David	Davide
Dominic	Domenico
Edward	Edoardo
Eugene	Eugenio
Frank	Francesco
Frederick	Federico
George	Giorgio
Henry	Enrico
James	Giacomo
Jerome	Girolamo
John	Giovanni
Joseph	Giuseppe
Julius	Giulio
Lawrence	Lorenzo
Leonard	Leonardo
Louis	Luigi
Mark	Marco

Matthew	Matteo
Michael	Michele
Patrick	Patrizio
Paul	Paolo
Peter	Pietro
Philip	Filippo
Robert	Roberto
Samuel	Samuele
Stephen	Stefano
Sylvester	Silvestro
Thomas	Tommaso
Vincent	Vincenzo
William	Guglielmo

GIRLS
LE RAGAZZE

English **Inglese**	**Italiano** **Italian**
Ann	Anna
Beatrice	Beatrice
Carla	Carla
Carolyn	Carolina
Catherine	Caterina
Claire	Chiara
Dorothy	Dorotea
Elizabeth	Elisabetta
Frances	Francesca
Gertrude	Geltrude
Harriet	Enrichetta
Helen	Elena
JoAnn	Giovanna
Josephine	Giuseppina
Julia	Giulia
Laura	Laura
Louise	Luisa
Lucy	Lucia
Margaret	Margarita, Margherita

Marian	Marianna
Martha	Marta
Mary	Maria
Nancy	Nunziata
Pauline	Paolina
Rachel	Rachele
Rita	Rita
Susan	Susanna
Sylvia	Silvia
Theresa	Teresa
Virginia	Virginia

NUMBERS 1-100
I Numeri 1-100

English **Inglese**	**Italiano** **Italian**
one	uno, una
two	due
three	tre
four	quattro
five	cinque
six	sei
seven	sette
eight	otto
nine	nove
ten	dieci
eleven	undici
twelve	dodici
thirteen	tredici
fourteen	quattordici
fifteen	quindici
sixteen	sedici
seventeen	diciassette
eighteen	diciotto
nineteen	diciannove
twenty	venti
twenty-one	ventuno
twenty-two	ventidue

twenty-three	ventitrè
twenty-four	ventiquattro
twenty-five	venticinque
twenty-six	ventisei
twenty-seven	ventisette
twenty-eight	ventotto
twenty-nine	ventinove
thirty	trenta
thirty-one	trentuno
thirty-two	trentadue
thirty-three	trentatrè
thirty-four	trentaquattro
thirty-five	trentacinque
thirty-six	trentasei
thirty-seven	trentasette
thirty-eight	trentotto
thirty-nine	trentanove
forty	quaranta
forty-one	quarantuno
forty-two	quarantadue
forty-three	quarantatrè
forty-four	quarantaquattro
forty-five	quarantacinque
forty-six	quarantasei
forty-seven	quarantasette
forty-eight	quarantotto
forty-nine	quarantanove
fifty	cinquanta
fifty-one	cinquantuno
fifty-two	cinquantadue
fifty-three	cinquantatrè
fifty-four	cinquantaquattro
fifty-five	cinquantacinque
fifty-six	cinquantasei
fifty-seven	cinquantasette
fifty-eight	cinquantotto
fifty-nine	cinquantanove
sixty	sessanta
sixty-one	sessantuno
sixty-two	sessantadue

sixty-three	sessantatrè
sixty-four	sessantaquattro
sixty-five	sessantacinque
sixty-six	sessantasei
sixty-seven	sessantasette
sixty-eight	sessantotto
sixty-nine	sessantanove
seventy	settanta
seventy-one	settantuno
seventy-two	settantadue
seventy-three	settantatrè
seventy-four	settantaquattro
seventy-five	settantacinque
seventy-six	settantasei
seventy-seven	settantasette
seventy-eight	settantotto
seventy-nine	settantanove
eighty	ottanta
eighty-one	ottantuno
eighty-two	ottantadue
eighty-three	ottantatrè
eighty-four	ottantaquattro
eighty-five	ottantacinque
eighty-six	ottantasei
eighty-seven	ottantasette
eighty-eight	ottantotto
eighty-nine	ottantanove
ninety	novanta
ninety-one	novantuno
ninety-two	novantadue
ninety-three	novantatrè
ninety-four	novantaquattro
ninety-five	novantacinque
ninety-six	novantasei
ninety-seven	novantasette
ninety-eight	novantotto
ninety-nine	novantanove
one hundred	cento

Italian-American Conversion Tables

CURRENCY–WEIGHTS–MEASURES
Moneta–Pesi–Misure

Italiano Italian	American Americano
100 Lire	$.11 ½ (cents)*
300 Lire	$.34*
860 Lire	$1.00*
1 centimetro	0.3937 inches**
1 chilometro	0.621 miles**
1 metro	39.37 inches**
1 grammo	0.035 ounces**
1 chilo	2.204 pounds**

American Americano	Italiano Italian
1 dollar	860 Lire*
2 dollars	1750 Lire*
10 dollars	8600 Lire*
1 inch	2.54 centimetri**
1 foot	30.48 centimetri**
1 yard	91.44 centimetri**
1 mile	1.61 chilometri**
1 ounce	28 grammi**
1 pound	453.6 grammi**

*Because of fluctuations in exchange rates, it is necessary to consult the finance section of your daily newspaper or the foreign currency exchange section of your local bank.

**Approximately.

PARTS OF SPEECH
Nomi Grammaticali

English
Inglese

Italiano
Italian

adjective (adj.)	aggettivo
adverb (adv.)	avverbio
article	articolo
conjunction	congiunzione
idiomatic expression	espressione idiomatica
interjection	interiezione
noun, feminine (fem.)	sostantivo, nome femminile
noun, masculine (masc.)	sostantivo, nome maschile
preposition	preposizione
pronoun (pron.)	pronome
verb	verbo
verb form	forma verbale

Italian Verb Supplement
I Verbos
Regular Verbs

First Conjugation

Infinitives
    compr<u>are</u>

Gerund
    compr<u>ando</u>

Past Part.
    compr<u>ato</u>

Present
    compr o
    compr i
    compr a
    compr iamo
    compr ate
    compr ano

Imperfect
    compr avo
    compr avi
    compr ava
    compr avamo
    compr avate
    compr avano

Past Absolute
    compr ai
    compr asti
    compr ò
    compr ammo
    compr aste
    compr arono

Future
    comprer ò
    comprer ai
    comprer à
    comprer emo
    comprer ete
    comprer anno

Present Cond.
    comprer ei
    comprer esti
    comprer ebbe
    comprer emmo
    comprer este
    comprer ebbero

Imperative
    compr a
    compr i
    compr iamo
    compr ate
    compr ino

Present Subj.
    compr i
    compr i
    compr i
    compr iamo
    compr iate
    compr ino

First Conjugation

Imperfect Subj.
compr assi
compr assi
compr asse
compr assimo
compr aste
compr assero

Present Perfect
ho comprato
hai comprato
ha comprato
abbiamo comprato
avete comprato
hanno comprato

First Past Perfect
avevo comprato
avevi comprato
aveva comprato
avevamo comprato
avevate comprato
avevano comprato

Second Past Perfect
ebbi comprato
avesti comprato
ebbe comprato
avemmo comprato
aveste comprato
ebbero comprato

Future Perfect
avrò comprato
avrai comprato
avrà comprato
avremo comprato
avrete comprato
avranno comprato

Cond. Perfect
avrei comprato
avresti comprato
avrebbe comprato
avremmo comprato
avreste comprato
avrebbero comprato

Present Perfect Subj.
abbia comprato
abbia comprato
abbia comprato
abbiamo comprato
abbiate comprato
abbiano comprato

Past Perfect Subj.
avessi comprato
avessi comprato
avesse comprato
avessimo comprato
aveste comprato
avessero comprato

Second Conjugation

Infinitive
    vend<u>ere</u>

Gerund
    vend<u>endo</u>

Past Part.
    vend<u>uto</u>

Present
    vend o
    vend i
    vend e
    vend iamo
    vend ete
    vend ono

Imperfect
    vend evo
    vend evi
    vend eva
    vend evamo
    vend evate
    vend evano

Past Absolute
    vend ei
    vend esti
    vend è
    vend emmo
    vend este
    vend erono

Future
    vender ò
    vender ai
    vender à
    vender emo
    vender ete
    vender anno

Present Cond.
    vender ei
    vender esti
    vender ebbe
    vender emmo
    vender este
    vender ebbero

Imperative
    vend i
    vend a
    vend iamo
    vend ete
    vend ano

Present Subj.
    vend a
    vend a
    vend a
    vend iamo
    vend iate
    vend ano

Second Conjugation

Imperfect Subj.

    vend essi
    vend essi
    vend esse
    vend essimo
    vend este
    vend essero

Present Perfect

    ho venduto
    hai venduto
    ha venduto
    abbiamo venduto
    avete venduto
    hanno venduto

First Past Perfect

    avevo venduto
    avevi venduto
    aveva venduto
    avevamo venduto
    avevate venduto
    avevano venduto

Second Past Perfect

    ebbi venduto
    avesti venduto
    ebbe venduto
    avemmo venduto
    aveste venduto
    ebbero venduto

Future Perfect

    avrò venduto
    avrai venduto
    avrà venduto
    avremo venduto
    avrete venduto
    avranno venduto

Cond. Perfect

    avrei venduto
    avresti venduto
    avrebbe venduto
    avremmo venduto
    avreste venduto
    avrebbero venduto

Present Perfect Subj.

    abbia venduto
    abbia venduto
    abbia venduto
    abbiamo venduto
    abbiate venduto
    abbiano venduto

Past Perfect Subj.

    avessi venduto
    avessi venduto
    avesse venduto
    avessimo venduto
    aveste venduto
    avessero venduto

Third Conjugation

Infinitives
    fin<u>ire</u>   dorm<u>ire</u>

Gerund
    fin<u>endo</u>   dorm<u>endo</u>

Past Part.
    fin<u>ito</u>   dorm<u>ito</u>

Present
    fin isc o   dorm o
    fin isc i   dorm i
    fin isc e   dorm e
    fin iamo   dorm iamo
    fin ite   dorm ite
    fin isc ono   dorm ono

Imperfect
    fin ivo   dorm ivo
    fin ivi   dorm ivi
    fin iva   dorm iva
    fin ivamo   dorm ivamo
    fin ivate   dorm ivate
    fin ivano   dorm ivano

Past Absolute
    fin ii   dorm ii
    fin isti   dorm isti
    fin `ì   dormì
    fin immo   dorm immo
    fin iste   dorm iste
    fin irono   dorm irono

Third Conjugation

Future

finir ò	dormir ò
finir ai	dormir ai
finir à	dormir à
finir emo	dormir emo
finir ete	dormir ete
finir anno	dormir anno

Present Cond.

finir ei	dormir ei
finir esti	dormir esti
finir ebbe	dormir ebbe
finir emmo	dormir emmo
finir este	dormir este
finir ebbero	dormir ebbero

Imperative

fin isc i	dorm i
fin isc a	dorm a
fin iamo	dorm iamo
fin ite	dorm ite
fin isc ano	dorm ano

Present Subj.

fin isc a	dorm a
fin isc a	dorm a
fin isc a	dorm a
fin iamo	dorm iamo
fin iate	dorm iate
fin isc ano	dorm ano

Impefect Subj.

fin issi	dorm issi
fin issi	dorm issi
fin isse	dorm isse
fin issimo	dorm issimo
fin iste	dorm iste
fin issero	dorm issero

Third Conjugation

Present Perf.

ho finito	ho dormito
hai finito	hai dormito
ha finito	ha dormito
abbiamo finito	abbiamo dormito
avete finito	avete dormito
hanno finito	hanno dormito

First Past Perfect

avevo finito	avevo dormito
avevi finito	avevi dormito
aveva finito	aveva dormito
avevamo finito	avevamo dormito
avevate finito	avevate dormito
avevano finito	avevano dormito

Second Past Perfect

ebbi finito	ebbi dormito
avesti finito	avesti dormito
ebbe finito	ebbe dormito
avemmo finito	avemmo dormito
aveste finito	aveste dormito
ebbero finito	ebbero dormito

Future Perfect

avrò finito	avrò dormito
avrai finito	avrai dormito
avrà finito	avrà dormito
avremo finito	avremo dormito
avrete finito	avrete dormito
avranno finito	avranno dormito

Third Conjugation

Cond. Perfect
    avrei finito
    avresti finito
    avrebbe finito
    avremmo finito
    avreste finito
    avrebbero finito

    avrei dormito
    avresti dormito
    avrebbe dormito
    avremmo dormito
    avreste dormito
    avrebbero dormito

Present Perfect Subj.
    abbia finito
    abbia finito
    abbia finito
    abbiamo finito
    abbiate finito
    abbíano finito

    abbia dormito
    abbia dormito
    abbia dormito
    abbiamo dormito
    abbiate dormito
    abbiano dormito

Past Perfect Subj.
    avessi finito
    avessi finito
    avesse finito
    avessimo finito
    aveste finito
    avessero finito

    avessi dormito
    avessi dormito
    avesse dormito
    avessimo dormito
    aveste dormito
    avessero dormito

Auxiliary Verbs

Infinitive
avere

Gerund
avendo

Past. Part.
avuto

Present
ho
hai
ha
abbiamo
avete
hanno

Imperfect
avevo
avevi
aveva
avevamo
avevate
avevano

Past Absolute
ebbi
avesti
ebbe
avemmo
aveste
ebbero

Future
avrò
avrai
avrà
avremo
avrete
avranno

Present Cond.
avrei
avresti
avrebbe
avremmo
avreste
avrebbero

Imperative
—
abbi
abbia
abbiamo
abbiate
abbiano

Present Subj.
abbia
abbia
abbia
abbiamo
abbiate
abbiano

Imperfect Subj.
avessi
avessi
avesse
avessimo
aveste
avessero

409

Present Perfect
ho avuto
hai avuto
ha avuto
abbiamo avuto
avete avuto
hanno avuto

First Past Perfect
avevo avuto
avevi avuto
aveva avuto
avevamo avuto
avevate avuto
avevano avuto

Second Past Perfect
ebbi avuto
avesti avuto
ebbe avuto
avemmo avuto
aveste avuto
ebbero avuto

Future Perfect
avrò avuto
avrai avuto
avrà avuto
avremo avuto
avrete avuto
avranno avuto

Cond. Perfect
avrei avuto
avresti avuto
avrebbe avuto
avremmo avuto
avreste avuto
avrebbero avuto

Present Perfect Subj.
abbia avuto
abbia avuto
abbia avuto
abbiamo avuto
abbiate avuto
abbiano avuto

Past Perfect Subj.
avessi avuto
avessi avuto
avesse avuto
avessimo avuto
aveste avuto
avessero avuto

Infinitive
essere

Gerund
essendo

Past Part.
stato (-a,-i,-e)

Present
sono
sei
è
siamo
siete
sono

Imperfect
ero
eri
era
eravamo
eravate
erano

Past Absolute
fui
fosti
fu
fummo
foste
furono

Future
sarò
sarai
sarà

saremo
sarete
saranno

Present Cond.
sarei
saresti
sarebbe
saremmo
sareste
sarebbero

Imperative
—
sii
sia
siamo
siate
siano

Present Subj.
sia
sia
sia
siamo
siate
siano

Imperfect Subj.
fossi
fossi
fosse
fossimo
foste
fossero

Present Perf.
sono stato (a)
sei stato (a)
è stato (a)
siamo stati (e)
siete stati (e)
sono stati (e)

First Past Perfect
ero stato (a)
eri stato (a)
era stato (a)
eravamo stati (e)
eravate stati (e)
erano stati (e)

Second Past Perf.
fui stato (a)
fosti stato (a)
fu stato (a)
fummo stati (e)
foste stati (e)
furono stati (e)

Future Perfect
sarò stato (a)
sarai stato (a)
sarà stato (a)
saremo stati (e)
sarete stati (e)
saranno stati (e)

Cond. Perf.
sarei stato (a)
saresti stato (a)
sarebbe stato (a)
saremmo stati (e)
sareste stati (e)
sarebbero stati (e)

Present Perfect Subj.
sia stato (a)
sia stato (a)
sia stato (a)
siamo stati (e)
siate stati (e)
siano stati (e)

Past Perfect Subj.
fossi stato (a)
fossi stato (a)
fosse stato (a)
fossimo stati (e)
foste stati (e)
fossero stati (e)

Irregular Verbs

Infinitive
    andare*
    (to go)

Gerund & Past Participle
    andando
    andato

Present Indicative
    vado
    vai
    va
    andiamo
    andate
    vanno

Past Absolute
    andai
    andasti
    andò
    andammo
    andaste
    andarono

Future
    andrò
    andrai
    andrà
    andremo
    andrete
    andranno

Present Conditional
    andrei
    andresti
    andrebbe
    andremmo
    andreste
    andrebbero

Present Subjunctive
    vada
    vada
    vada
    andiamo
    andiate
    vadano

Imperative
    ―――
    va'
    vada
    andiamo
    andate
    vadano

Infinitive
    bere
    (to drink)

Gerund & Past Participle
    bevendo
    bevuto

* The infinitive is conjugated with *essere* in compound tenses.

Present Indicative
bevo
bevi
beve
beviamo
bevete
bevono

Past Absolute
bevvi
bevesti
bevve
bevemmo
beveste
bevvero

Future
berrò
berrai
berrà
berremo
berrete
berranno

Present Conditional

berrei
berresti
berrebbe
berremmo
berreste
berrebbero

Present Subjunctive
beva
beva
beva
beviamo
beviate
bevano

Imperative
———
bevi
beva
beviamo
bevete
bevano

Infinitive
cadere*
(to fall)

Gerund & Past Participle
cadendo
caduto

Present Indicative
Reg.

Past Absolute
caddi
caddesti
cadde
caddemmo
cadeste
caddero

* The infinitive is conjugated with *essere* in compound tenses.

Future
    cadrò
    cadrai
    cadrà
    cadremo
    cadrete
    cadranno

Present Conditional
    cadrei
    cadresti
    cadrebbe
    cadremmo
    cadreste
    cadrebbero

Present Subjunctive
    Reg.

Imperative
    Reg.

Infinitive
    chiedere
    (to ask)

Gerund & Past Participle
    chiedendo
    chiesto

Present Indicative
    Reg.

Past Absolute
    chiesi
    chiedesti
    chiese
    chiedemmo
    chiedeste
    chiesero

Future
    Reg.

Present Conditional
    Reg.

Present Subjunctive
    Reg.

Imperative
    Reg.

Infinitive
    chiudere
    (to close)

Gerund & Past Participle
    chiudendo
    chiuso

Present Indicative
    Reg.

Past Absolute
    chiusi
    chiudesti
    chiuse
    chiudemmo
    chiudeste
    chiusero

Future
Reg.

Present Conditional
Reg.

Present Subjunctive
Reg.

Imperative
Reg.

Infinitive
conoscere
(to know)

Gerund & Past Participle
conoscendo
conosciuto

Present Indicative
Reg.

Past Absolute
conobbi
conoscesti
conobbe
conoscemmo
conosceste
conobbero

Future
Reg.

Present Conditional
Reg.

Present Subjunctive
Reg.

Imperative
Reg.

Infinitive
dare
(to give)

Gerund & Past Participle
dando
dàto

Present Indicative
do
dai
dà
diamo
date
danno

Past Absolute
diedi
desti
diede
demmo
deste
diedero

Future
darò
darai
darà
daremo
darete
daranno

Present Conditional
darei
daresti
darebbe
daremmo
dareste
darebbero

Present Subjunctive
dia
dia
dia
diamo
diate
diano

Imperative
———
da'
dia
diamo
date
diano

Infinitive
dire
(to say)
(to tell)

Gerund & Past Participle
dicendo
detto

Present Indicative
dico
dici
dice
diciamo
dite
dicono

Past Absolute
dissi
dicesti
disse
dicemmo
diceste
dissero

Future
dirò
dirai
dirà
diremo
direte
diranno

Present Conditional
direi
diresti
direbbe
diremmo
direste
direbbero

Present Subjunctive
dica
dica
dica
diciamo
diciate
dicano

_____

di'
dica
diciamo
dite
dicano

Infinitive
dovere
(must)
(to have to)

Gerund & Past Participle
dovendo
dovuto

Present Indicative
devo
devi
deve
dobbiamo
dovete
devono

Past Absolute
dovei
dovesti
dovè
dovemmo
doveste
doverono

Future
dovrò
dovrai
dovrà
dovremo
dovrete
dovranno

Present Conditional
dovrei
dovresti
dovrebbe
dovremmo
dovreste
dovrebbero

Present Subjunctive
deva
deva
deva
dobbiamo
dobbiate
devano

Imperative
_____
_____
_____
_____
_____
_____

Infinitive
    fare
    (to do)
    (to make)

Gerund & Past Participle
    facendo
    fatto

Present Indicative
    faccio
    fai
    fa
    facciamo
    fate
    fanno

Past Absolute
    feci
    facesti
    fece
    facemmo
    faceste
    fecero

Future
    farò
    farai
    farà
    faremo
    farete
    faranno

Present Conditional
    farei
    faresti
    farebbe
    faremmo
    fareste
    farebbero

Present Subjunctive
    faccia
    faccia
    faccia
    facciamo
    facciate
    facciano

Imperative
    ———
    fa'
    faccia
    facciamo
    fate
    facciano

Infinitive
    leggere
    (to read)

Gerund & Past Participle
    leggendo
    letto

Present Indicative
    Reg.

Past Absolute
    lessi
    leggesti
    lesse
    leggemmo
    leggeste
    lessero

Future
    Reg.

Present Conditional
Reg.

Present Subjunctive
Reg.

Imperative
Reg.

Infinitive
mettere
(to put)

Gerund & Past Participle
mettendo
messo

Present Indicative
Reg.

Past Absolute
misi
mettesti
mise
mettemmo
metteste
misero

Future
Reg.

Present Conditional
Reg.

Present Subjunctive
Reg.

Imperative
Reg.

Infinitive
morire*
(to die)

Gerund & Past Participle
morendo
morto

Present Indicative
muoio
muori
muore
moriamo
morite
muoiono

Past Absolute
morii
moristi
morì
morimmo
moriste
morirono

Future
morrò
morrai
morrà
morremo
morrete
morranno

* The infinitive is conjugated with *essere* in compound tenses.

Present Conditional
morrei
morresti
morrebbe
morremmo
morreste
morrebbero

Present Subjunctive
muoia
muoia
muoia
moriamo
moriate
muoiano

Imperative
_____
muori
muoia
moriamo
morite
muoiano

Infinitive
muovere
(to move)

Gerund & Past Participle
movendo
mosso

Present Indicative
muovo
muovi
muove
moviamo
movete
muovono

Past Absolute
mossi
movesti
mosse
movemmo
moveste
mossero

Future
Reg.

Present Conditional
Reg.

Present Subjunctive
muova
muova
muova
moviamo
moviate
muovano

Imperative
_____
muovi
muova
moviamo
movete
muovano

Infinitive
nascere*
(to be born)

Gerund & Past Participle
nascendo
nato

Present Indicative
Reg.

Past Absolute
nacqui
nascesti
nacque
nascemmo
nasceste
nacquero

Future
Reg.

Present Conditional
Reg.

Present Subjunctive
Reg.

Imperative
Reg.

Infinitive
nascondere
(to hide)

Gerund & Past Participle
nascondendo
nascosto

Present Indicative
Reg.

Past Absolute
nascosi
nascondesti
nascose
nascondemmo
nascondeste
nascosero

Future
Reg.

Present Conditional
Reg.

Present Subjunctive
Reg.

Imperative
Reg.

* The infinitive is conjugated with *essere* in compound tenses.

Infinitive
    piacere*
    (to be pleasing)
    (to like)

Gerund & Past Participle
    piacendo
    piaciuto

Present Indicative
    piaccio
    piaci
    piace
    piacciamo
    piacete
    piacciono

Past Absolute
    piacqui
    piacesti
    piacque
    piacemmo
    piaceste
    piacquero

Future
    Reg.

Present Conditional
    Reg.

Present Subjunctive
    piaccia
    piaccia
    piaccia
    piacciamo
    piacciate
    piacciano

Imperative
    ———
    piaci
    piaccia
    piacciamo
    piacete
    piacciano

Infinitive
    potere
    (to be able)

Gerund & Past Participle
    potendo
    potuto

Present Indicative
    posso
    puoi
    può
    possiamo
    potete
    possono

Past Absolute
    Reg.

Future
    potrò
    potrai
    potrà
    potremo
    potrete
    potranno

* The infinitive is conjugated with *essere* in compound tenses.

423

Present Conditional
potrei
potresti
potrebbe
potremmo
potreste
potrebbero

Present Subjunctive
possa
possa
possa
possiamo
possiate
possano

Imperative
———
———
———
———
———
———

Infinitive
prendere
(to take)

Gerund & Past Participle
prendendo
preso

Present Indicative
Reg.

Past Absolute
presi
prendesti
prese
prendemmo
prendeste
presero

Future
Reg.

Present Conditional
Reg.

Present Subjunctive
Reg.

Imperative
Reg.

Infinitive
ridere
(to laugh)

Gerund & Past Participle
ridendo
riso

Present Indicative
Reg.

Past Absolute
risi
ridesti
rise
ridemmo
rideste
risero

Future
Reg.

Present Conditional
Reg.

Present Subjunctive
Reg.

Imperative
Reg.

Infinitive
rimanere*
(to remain)

Gerund & Past Participle
rimanendo
rimasto

Present Indicative
rimango
rimani
rimane
rimaniamo
rimanete
rimangono

Past Absolute
rimasi
rimanesti
rimase
rimanemmo
rimaneste
rimasero

Future
rimarrò
rimarrai
rimarrà
rimarremo
rimarrete
rimarranno

Present Conditional
rimarrei
rimarresti
rimarrebbe
rimarremmo
rimarreste
rimarrebbero

Present Subjunctive
rimanga
rimanga
rimanga
rimaniamo
rimaniate
rimangano

Imperative
———
rimani
rimanga
rimaniamo
rimanete
rimangano

* The infinitive is conjugated with *essere* in compound tenses.

Infinitive
    rispondere
    (to answer)

Gerund & Past Participle
    rispondendo
    risposto

Present Indicative
    Reg.

Past Absolute
    risposi
    rispondesti
    rispose
    rispondemmo
    rispondeste
    risposero

Future
    Reg.

Present Conditional
    Reg.

Present Subjunctive
    Reg.

Imperative
    Reg.

Infinitive
    salire
    (to go up)

Gerund & Past Participle
    salendo
    salito

Present Indicative
    salgo
    sali
    sale
    saliamo
    salite
    salgono

Past Absolute
    Reg.

Future
    Reg.

Present Conditional
    Reg.

Present Subjunctive
    salga
    salga
    salga
    saliamo
    saliate
    salgano

Imperative
    ⎯⎯⎯⎯
    sali
    salga
    saliamo
    salite
    salgano

Infinitive
sapere
(to know)

Gerund & Past Participle
sapendo
saputo

Present Indicative
so
sai
sa
sappiamo
sapete
sanno

Past Absolute
seppi
sapesti
seppe
sapemmo
sapeste
seppero

Future
saprò
saprai
saprà
sapremo
saprete
sapranno

Present Conditional
saprei
sapresti
saprebbe
sapremmo
sapreste
saprebbero

Present Subjunctive
sappia
sappia
sappia
sappiamo
sappiate
sappiano

Imperative
———
sappi
sappia
sappiamo
sappiate
sappiano

Infinitive
scegliere
(to choose)

Gerund & Past Participle
scegliendo
scelto

Present Indicative
scelgo
scegli
sceglie
scegliamo
scegliete
scelgono

427

Past Absolute
scelsi
scegliesti
scelse
scegliemmo
sceglieste
scelsero

Future
Reg.

Present Conditional
Reg.

Present Subjunctive
scelga
scelga
scelga
scegliamo
scegliate
scelgano

Imperative
———
scegli
scelga
scegliamo
scegliete
scelgano

Infinitive
scendere
(to descend)

Gerund & Past Participle
scendendo
sceso

Present Indicative
Reg.

Past Absolute
scesi
scendesti
scese
scendemmo
scendeste
scesero

Future
Reg.

Present Conditional
Reg.

Present Subjunctive
Reg.

Imperative
Reg.

Infinitive
sciogliere
(to untie)

Gerund & Past Participle
sciogliendo
sciolto

Present Indicative
sciolgo
sciogli
scioglie
sciogliamo
sciogliete
sciolgono

Past Absolute
sciolsi
sciogliesti
sciolse
sciogliemmo
scioglieste
sciolsero

Future
Reg.

Present Conditional
Reg.

Present Subjunctive
sciolga
sciolga
sciolga
sciogliamo
sciogliate
sciolgano

Imperative
———
sciogli
sciolga
sciogliamo
sciogliete
sciolgano

Infinitive
scrivere
(to write)

Gerund & Past Participle
scrivendo
scritto

Present Indicative
Reg.

Past Absolute
scrissi
scrivesti
scrisse
scrivemmo
scriveste
scrissero

Future
Reg.

Present Conditional
Reg.

Present Subjunctive
Reg.

Imperative
Reg.

Infinitive
sedere
(to sit down)

Gerund & Past Participle
sedendo
seduto

Present Indicative
siedo
siedi
siede
sediamo
sedete
siedono

Past Absolute
    Reg.

Future
    Reg.

Present Conditional
    Reg.

Present Subjunctive
    sieda
    sieda
    sieda
    sediamo
    sediate
    siedano

Imperative
    ———
    siedi
    sieda
    sediamo
    sedete
    siedano

Infinitive
    spendere
    (to spend)

Gerund & Past Participle
    spendendo
    speso

Present Indicative
    Reg.

Past Absolute
    spesi
    spendesti
    spese
    spendemmo
    spendeste
    spesero

Future
    Reg.

Present Conditional
    Reg.

Present Subjunctive
    Reg.

Imperative
    Reg.

Infinitive
    stare*
    (to stay)

Gerund & Past Participle
    stando
    stato

Present Indicative
    sto
    stai
    sta
    stiamo
    state
    stanno

* The infinitive is conjugated with *essere* in compound tenses.

Past Absolute
- stetti
- stesti
- stette
- stemmo
- steste
- stettero

Future
- starò
- starai
- starà
- staremo
- starete
- staranno

Present Conditional
- starei
- staresti
- starebbe
- staremmo
- stareste
- starebbero

Present Subjunctive
- stia
- stia
- stia
- stiamo
- stiate
- stiano

Imperative
- ———
- sta
- stia
- stiamo
- state
- stiano

Infinitive
- tenere
- (to keep)

Gerund & Past Participle
- tenendo
- tenuto

Present Indicative
- tengo
- tieni
- tiene
- teniamo
- tenete
- tengono

Past Absolute
- tenni
- tenesti
- tenne
- tenemmo
- teneste
- tennero

Future
- terrò
- terrai
- terrà
- terremo
- terrete
- terranno

Present Conditional
- terrei
- terresti
- terrebbe
- terremmo
- terreste
- terrebbero

Present Subjunctive
tenga
tenga
tenga
teniamo
teniate
tengano

Imperative
_____
tieni
tenga
teniamo
tenete
tengano

Infinitive
uscire*
(to go out)

Gerund & Past Participle
uscendo
uscito

Present Indicative
esco
esci
esce
usciamo
uscite
escono

Past Absolute
Reg.

Future
Reg.

Present Conditional
Reg.

Present Subjunctive
esca
esca
esca
usciamo
usciate
escano

Imperative
_____
esci
esca
usciamo
uscite
escano

Infinitive
vedere
(to see)

Gerund & Past Participle
vedendo
veduto
(visto)

Present Indicative
Reg.

* The infinitive is conjugated with *essere* in compound tenses.

Past Absolute
vidi
vedesti
vide
vedemmo
vedeste
videro

Future
vedrò
vedrai
vedrà
vedremo
vedrete
vedranno

Present Conditional
vedrei
vedresti
vedrebbe
vedremmo
vedreste
vedrebbero

Present Subjunctive
Reg.

Imperative
Reg.

Infinitive
venire*
(to come)

Gerund & Past Participle
venendo
venuto

Present Indicative
vengo
vieni
viene
veniamo
venite
vengono

Past Absolute
venni
venisti
venne
venimmo
veniste
vennero

Future
verrò
verrai
verrà
verremo
verrete
verranno

Present Conditional
verrei
verresti
verrebbe
verremmo
verreste
verrebbero

* The infinitive is conjugated with *essere* in compound tenses.

Present Subjunctive
    venga
    venga
    venga
    veniamo
    veniate
    vengano

Imperative
    ———
    vieni
    venga
    veniamo
    venite
    vengano

Infinitive
    vivere
    (to live)

Gerund & Past Participle
    vivendo
    vissuto

Present Indicative
    Reg.

Past Absolute
    vissi
    vivesti
    visse
    vivemmo
    viveste
    vissero

Future
    Reg.

Present Conditional
    Reg.

Present Subjunctive
    Reg.

Imperative
    Reg.

Infinitive
    volere
    (to want)

Gerund & Past Participle
    volendo
    voluto

Present Indicative
    voglio
    vuoi
    vuole
    vogliamo
    volete
    vogliono

Past Absolute
    volli
    volesti
    volle
    volemmo
    voleste
    vollero

Future

vorrò
vorrai
vorrà
vorremo
vorrete
vorranno

Present Conditional

vorrei
vorresti
vorrebbe
vorremmo
vorreste
vorrebbero

Present Subjunctive

voglia
voglia
voglia
vogliamo
vogliate
vogliano

Imperative
———

vogli
voglia
vogliamo
volete
vogliano

Italia
Italy

Torino
Turin

Milano
Milan

Venezia
Venice

Trieste
Trieste

Genova
Genoa

Bologna
Bologna

Mare Adriatico
Adriatic Sea

Firenze
Florence

Pisa
Pisa

Mare Tirreno
Tyrrhenian Sea

Elba
Elba

Orvieto
Orvieto

Roma
Rome

Napoli
Naples

Bari
Bari

Sassari
Sassari

Potenza
Potenza

Taranto
Taranto

Sardegna
Sardinia

Cagliari
Cagliari

Palermo
Palermo

Messina
Messina

Reggio
Reggio

Sicilia
Sicily

Catania
Catania

Mare Mediterraneo
Mediterranean Sea